禅僧たちの生涯

唐代の禅

小川 隆

春秋社

禅僧たちの生涯——唐代の禅

目次

禅僧たちの生涯 ——唐代の禅

はじめに――中国禅宗史上の唐代

みなさん、こんにちは！

これから、中国の禅宗、特に禅宗が興った唐《とう》の時代の禅について、ご紹介してみたいと思います。禅宗は、中国の唐の時代に興起し、五代《ごだい》の戦乱の時代をへ、宋《そう》の時代に大々的な発展を遂げました。今回、ご紹介するのは、そのなかの唐の時代、すなわち禅宗が生まれ育った時代の話です。この時代が中国の禅宗史の上でどういう位置に在るのか押さえておくために、まず、唐から宋にかけての禅宗の歴史をざっと看ておきましょう。

ご存知の方も多いと思いますが、禅の歴史は、伝統的には、おおむね次のように語り伝えられてきました――

ところはインドの霊鷲山《りょうじゅせん》。仏弟子たちが、いつものように釈尊《しゃくそん》の説法を待っています。ところが、この日に限って釈尊は何も説かれません。黙ったまま、一本の花を手にとってみなに見せただけでした。仏弟子たちは意味が解らず、ただ茫然と見守っています。すると、なぜか、そこで摩訶迦葉《まかかしょう》尊者だけが一人にっこり微笑みました。この瞬間、釈尊の心から摩訶迦葉の心に、真実の法が直に伝えられました。その法は、ことばによる教条を立てず、経典の外で、心から心に直接伝えられる、ということから、「不立文字《ふりゅうもんじ》」「教外別伝《きょうげべつでん》」「以心伝心《いしんでんしん》」などと形容されました。その後も、さまざまの因縁をへながら「以心伝心」の伝法が重ねられ、やがて法は第二十八代の菩提達摩《ぼだいだるま》にまで伝えられました。

達摩は師の命を受け、海を越えて震旦《しんたん》（中国）に渡り、中国の僧、恵可《えか》に法を伝えました。ここから、中国でも「初祖達摩《しょそだるま》―二祖恵可《にそえか》―三祖僧璨《さんそそうさん》―四祖道信《しそどうしん》―五祖弘忍《ごそこうにん》―六祖恵能《ろくそえのう》」と、「以心伝心」の伝法が重ねられていきました。その一筋の流れは、六祖恵能の下で南岳《なんがく》系（南岳懐譲《なんがくえじょう》の系統）と青《せい》原《げん》系（青原行思《せいげんぎょうし》の系統）の二筋に分かれ、南岳の下に馬祖道一《ばそどういつ》、青原の下に石頭希遷《せきとうきせん》、さらにその両者の下からすぐれた禅者が続々と輩出し、唐末五代の頃、「潙仰《いぎょう》宗」「臨済《りんざい》宗」「曹洞《そうとう》宗」「雲門《うんもん》宗」「法眼《ほうげん》宗」という五つの宗派、いわゆる「五家《ごけ》」が成立したのでした。

釈尊―〈1〉摩訶迦葉……〈28〉菩提達摩（1）―二祖恵可（2）……六祖恵能（6）
- 南岳懐譲―馬祖道一……《潙仰宗》《臨済宗》
- 青原行思―石頭希遷……《曹洞宗》《雲門宗》《法眼宗》

初期の禅宗――北宗と南宗

以上が、長らく禅門で語り伝えられてきた、禅の伝統の大枠でした。ところが、二〇世紀になると、こうした「伝統」が、実は、唐の時代、各派の競合のなかで作為的・流動的に形成されていったものであることが明らかになってきました。二〇世紀初頭に出土した敦煌《とんこう》文献のなかから、中国の学者胡《こ》適《てき》（一八九一―一九六二）が未知の禅宗文献を多数発見し、「伝統」確立以前の最初期の禅宗の姿を解明しはじめたことが、その契機でした。それ以後、実証的な学問としての禅宗史研究が盛んに行われるようになって、今日に至っています。

伝説時代のことはひとまず置き、禅宗の姿が中国の歴史書の上で史実として確かめられるようになるのは、初唐《しょとう》から盛唐《せいとう》にかけてのことでした。五祖弘忍の法をつぐ大通禅師神秀《じんしゅう》が、久視《きゅうし》元年（七〇〇）、則天武后《そくてんぶこう》による華やかな入内供養を受けたのがその始まりです。神秀の没後は、門下の普寂《ふじゃく》と義福《ぎふく》がひきつづき唐王朝の帰依を受け、長安《ちょうあん》・洛陽《らくよう》の両都の宗教界に君臨しました。彼らは洛陽にほど近い嵩山《すうざん》（河南省）を聖地としつつ、「1達摩―2恵可―3僧璨―4道信―5弘忍―6神秀」という伝法系譜を掲げ、王朝の支持と、ひろく一般の信仰をあつめることに成功しました。

ところが、普寂・義福らの権勢が頂点にあった玄宗《げんそう》の開元《かいげん》二〇年（七三二）頃、一人の無名の僧が現れて、神秀・普寂の一門を攻撃する激しいキャンペーンを開始しました。僧の名は神会《じんね》。のちに洛陽荷沢寺《かたくじ》に住したことから、荷沢神会《かたくじんね》と通称されることになる人物です。胡適が敦煌文献のなかから見つけた最も重要な文献が、才気と行動力、そして暢達で巧妙な発信力をそなえたこの個性的な僧の、法会と説法の記録だったのでした。

神会は巧みな弁舌を駆使しながら訴えました――五祖弘忍の法をついだのは、神秀ではなく、わが師恵能《えのう》にほかならない。恵能こそが達摩の禅の正統「六祖《ろくそ》」であり、その証拠に、達摩以来、代々伝法の証明として授受されてきた袈裟《けさ》は、現に恵能に伝えられたのだ、と。

この時、普寂は高齢ながら在世中であったものの、神秀も恵能もとうに世を去り、証拠の袈裟なるものを見た人もいません。しかし、神会はたびたび公開の法会を催してこの主張をくりかえし、神秀・普寂らは「漸悟《ぜんご》」を説く「北宗《ほくしゅう》」にすぎず、恵能の法門こそ「頓悟《とんご》」を説く「南宗《なんしゅう》」にほかならないと言いつのりました。「漸悟」は修行の積み重ねによる段階的・漸進的な悟り、「頓悟」は智慧の直観による瞬時の悟り、ということです。

そこにはむろん、前者を低次・傍系、後者を高次・正統、とする一方的な価値判断が込められていました。派手な活動が危険視されてか、神会本人は都を逐われ、その法系も早くにとだえることになりますが、しかし、あまりにも分かりやすいこの二項対立の図式は、「南能北秀《なんのうほくしゅう》」「南頓北漸《なんとんほくぜん》」といった成語に集約されて定着し、「1達摩―2恵可―3僧璨―4道信―5弘忍―6恵能」という系譜が、さまざまな物語を付加されながら、ひろく人口に膾炙していったのでした。

唐代の禅宗——馬祖系の禅と石頭系の禅

神会の最晩年、「安史《あんし》の乱」（七五五—七六三）が勃発しました。廃墟と化した長安の都を前に、杜《と》甫《ほ》が「国《くに》破れて山河《さんが》在り」と涙した、あの戦乱です。唐王朝を一時崩壊の危機にまで瀕せしめた大規模な反乱でしたが、これを機に政治・経済・文化の中心が長安・洛陽から地方に分散し、それにともなって、禅宗でも各地に分派が興起して、それぞれの系譜と新たな禅法を活発に競いあうようになりました。

そうした百家争鳴の時代を経て、中唐《ちゅうとう》の時代以降、最終的に禅門の主流の座を占めるに至ったのが、江西《こうぜい》の馬祖道一《ばそどういつ》の一門でした。彼らは「六祖恵能—南岳懐譲—馬祖道一」という系譜を掲げつつ、「即心是仏《そくしんぜぶつ》——己れの心こそが仏である」と説き、また「平常心是道《びょうじょうしんぜどう》——ふだんのあたりまえの心が道である」と説きました。そして、それを理論として解説するのではなく、言葉と動作を使った活き活きとしたやりとりを通して、個々の修行者に自ら身をもって悟らせていったのでした。馬祖以降、禅の問答が、一見、不可解でトンチンカンな様相を呈するのは、師が正解を教えるのでなく、質問者に問いを投げ返し、質問者自身に答えを発見させようとしていたからにほかなりません。

ふだんのあたりまえの心が道であるという考え方は、そのような問答とともに、禅門独特の「清《しん》規《ぎ》」の形成をも促しました。「清規」とは、インド以来の戒律とは別に定められた、禅宗独特の規律です。伝統的には、馬祖の弟子の百丈懐海《ひゃくじょうえかい》によって定められたとされていますが、実際には、後世の

「清規」のもととなる理念と修行形態が百丈のいた寺で形成され、それが遡って懐海の創設に帰せられたもののようです（実際に成文化された「清規」が登場するのは、さらに降って、次の宋の時代になってからのことでした）。記録によれば、その寺では「仏殿《ぶつでん》」を設けず、かわりに住持自らが説法する「法《はっ》堂《とう》」を建て、また「普請《ふしん》」と呼ばれる師弟総出の共同作業が励行されていたとされています（「禅門規式」）。自らの心が仏であり、自身の行為がすべて仏としての営みである以上、生産労働・肉体労働もそのまま仏道修行であり、仏法を体現すべき者は仏像でなく活き身の禅者自身でなければならぬ、そう考えられてのことでしょう。

しかし、ありのままの自己のありのままの是認という考え方には、馬祖の弟子たちからもつとに懐疑や批判が現れはじめ、やがて湖南《こなん》の石頭希遷《せきとうきせん》を祖と仰ぐ、もう一つの系統が形づくられていきました。彼らは「六祖恵能—青原行思—石頭希遷」という系譜を掲げつつ、馬祖の禅とは異なった形で自己を追求していきました。

そもそも禅宗では「己れの心こそが仏である」という考えが、一貫して、無条件の大前提になっています。仏でないものが修行によって改造されたり精錬されたりして「仏」という別物に変化する、という考えは、禅宗にはありません。人はもともと「仏」なのです。しかし、それをどう捉えるかについては、いろいろな考え方がありました。最初期の禅宗——神会のいう「北宗」——では、汚れた迷いの心の奥底に清らかな「仏」としての本性が潜在していると考えました。表層の迷いの心を坐禅修行によって取り除いてゆくと、最後にその奥に隠れていた「仏」としての本質が顕現してくるという考え方です。

次に禅宗の主流となった馬祖の一門では、心を現実の迷いと本来の悟りの二層に分けることをせず、ありのままの心がそのまままるごと「仏」である——「即心是仏」「平常心是道」——と考えるようになりました。迷っていようが悩んでいようが、今この時、この場の、活きたナマの心がそっくりそのまま「仏」だという考えです。そこでは、自己の身心が行うあらゆる動作・営為はすべて「仏」としての本質が活き活きとはたらき出てきたものであるとされ、その事実を身をもって実感し自覚することが求められました。

このような考え方に対する批判から第二の主流派を形成した石頭系の人々は、「仏」としての本来の心と現実のナマの心、その両者を、二にして一、一にして二、という、玄妙な不即不離の関係として掘り下げようとしました。この系統に属する洞山良价《とうざんりょうかい》は、その趣旨をこううたっています、「〝渠《かれ》〟は今まさしく〝我《われ》〟である、しかし〝我《われ》〟は今〝渠《かれ》〟ではない」。「渠」は現実を超えた形而上の本来の自己、「我」は形而下の活き身の自己のことです。洞山はその両者を、完全に同じでもあり、また完全に別でもある、と詠っているのでした（『祖堂集』巻五雲巌章。本書第7章でその話を読みます）。

現に在る活き身の自己をそのまま真実と看るのか、それとも、それとは別の次元に真の自己を見出そうとするのか。馬祖の禅と石頭の禅のこの相反する観点は、その後もながく禅宗思想史の両極でありつづけました。

晩唐《ばんとう》の時代、唐の武宗《ぶそう》による「会昌《かいしょう》の破仏《はぶつ》」（八四一—八四六）やその後の「黄巣《こうそう》の乱」（八七五—八八四）の打撃を蒙りながらも、馬祖の系統と石頭の系統の双方から個性的な禅者が輩出し、唐末五《とうまつご》代《だい》の頃には独自の気風をもったいくつかの流派が各地に割拠するようになりました。たとえば五代《ごだい》の法眼文益《ほうげんもんえき》は、自身の同時代の勢力として、「徳山《とくさん》」「林際《りんざい》（臨済）」「潙仰《いぎょう》」「曹洞《そうとう》」「雪峰《せっぽう》」「雲門《うんもん》」の諸派を挙げています（『宗門十規論』）。その後、これに法眼自身の一派を加え理念的な整理と淘汰を施して成立したのが、先述の「五家」の枠組みであり、宋代以後、これが禅の「伝統」を語る際の共通の大枠として踏襲され、やがて冒頭に述べたような禅門の「伝統」が確立されていったのでした。

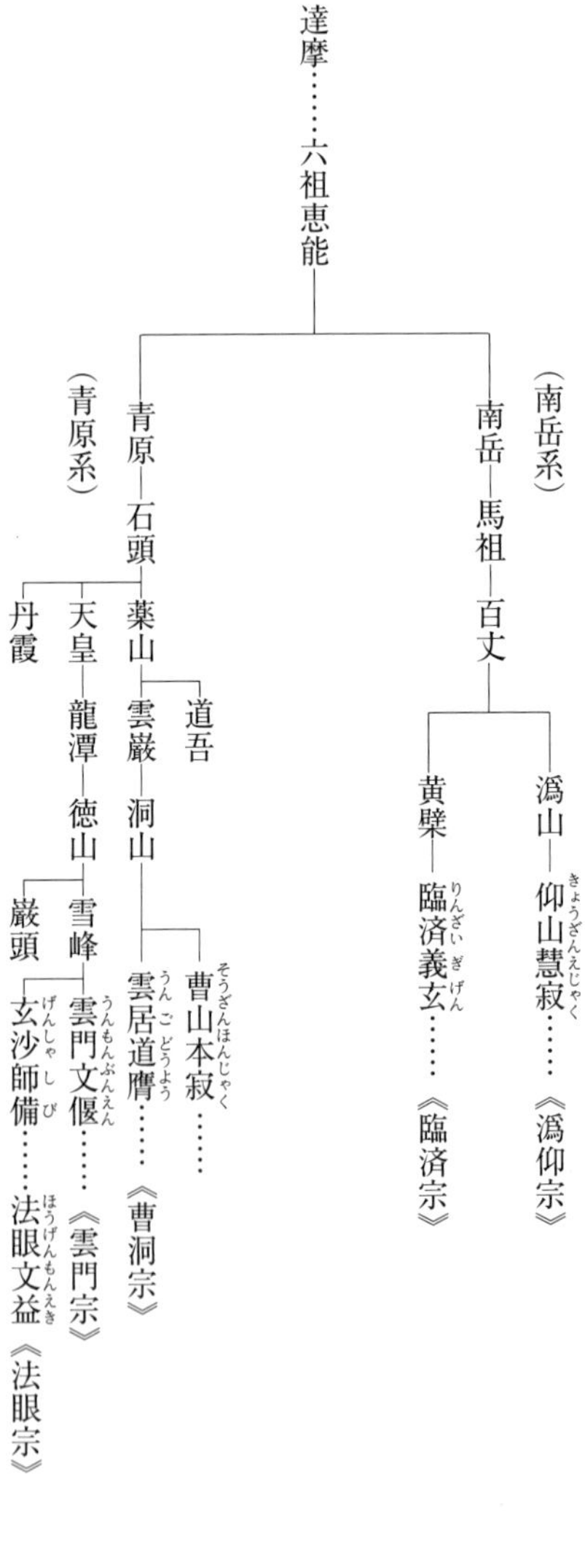

宋代の禅宗——公案の時代

次の宋《そう》の時代になると、禅宗は文人官僚たる士大夫《したいふ》層に広く浸透するようになりました。盛唐の王《おう》維《い》や中唐の裴休《はいきゅう》・白居易《はくきょい》など、禅僧との交流が伝えられる士大夫は唐代でもすでに少なくありませんでしたが、宋代になると、その接触は点から面に大きく広がりました。蘇軾《そしょく》や黄庭堅《こうていけん》のように禅僧と本格的な問答を行った文人もあれば、いわゆる朱子学の祖とされる朱熹《しゅき》のように、若き日の参禅経験から禅批判に転じて独自の思想を大成した人もありました。一方、禅僧たちも、士大夫と同質の古典詩文の教養を駆使して禅を表現することに努め、多くの精力が士大夫との交流に傾けられていきました。禅が外から宋代文化に影響を与えたというよりも、禅自身が宋代文化内部の有機的な一部分であったと看るほうが実態に近いでしょう。

宋代の禅は、一言でいえば禅の制度化の時代でした。ここで制度化というのは、禅宗が社会的な政治・経済の制度のうちに組み込まれたという外的な意味と、禅宗内部の機構や修行形態が制度的に整備・規格化されたという内的な意味の、二重の意味においてです。外的な面についていえば、宋代の主な禅院はすべて官寺として国家の統制下におかれ、南宋《なんそう》の後期から次の元《げん》の時代には、国家の側から禅院を格づけし序列化する、いわゆる「五山十刹《ござんじっせつ》」の制度も確立されました。そのような時代、国家の安寧と皇帝の長寿を祈願することが禅院の重要な業務となり、士大夫との交際や寺院資産の経営などが禅師の重要な職務となっていったのは、自然の勢いでした。

内的な面では、宋代禅は「公案《こうあん》」の時代と言えるでしょう。先人の問答の記録を禅門共有の古典――「公案」――として選定し、それを参究することが修行の中心となっていったのです。公案を用いた禅の方法は、大まかに「文字禅《もんじ》」と「看話禅《かんな》」に二分できます。「文字禅」は、古典詩文の素養を駆使しつつ、公案に寸評を付したり、趣旨を詩に読んだり、さらにそれを講義したりすることによって禅を明らかにしようとするもので、圜悟克勤《えんごこくごん》の『碧巌録《へきがんろく》』がその代表的作品です。一方、公案を使って実地に悟りの体験を得させようとしたのが、圜悟の弟子の大慧宗杲《だいえそうこう》によって完成された「看話禅」でした。「看話」とは「話頭《わとう》」を「看」る、という意味で、「話頭」は公案のことです（「～頭」は名詞の接尾辞）。具体的には、「趙州無字《じょうしゅうむじ》」の話《わ》など、一つの公案に理屈ヌキで全身全霊を集中しつづけ、その限界点で心の激発・大破をおこし、劇的な大悟の実体験を得る、という方法です。「文字禅」と「看話禅」は、「公案禅」を支える二本の柱として、その後、長く機能しつづけました。

朝鮮・ベトナム・日本など、東アジア周辺地域にひろく伝播し、さらに二〇世紀に「ZEN」の名で日本から西洋社会に広まっていったのは、まさにこうした、宋代の禅だったのでした。

それぞれの「禅」

以上が、中国の唐の時代から宋の時代までの禅宗の流れの概略でした。これからこの書物でご紹介しようとしているのは、右の略史のなかで「唐代の禅宗――馬祖系の禅と石頭系の禅」と題した時代の話です。しかし、唐代の禅宗の歴史や思想について、概説や通史の形でご紹介することが今回の目的ではありません。世界に「ZEN」をひろめたD.T.Suzukiこと鈴木大拙《すずきだいせつ》博士（一八七〇―一九六六）は、嘗てこう語っておられます。

禅は、元来、経験――即ち人間の平常生活そのもの――を離れぬ処に在るので、禅思想はやがて禅行為であり、禅行為はやがて禅思想である。それは人間の経験は一面行為で一面思想だからである。一般には思想と行為とを分けて話しするのであるが、禅ではその思想を云うときその行為を云っていることになるのである。（『禅の思想』岩波文庫、二〇二一年、頁二〇）

禅の思想が抽象的な思弁によってでなく具象的な日常生活のなかで行為されたものであること、言い換えれば、禅は考えられたものでなく、生きられたものである、ということを示しています。
また、二〇世紀の後半、禅宗文献の学問的解読という領域をほとんど独力で開拓された入矢義高《いりやよしたか》先生（一九一〇―一九九八）は、次のように書いておられます。

まともな、つまり「高格の」中国の禅僧は、私の見るところ、「悟りとはかくかくである（または、かくかくでなければならぬ）」という一般的定言はしないし、また、したがらない。かれらの言いかたは、「私の悟りはかくかくである」という呈示の形が基本になっている。現代向けに言いかえれば、「人世いかに生くべきか」の指針を示すかわりに、「私はこう生きている」と語ることの方を好む。そこには、道または理法を語ることそのことへの畏れの意識がひそんでいる。この畏れこそは、すぐれた説法者にのみ具わる資質である。……（「禅と文学」『増補・求道と悦楽――中国の禅と詩』岩波現代文庫、二〇一二年、頁七）

確かに禅僧たちは、要約的・概括的な説明はしてくれません。禅の古典に出てくるのは、それぞれの禅者が、日常生活のなかのそれぞれの場面で示した、それぞれの姿と、それぞれの言葉だけです。そこで、この書物では、出家・受戒・行脚・安居・開悟……、そんな生涯の順序をたどりながら、唐代の禅僧たちが、どんな生活空間のなか、どんな制度や習慣の下、どんな思考や情緒とともに生きていたのか、そんなことをうかがってみたいと思います。個々の禅者の生き方を、個々の姿と、個々の言葉のままに描き出すことで唐代禅全体の空気を感じ取る、それが今回目指すところです。

具体的な素材は、まず五代の『祖堂集《そどうしゅう》』、それで足りない場合は北宋《ほくそう》初の『景徳伝灯録《けいとくでんとうろく》』から採ることにします。唐代の禅僧たちに時代的に最も近い記録ですし、宋代禅の制度化・合理化の影響を未だ蒙っていない利点があるからです。むろん、そこに書かれていることも必ずしも史実ではありませんし、明らかに現実離れした記述も少なくありません。しかし、それでも、そこに歴史学的な考証を加えたりせず、書いてあることを書いてあるままに、いわば史料でなく作品として、唐代の禅僧たちの言行の記録を読んでゆきたいと思います。後世の文献を用いれば細部の記述がより詳しくなっていたりもしますが、それらはあくまでも二次的な参考資料の扱いにとどめます。

唐代の禅僧たちは、どのような空間に生き、どのような日常を営み、どのように道を求め、どのように道を伝え、そして、どのように世を去っていったのか……、以下、そうした、唐代禅僧たちの生涯のさまざまな局面を、個々の事例に即して読んでまいります。

＊『祖堂集』と『景徳伝灯録』の引用は、禅文化研究所・基本典籍叢刊の影印本に拠りますが、文字は原則として通行の常用漢字に従います。他の文献を参照して文字を改めたところがあります。

＊訓読と現代語訳は、特に断らない限り、すべて拙訳です。四角い枠の中の漢文と訓読を跳ばして、訳文のみでも通読できるよう努めました。

＊原典の校訂・句読・解釈に当たって、次の書物を常に参照させていただきました。これ以外にも多くの先行研究の学恩に与りましたが、それらについては、本文中にそのつど注記します。

- 孫昌武・衣川賢次・西口芳男点校『祖堂集』中華書局・中国仏教典籍選刊、二〇〇七年
- 入矢義高編『馬祖の語録』筑摩書房・禅の語録5、一九八四年
- 入矢義高監修・景徳伝灯録研究会編『景徳伝灯録三』禅文化研究所、一九九三年
- 入矢義高監修・景徳伝灯録研究会編『景徳伝灯録四』禅文化研究所、一九九七年
- 景徳伝灯録研究会編『景徳伝灯録五』禅文化研究所、二〇一三年

＊唐宋代の禅宗の思想や歴史を系統的に述べたものに左記があります。本書と併せ看ていただけましたら幸いです。

- 小川『語録のことば――唐代の禅』禅文化研究所、二〇〇七年
- 同『禅思想史講義』春秋社、二〇一五年
- 同『中国禅宗史――「禅の語録」導読』ちくま学芸文庫、二〇二〇年

第1章　出　家

仏さまの顔はダレに似てる？　——百丈懐海

唐代の禅僧たちは、そもそも、どのようにして禅の道に入っていったのでしょうか？　むろん、その因縁は、人それぞれです。たとえば、「はじめに」でふれた百丈懐海《ひゃくじょうえかい》禅師は、次のようなきっかけで出家したと伝えられています。

子供の頃、母親につれられて寺参りに行った時、仏像を指さしてたずねた。

「これはナニ？」

「仏さまだよ」

「人によく似てるし、ぼくと何もちがわない。大きくなったら、ぼくもこれになる」

その後、僧となり、最上の教えを慕って、まっしぐらに大寂《だいじゃく》禅師こと馬祖《ばそ》の門下に投じた。馬祖は一目見るなり室内に招き入れた。ひそかに奥義に達し、その後、他の師の下に行くことはなかった。

> 童年之時、随母親入寺礼仏、指尊像問母、「此是何物?」母云、「此是仏」。子云、「形容似人、不異於我。後亦当作焉」。自後為僧。志慕上乗、直造大寂法会。大寂一見、延之入室。師密契玄関、更無他往。（『祖堂集』巻14百丈懐海章）
>
> 童年《どうねん》の時、母親に随い寺に入り仏を礼す。尊像《そんぞう》を指《さ》して母に問う、「此れは是れ何物《なん》ぞ?」母云く、「此れは是れ仏なり」。子云く、「形容《けいよう》人に似《に》、我れに異ならず。後亦《ま》た当《まさ》に焉《これ》に作《な》るべし」。自《その》後《のち》、僧と為る。上乗《じょうじょう》を志慕《しぼ》し、直《じき》に大寂《だいじゃく》〔馬祖〕の法会《ほうえ》に造《いた》る。大寂一《ひと》たび見《み》るや、之《これ》を延《ひ》きて室《しつ》に入《い》らしむ。師〔百丈〕密《ひそ》かに玄関《げんかん》に契《かな》い、更に他《ほか》に往《ゆ》くこと無し。

大寂禅師こと馬祖道一は、「中国の禅は、実質的には馬祖（七〇九―七八八）から始まった」と言われるほど、唐代禅の最も代表的な禅僧です（入矢義高「馬祖禅の核心」『増補 自己と超越』岩波現代文庫、二〇一二年）。門下から多くのすぐれた禅者を輩出し、百丈もそのひとりでした。

百丈幼時の右の話は、禅が超越者や絶対者を想定せず、活き身の自己のみを根拠とする宗教だということをよく表しています。馬祖とならぶ唐代の代表的祖師、石頭希遷《せきとうきせん》禅師についても、似たような話が伝えられています。幼き頃、寺参りに連れていかれ、母親にいわれて仏像を拝んだ石頭は、しげしげとそれを仰ぎ見ていいました、「これはたぶん人でしょう。姿かたちも、手足のようすも、人と違わない。これが仏さまなら、ぼくもきっとこれになる。——此《こ》れ蓋《けだ》し人《ひと》なり。形儀《ぎょうぎ》・手足《しゅそく》、人《ひと》と奚《なに》か異《こと》ならん？　苟《も》し此《こ》れ是れ仏《ほとけ》ならば、余《よ》、当《まさ》に焉《これ》に作《な》るべし」（『祖堂集』巻4石頭章、「此蓋人也。形儀手足与人奚異？　苟此是仏、余当作焉」）。

「はじめに」でも述べたように、禅宗には、仏でないものが修行によって「仏」という特別なものに変化するという考えはありません。仏とは現実に活きている自分自身のことであり、悟りとは、もともと仏であるという事実に自ら立ち返ることに過ぎません。やはり馬祖の弟子のひとりである大珠慧海《だいじゅえかい》という人が、次のように言っています、「仏《ほとけ》は人に遠からず、而《しか》して人《ひと》仏に遠ざかる」（『景徳伝灯録』巻28越州大珠慧海和尚語、「仏不遠人而人遠仏」）。仏はもともと人から離れていない。だのに人のほうが勝手に仏から遠ざかってゆくのだ、と。

ほんとうに「無眼耳鼻舌身意」？——洞山良价

子供のときは「仏」と「人」が離れていなかったのに、大人になるにつれて、「人」が「仏」から遠ざかってゆくのでしょうか。子供の時に小僧さんになっていた洞山良价《とうざんりょうかい》禅師にも、次のような話が伝えられています。

初め、村の小院の和尚に弟子入りして出家した。和尚は道をたもつという人ではなかったが、良价はそれをまったく侮ったり嫌がったりする気持ちをもたなかった。

やがて二年が過ぎた頃、和尚は良价の孝順ぶりを見て、『般若心経《はんにゃしんぎょう》』を教えた。一日二日《いちにちふつか》もたたぬうちにすらすら誦《よ》めるようになったので、和尚は次の経を教えようとした。そこで良价は申し上げた。

「今誦んでおります『心経』もまだ解りませぬので、他の経をお教えいただくには及びませぬ」

「今もたいそう上手に誦んでおったではないか。なにゆえ、解らぬと申す？」

「経のなかの一句が、どうにも解《げ》せませぬ」

「ドコだ？」

「〝無眼耳鼻舌身意《むげんにびぜつしんに》〟の一句です。和尚さま、どうかお説き願います」

和尚は絶句した。

この一件以来、良价が並みの者でないと覚った和尚は、良价をつれて五洩霊黙《ごせつれいもく》禅師の下を訪れ、つぶさに経緯《ゆくたて》を申し上げた。

「この小僧、とてもわたくしの手に負える者ではございませぬ。どうか、こちらのお弟子にしてやって下さいませ」

五洩はこれを受けいれた。


初投村院院主処出家、其院主不任持、師並無欺嫌之心。過得両年、院主見他孝順、教伊念『心経』。未過得一両日念得徹、和尚又教上別経。師啓師曰、「念底『心経』尚乃未会、不用上別経」。院主云、「適来可怜念得、因什摩道未会？」師曰、「経中有一句語不会」。院主云、「不会那裏？」師曰、「不会〝無眼耳鼻舌身意〟請和尚為某甲説」。院主杜口無言。従此〔知〕法公不是尋常人也。院主便領上五洩和尚処、具陳前事、「此法公不是某甲分上人、乞和尚摂収」。五洩容許。

（『祖堂集』巻6洞山良价章）

初め村院《そんいん》の院主《いんじゅ》の処に投じて出家す。其の院主、持《じ》するに任《た》えざるも、師〔良价〕並《すべ》て欺嫌《ぎけん》の心《こころ》無し。両年を過《す》ぐるに、院主、他《かれ》〔良价〕の孝順《こうじゅん》を見、伊《かれ》に教えて『心経《しんぎょう》』を念ぜしむ。未《いま》だ一両日を過《す》ぎ得ざるに念じ得て徹《てっ》す。和尚又《ま》た別経を教上《おし》えんとす。師〔良价〕、師〔院主〕に啓《もう》して曰く、「念ずる底の『心経』すら尚乃《なお》未《いま》だ会《え》せず、別経を上《おし》うるを用いざれ」。院主云く、「適来《さきほど》、可怜《みごと》に念じ得うるに、什摩《なに》に因《よ》ってか未だ会せずと道《い》う？」師曰く、「経中に一句語《いっくご》の会せざる有り」。院主云く、「那裏《いずく》をか会せざる？」師曰く、「〝無眼耳鼻舌身意《むげんにびぜつしんに》〟を会せず、請《こ》う和尚、某甲《それがし》が為に説《と》け」。院主、口を杜《とざ》して言《ごん》無し。此《こ》れ従《よ》り法公《ほうこう》〔良价〕の尋常《じんじょう》の人に不是《あらざ》るを知る。院主便《すなわ》ち領《ひき》いて五洩《ごせつ》和尚の処に上《のぼ》り、具《つぶ》さに前事を陳《の》ぶ、「此の法公、某甲が分上《ぶんじょう》の人に不是《あら》ず、乞《こ》う和尚摂収《せっしゅう》せよ」。五洩容許《ようきょ》す。

五洩もまた、馬祖の弟子のひとりでした。「法公」は沙弥に対する呼称（『釈氏要覧《しゃくしようらん》』巻上・剃髪）。この話だけだと「無眼耳鼻舌身意」の句を問われただけで、なぜ、村の和尚がそこまで驚愕したのかはっきりしません。後世の文献になると、幼き洞山の問いは次のように記されています――幼きころ、師について『般若心経』を誦んでいた。「無眼耳鼻舌身意」の一句に誦みいたったところで、にわかに手で自分の顔を撫で、そして問うた。「それがしには、眼《め》も、耳《みみ》も、鼻《はな》も、舌《した》も、ございます。なのに、どうして、お経には〝無い〟と書いてあるのでしょうか？」（『五灯会元』巻13洞山良价章、「幼歳従師念『般若心経』。至〝無眼耳鼻舌身意〟処、忽以手捫面、問師曰、〝某甲有眼耳鼻舌等、何故経言無？〟」）

「空」のつかまえかた——石鞏と西堂

出家の話ではありませんが、洞山の右の話から想い起されるのが、やはり馬祖の弟子であった石《しゃっ》鞏慧蔵《きょうえぞう》と西堂智蔵《せいどうちぞう》の問答です。


石鞏が西堂に問うた。

「虚空《こくう》をつかまえられるか？」

「つかまえられるとも」

「どのように？」

西堂は手で空中をつかむかっこうをした。

石鞏、「そんなことで、なんで虚空を捉えられよう？」

「なら、どのように捉える？」

石鞏はいきなり西堂の鼻をつかみ、力いっぱい引っぱった。
西堂はたまらず悲鳴をあげる、
「イタタタッ！　なんというひどい引っぱりよう、鼻がもげてしまうではないか！」
そこで、石鞏は言った、
「虚空というやつは、このようにつかまえなくてはダメなのだ」

師問西堂、「你還解捉得虚空摩?」西堂云、「捉得」。師云、「作摩生捉?」西堂以手撮虚空勢。師云、「与摩作摩生捉得虚空?」西堂却問師、「作摩生捉?」師便把西堂鼻孔拽著。西堂作忍痛声、云、「太殺拽人！　鼻孔直得脱去！」師曰、「直須与摩捉他虚空始得」。

（『祖堂集』巻14石鞏慧蔵章）

師〔石鞏〕西堂に問う、「你《なんじ》還《は》た解《よ》く虚空《こくう》を捉《とら》え得《う》る摩《や》?」西堂云く、「捉《とら》え得《う》」。師云く、「作摩生《いかに》か捉う?」西堂手《て》を以って虚空を撮《つま》む勢《さま》をなす。師云く、「与摩《かく》なれば作摩生《いかで》か虚空を捉え得ん?」西堂却《かえ》って師に問う、「作摩生《いかに》か捉う?」師便《すなわ》ち西堂の鼻孔《はなと》を把りて拽《ひ》著く。西堂、忍痛《にんつう》の声を作《な》し、云く、「太殺《はなは》だ人を拽《ひ》く！　鼻孔直《じき》に脱去《だっこ》するに得《いた》らん！」師曰く、「直に須《すべか》らく与摩《かよう》に他《か》の虚空を捉えて始めて得《よ》し」。

「空」をいかに捉えるか?　その問いに応じて西堂は、空間を手で捉えるしぐさをして見せました。

「空」は観念的に理解するものではなく、こうして現実に我が身をもって捉えるものだと言いたかったのでしょう。しかし、石鞏はそんなことでは話にならんと、いきなり西堂の鼻を捉え、力まかせに引っぱりました。思わず悲鳴をあげる西堂。そこで石鞏は涼しい顔で言いました。「〝空〟というのは、こういうふうに捉えるべきものなのだ」。

我が身をもって「空」を捉えると西堂が考えた時、「空」はすでに我が身とは別物の客体になってしまっています。しかし、石鞏に言わせれば、この身がすなわち「空」であり、その事実に徹することが「空」を捉えることに外ならないのでした。

『維摩経《ゆいまきょう》』入不二法門品《にゅうふにほうもんぼん》に「色即是空《しきそくぜくう》、非色滅空《ひしきめっくう》」とあります。羅什《らじゅう》の弟子の僧肇《そうじょう》は、それを「色《しき》即ち是れ空《くう》。色滅《めっ》するを待ちて然《しか》る後《のち》に空と為るにあらず」と解説しています（『注維摩経』巻8）。形ある事物・事象の存在を滅却して、そのうえで始めて「空」となるのではない、現実の事物・事象がそのまま「空」にほかならぬのだ、という考えです。禅もこのような考えの上に立っていますが、しかし禅僧は、それを考えとして理解するのでなく、血の通ったこの活き身の自己に即して実感し、我れと我が身をもって「空」そのものを体現しようとします。幼き日の洞山の疑問は、はからずも、この点を鋭く突くものだったのでした。

一本の箭で射ぬかれるもの――馬祖と石鞏慧蔵

出家の話にもどります。大人になってから出家した人の場合、出家前の職業や身分は実にさまざまでした。右の話の石鞏慧蔵《しゃっきょうえぞう》禅師は、馬祖に出逢って僧となる前は、弓で鹿を射る猟師だったと伝えられています。


石鞏が出家する前のこと、鹿を追いかけて馬祖の庵《いおり》の前を通りかかった。

「和尚、わしの鹿を見なんだか？」

「そういうお前は何者だ？」

「狩人《かりうど》じゃ」

「なら弓を射れるか？」

「もちろん」

「一本の箭《や》で何頭射《い》る？」

「そりゃあ、一本で一頭じゃ」

「では、まったく、弓などできぬということだな」

「ナニ？　そういう和尚は、弓ができるということか？」

「いかにも」

「なら、一本で何頭射る？」

「一本で一群れだ」

「たがいに命ある身。それを、なぜ、そのように？」

「それが解っておるなら、どうして自らを射ぬ？」

「自分を射ろと言われても、手の着けどころがござらぬ」

「ほれ、こやつ、無明煩悩《むみょうぼんのう》がいっぺんに片づきおった」

石鞏はその場で弓《ゆみ》と箭《や》をへし折り、持っていた刀で髪を切った。そして馬祖に投じて出家したのであった。


未出家時、趁鹿従馬大師庵前過、問、「和尚還見我鹿過摩?」馬大師云、「汝是什摩人?」対云、「我是猟人」。馬師云、「汝解射不?」対云、「解射」。馬師云、「一箭射幾箇?」対曰、「一箭射一箇」。馬師云、「汝渾不解射」。進曰、「和尚莫是解射不?」馬師云、「我解射」。進曰、「一箭射幾箇?」師云、「一箭射一群」。師云、「彼此生命、何得射他?」師云、「汝既知如此、何不自射?」師曰、「若教某甲自射、無下手処」。師云、「者漢無明煩悩一時頓消」。師当時拗折弓箭、将刀截髪、投師出家。(『祖堂集』巻14石鞏慧蔵章)

未《いま》だ出家せざりし時、鹿《しか》を趁《お》うて馬大師《ばだいし》〔馬祖〕の庵《いおり》の前を過《す》ぐ。問う、「和尚還《は》た我が鹿の過ぐるを見る摩《や》?」馬大師云く、「汝《なんじ》は是れ什摩人《なにびと》ぞ?」対《こた》えて云く、「我れ是れ猟人《かりうど》なり」。馬師《ばし》云く、「汝解《よ》く射《い》る不《や》?」対えて云く、「解く射る」。馬師云く、「一箭《いっせん》に幾箇《いくつ》をか射る?」対えて曰く、「一箭に一箇を射る」。馬師云く、「汝渾《まった》く射る解《あた》わず」。進みて曰く、「和尚解《よ》く射《い》るに莫是《あら》ず不《や》?」馬師云く、「我れ解く射る」。進みて曰く、「一箭《いっせん》に幾箇《いくつ》をか射る?」師〔馬祖〕云く、「一箭に一群を射る」。師〔石鞏〕云く、「彼此《たがい》に生命なるに、何《なん》ぞ他《かれ》を射るを得ん?」師〔馬祖〕

云く、「汝既《すで》に如此《かくのごと》くなるを知れば、何ぞ自《みずか》らを射ざる？」師〔石鞏〕曰く、「若《も》し某甲《それがし》をして自らを射せしめんとせば、手《て》を下《くだ》す処《ところ》無し」。師〔馬祖〕云く、「者漢《こやつ》、無明煩悩《むみょうぼんのう》一時に頓消せり」。師〔石鞏〕当時《とうじ》に弓箭《ゆみや》を拗折《ねじお》り、刀を将《も》って髪を截《き》り、師〔馬祖〕に投じて出家せり。

己れの外のものを追うのではなく、己れ自身を射なければならぬ。しかし、射るべき客体としての自己などドコにも実在しない、それこそが真の自己のありようである。馬祖は、そのことを、教えるのでなく、石鞏自身に自ら悟らせ、そしてそのことを得心した石鞏は、弓を棄てて馬祖の弟子となったのでした。

今、ココにある試験場――五洩霊黙

一方、科挙《かきょ》の試験を放棄して、つまり高級官僚への立身出世の途をなげうって、出家した人もいました。小坊さんだった洞山良价《とうざんりょうかい》が村の和尚につれられて入門に行った五洩霊黙《ごせつれいもく》禅師も、もとはそんな人のひとりでした。文中の「秀才」は、科挙の受験者のことです（厳密には、「科挙」という呼称が一般化するのは宋代からと言われていますが、ここでは便宜的に通称に従います。詳しくは、宮崎市定『科挙』中公文庫、一九八四年、村上哲見『科挙の話』講談社学術文庫、二〇〇〇年、参照）。

五洩は出家の前、都に科挙の試験を受けに行こうとしていた。途中、洪州《こうしゅう》の開元寺《かいげんじ》で馬祖を礼拝した。馬祖が問うた。

「秀才どのは、どちらに向かわれる?」

「都に科挙の受験にまいります」

「それでは、あまりにも遠い」

「では、和尚の処にも試験場がございますか?」

「今、この場に何の不足がある?」

「ここで科挙が受けられるのですか?」

「いや、秀才どころか、仏すら置かぬ」

五洩はこの一言で、馬祖に弟子入りして出家したいと願った。

「頭を剃ってやるのはかまわぬが、究極の一事についてはわしではダメだろうて」

馬祖はそう言いながら五洩を受けいれ、その後、五洩は具足戒《ぐそくかい》を受けて正式の僧侶となったのであった。


師未出家時、入京選官去、到洪州開元寺礼拝大師。大師問、「秀才什摩処去?」云、「入京選官去」。大師云、「秀才太遠在!」対云、「和尚此間還有選場也無?」大師云、「目前嫌什摩?」秀才云、「還許選官也無?」大師云、「非但秀才、仏亦不著」。因此欲得投大師出家。大師云、「与你剃頭即得。若是大事因縁即不得」。従此摂受、後具戒。(『祖堂集』巻15五洩霊黙章)

師〔五洩〕未《いま》だ出家せざりし時、京《みやこ》に入《い》りて選官《せんかん》に去《ゆ》かんとするに、洪州《こうしゅう》・開元寺《かいげんじ》に到りて大師《だいし》〔馬祖〕を礼拝《らいはい》す。大師問う、「秀才《しゅうさい》、什麼処《いずく》にか去く？」云く、「京に入りて選官に去かんとす」。大師云く、「秀才太《はなは》だ遠在《とおし》！」対《こた》えて云く、「和尚が此間《ところ》には還《は》た選場《せんじょう》有り也無《や》？」大師云く、「目前《もくぜん》、什摩《なに》をか嫌わん？」秀才云く、「還た選官を許す也無《や》？」大師云く、「秀才非但《のみなら》ず、仏も亦《ま》た著《お》かず」。此れに因《よ》りて大師に投じて出家せんと欲得《ほっ》す。大師云く、「你《なんじ》が与《ため》に頭《こうべ》を剃《そ》るは即ち得《よ》し。若是《も》し大事因縁《だいじいんねん》なれば即ち得《よ》からざらん」。此れ従《よ》り摂受し、後、具戒す。

「あまりにも遠い」という馬祖の言葉を、五洩ははじめ、都の試験場がここから遠いという意にとりました。しかし、馬祖が言っているのは、真に目指すべきものは、はるか彼方の試験場でなく、今、この場にこそある、ということだったのでした。それは猟師であった石鞏に「なぜ、自らを射ぬ？」そう問い返したのと、同じところを指すものでした。

この時の馬祖の予言どおり、五洩は後に石頭の門下に転じて悟りの体験を得ることになります。

第2章　出　家（続）

「選官」から「選仏」へ――丹霞天然

科挙《かきょ》をなげうって禅門に身を投じた話としては、さらに丹霞天然《たんかてんねん》と龐居士《ほうこじ》の二人を逸することはできません。丹霞は木の仏像を燃やして煖をとった話で有名な人（岡倉天心の『茶の本』にも引かれています）。龐居士は馬祖《ばそ》・石頭《せきとう》に参じて悟りを得ながらも、終生在俗の身のまま、同時代の名だたる禅僧たちと問答を戦わせ、中国の維摩《ゆいま》と称された人です（詳しくは、入矢義高『龐居士語録』筑摩書房・禅の語録7、一九七三年、参照）。長い話なので、以下、五段にくぎりながら読んでいきます。

仏はドコで選ばれる？

『祖堂集《そどうしゅう》』の丹霞章は次のような記述から始まります。かれら二人は、科挙を受験するために、つれだって都に向かう旅の途中でした。前章でも見たように、「秀才《しゅうさい》」は科挙受験者に対する呼称。「選《せん》官《かん》」は科挙（選挙）による官僚の選考のことです。

〔1〕丹霞は、石頭希遷《せきとうきせん》の法をついだ。諱《いみな》は天然。若くして儒家《じゅか》・墨家《ぼくか》の学に親しみ、あらゆる経書《けいしょ》に通暁していた。初め、龐居士とともに都に出て科挙に応じようとしたが、漢南道《かんなんどう》で寄宿したおり、突如、まばゆい光が部屋に満ちる夢を見た。占い師が「それは空《くう》を会得する瑞祥《ずいしょう》である」と予言した。さらに一人の行脚僧《あんぎゃ》にゆきあい、いっしょに茶を飲んでいたところ、僧からこう問いかけられた。

「秀才どのは何処《いずこ》へ行かれる？」

「選官にまいりたいと存じます」

「なんと惜しいことを！　なぜ、選仏《せんぶつ》にまいられぬ」

「では、仏はドコで選ばれるのです？」

すると僧は、湯飲みをスッと持ち上げて見せた。

「どうだ、おわかりかな？」

「いえ、ご高旨を測りかねます」

「江西《こうぜい》の馬祖が現にこの世にあって法を説き、道を悟る者が数え切れぬほどだ。かしこそ、まさに選仏のところである」

前世からの優れた機根を具えていた両人は、そこで長安に背を向けて、馬祖のもとへと向かったのであった。

丹霞和尚嗣石頭。師諱天然。少親儒墨、業洞九経。初、与龐居士同侶入京求選、因在漢南道寄宿次、忽夜夢白光満室。有鑒者云、「此是解空之祥也」。又逢行脚僧、与喫茶次、僧云、「秀才去何処?」対曰、「求選官去」。僧云、「可惜許功夫! 何不選仏去?」秀才曰、「仏当何処選?」其僧提起茶碗曰、「会摩?」秀才曰、「未測高旨」。僧曰、「若然者、江西馬祖今現住世説法、悟道者不可勝記、彼是真選仏之処」。二人宿根猛利、遂返秦游而造大寂。(『祖堂集』巻4丹霞天然章)

丹霞《たんか》和尚、石頭《せきとう》に嗣《つ》ぐ。師、諱《いみな》は天然《てんねん》。少《わか》くして儒《じゅ》・墨《ぼく》に親しみ、業は九経《きゅうけい》に洞《くわ》し。初め、龐《ほう》居士と同侶《ともづれ》たりて京《みやこ》〔長安〕に入りて選を求め、因みに漢南《かんなん》道に在りて寄宿せる次《おり》、忽《ふ》と夜に白光《びゃっこう》の室に満つるを夢む。鑒者《かんじゃ》有りて云く、「此れは是れ解空《げくう》の祥《しるし》なり」。又た行脚《あんぎゃ》僧に逢いて、与《とも》に茶を喫《の》める次《おり》、僧云く、「秀才《しゅうさい》は何処《いずく》にか去《ゆ》く?」対えて曰く、「選官《せんかん》を求めに去く」。僧云く、「可惜《おしむ》許《べ》し功夫《とき》を! 何ぞ選仏《せんぶつ》に去かざる?」秀才曰く、「仏は当《は》た何処にか選ばる?」其の僧、茶碗を提起して曰く、「会《え》す摩《や》?」秀才曰く、「未《いま》だ高旨《こうし》を測《はか》らず」。僧曰く、「若《も》し然《しか》らば、江西《こうぜい》の馬《ば》祖《そ》、今《いま》現に世に住して法を説き、道を悟る者、勝《あ》げて記《しる》す可《べ》からず、彼は是れ真の選仏の処なり」。二人、宿根《しゅくこん》猛利にして、遂《かく》て秦《しん》〔長安〕への游《たび》を返して大寂《だいじゃく》〔馬祖〕に造《いた》る。

「選仏」は「選官」をもじった言いかたで、「官」でなく「仏」として選びだされるという喩えです。

禅には、本来、選ばれた人だけが仏に成るという考えはありません。どの人もみなもともと仏である、というのが、禅の大前提です。ですが、ここは「選官」と対比するための言葉のアヤとして、「選仏」という表現が使われています。

高級官僚を選抜する科挙、すなわち「選官」は、制度上、家柄や身分を問わず、誰でも受験できるタテマエです。しかし、長期の膨大な勉強を要するものですから、実際には誰でもというわけにいきません。本人も長年にわたってたいへんな準備をし、地方での厳しい予備試験も突破してきたはずですし、その背後に、一族の大きな期待と重い経済的負担があったことは想像に難くありません。

その彼らが、黙ってスッと茶碗を持ち上げただけの行脚僧の所作を見て、「選官」をなげうち、一気に「選仏」に転じたのですから、僧のただそれだけの所作のうちに、よほどの何かが感じられたのでしょう。あるいは、そこに何かを感じ取るだけのものが、彼らの心のうちにすでに醸成されていたのでしょう。

馬祖と石頭

かくして彼らふたりは、都に背を向け――ということは、これまでの人生とこれからの人生、そして一族の命運をなげうって――江西の馬祖のもとにたどりついたのでした。

〔2〕礼拝しおわると、馬祖が問うた。「そのほう、何をしにまいった？」

秀才（丹霞）は頭巾のスソを持ち上げて見せた。馬祖はただちにその意を察した。

「おぬしの師となるべきは、石頭《せきとう》ではないかな?」
「ならば、その路をお示しください」
「ここから南岳《なんがく》へ向かうこと七百里、石《いわ》の頭《うえ》に希遷《きせん》長老がおいでじゃ。お前はそこへ行って出家するがよい」
秀才は、その日のうちに旅立った。

礼拝已、馬大師曰、「這漢来作什摩?」秀才汰上幞頭、馬祖便察機、笑而曰、「汝師石頭摩?」秀才曰、「若与摩則与某甲指示石頭」。馬祖曰、「従這裏去南岳七百里、遷長老在石頭。你去那裏出家」。秀才当日便発去。

礼拝《らいはい》し已《おわ》るや、馬《ば》大師(馬祖)曰く、「這漢来《こやつきた》りて什摩《なに》をか作《な》す?」秀才《しゅうさい》(丹霞)幞頭《ほくとう》を汰上《たいじょう》す。馬祖便《すなわ》ち機を察し、笑いて曰く、「汝《なんじ》が師は石頭《せきとう》ならん摩《か》?」秀才曰く、「若《も》し与摩《かくのごと》くなれば則ち某甲《それがし》が与《ため》に石頭を指示せよ」。馬祖曰く、「這裏《ここ》より南岳《なんがく》に去《ゆ》くこと七百里、遷《せん》長老(希遷)石頭に在り。你《なんじ》、那裏《かしこ》に去きて出家せよ」。秀才当日便ち発去《た》つ。

頭巾のスソを持ち上げて見せるという所作は、おそらく落髪の志を暗示したものでしょう(あるいは、あの旅の僧が茶碗をスッともちあげて見せた、あれと同じものを悟りたいという気持ちが含まれていたかも知れません)。しかし、馬祖は一見して、この男は、自分よりも石頭の家風に合っていると直感しました。当時、「江西《こうぜい》は大寂《だいじゃく》（馬祖）を主とし、湖南《こなん》は石頭を主とする。その間の往来はさかんであり、この二大師に見《まみ》えたことが無ければ無知《モグリ》とされた」と伝えられています（『景徳伝灯録』巻6馬祖章注に引く劉軻《りゅうか》の語。おそらく石頭の碑文の一部。「劉軻云、江西主大寂、湖南主石頭。往来憧憧、不見二大士為無知矣」）。偏狭な宗派意識にとらわれない、おおらかな時代だったのでしょう。

いっぽう同道した龐居士のほうは、馬祖との問答で開悟し、その後は終生「儒形《じゅぎょう》」（在俗の儒士の姿）のまま隠逸の生活を送りました。開悟の際に彼が作った偈は、次のような一首でした。

十方同一会　十方《じっぽう》　一会《いちえ》を同じくし
各各学無為　各《おの》おの　無為《さとり》を学ぶ
此是選仏処　此れは是れ〝選仏《せんぶつ》〟の処
心空及第帰　心《こころ》　空にして　及第《きゅうだい》して帰る

（『祖堂集』巻14龐居士章）

都の試験場さながら　諸方から俊秀がつどい
みなそれぞれに道を学ぶ
ここ馬祖の道場は　「選官」ならぬ「選仏」の場
科挙ではなく　心の「空」に及第して　いざ本来の家郷に帰るのだ

今日でも禅堂が「選仏場《せんぶつじょう》」と呼ばれるのは、彼らの故事にもとづいています。

槽廠《そうしょう》に著《つ》き去《ゆ》け

いっぽう、南岳の石頭禅師のもとにたどりついた秀才（丹霞）は――

〔3〕石頭にたどりついて、石頭希遷禅師に参じた。

「どこから、まいった？」

「はい、かくかく、しかじかよりまいりました」

「何をしにまいった？」

秀才は馬祖の時と同じように応じた。

石頭はうなずいた、「うむ、作業場へまいれ！」

そこで彼は、炊事の役についた。

> 到石頭、参和尚。和尚問、「従什摩処来？」　対曰、「某処来」。石頭曰、「来作什摩？」　秀才如前対。石頭便点頭曰、「著槽廠去」。乃執爨役。
>
> 石頭に到り、和尚に参ず。和尚〔石頭希遷〕問う、「什摩処《いずく》よりか来《きた》る？」　対《こた》えて曰く、「某処《ぼうしょ》より来れり」。石頭曰く、「来《きた》りて什摩《なに》をか作《な》す？」　秀才前《さき》の如《ごと》くに対う。石頭便ち点頭《うなず》きて曰く、「槽廠《そうしょう》に著《つ》き去《ゆ》け」。乃ち爨役《さんえき》を執《と》る。

「作業場へまいれ。――槽廠《そうしょう》に著き去け《つゆ》」は、六祖恵能《ろくそえのう》が参じた時に五祖《ごそ》が言ったのと同じセリフです。その時、五祖は、初対面の問答で恵能がただ者でないことを看ぬき、それゆえ敢て「槽廠（作業場）」での米搗きの仕事を命じたのでした。それと同じことばを使うことで、ここも秀才（丹霞）の非凡な資質を察知すればこそ、石頭がただちには出家を許さず、まずは下働きを命じたのだということが感じ取られる記述になっています。

仏殿の前の草

そして、そのまま月日は流れ……

〔4〕一、二年が過ぎた頃、石頭大師は、明日あたり、やつの髪を落としてやろうかと考えた。そこで大師は、その日の夜、童行《ずんなん》（寺で働く出家前の若者）たちに告げた。
「仏殿の前に、一カ所、草が生えておる。明日、朝の粥の後、それを刈り取ろう」

明くる朝、童行たちは競ってスキ・クワをもって集まった。

ところが彼（丹霞）だけは、水とカミソリをもってきて大師の前に跪《ひざまず》き、自分の頭を清めた。

大師は笑って髪を剃ってやった。

すると、突然、頭のてっぺんが頂《いただき》のようにもりあがってきた。

大師はそれを撫でていった。

「なんという、天然《てんねん》な！」

剃髪《ていはつ》がおわると彼は出家させてもらったことと、僧名を与えられたことへの謝意を述べた。

「ん？　わしが何という名を与えたと……」

「和尚さまは今〝天然〟と仰せられたではありませぬか？」

石頭はその冴えに感心し、いささか仏法の要旨を説き聞かせようとした。

すると天然（丹霞）は、すぐさま耳をおおった。

「あまりにも、余計なこと！」

大師、「しからば、そのハタラキを見せてみよ」。

そこで天然は、聖僧《しょうそう》（禅堂に祀られた菩薩の像）の頭に馬乗りになった。

大師いわく、「このクソ坊主が！　いずれ御仏《みほとけ》の像をも打ち砕くことになろうぞ」。

経一二載余、石頭大師明晨欲与落髪、今夜童行参時、大師曰、「仏殿前一搭草、明晨粥後剗却」。来晨諸童行競持鍬钁、唯有師独持刀水、於大師前跪拝揩洗。大師笑而剃髪。師有頂峰突然而起、大師按之曰、「天然矣！」　落髪既畢、師礼謝度、兼謝名。大師曰、「吾賜汝何名？」　師曰、「和尚豈不曰〝天然〟耶？」　石頭甚奇之、乃為略説法要。師便掩耳云、「太多也！」　和尚云、「汝試作用看」。師遂騎聖僧頭。大師云、「這阿師！　他後打破泥龕塑像去」。

経《ふ》ること一二載《いちにさい》余、石頭大師、明晨《めいしん》、与《ため》に落髪《らくはつ》せんと欲す。今夜、童行参《ずんなん》ぜし時、大師曰く、

「仏殿《ぶつでん》の前、一搭《いっとう》の草、明晨粥後《しゅくご》、剗却《さんきゃく》せん」。来晨《らいしん》、諸童行競《きそ》いて鍬钁《すきくわ》を持つに、唯有《ただ》師〔丹霞〕のみ独《ひと》り刀と水を持ち、大師〔石頭〕の前に於て跪拝《きはい》し揩洗《かいせん》す。大師笑《わら》いて剃髪《ていはつ》す。師、頂峰《ちょうほう》の突然にして起《おこ》る有り。大師、之を按《な》でて曰く、「天然矣《てんねんなり》！」落髪既《すで》に畢《おわ》るや、師、度《ど》に礼謝《らいしゃ》し、兼ねて名《な》に謝《しゃ》す。大師曰く、「吾れ汝に何の名をか賜う？」師曰く、「和尚豈《あ》に〝天然〟と曰《い》わず耶《や》？」石頭甚《はなは》だ之を奇《き》とし、乃ち為に法要《ほうよう》を略説す。師便ち耳《みみ》を掩《おお》いて云く、「太《はなは》だ多也《おおし》！」和尚云く、「汝、試《こころ》みに作用《さゆう》し看よ」。師遂《かく》て聖僧《しょうそう》の頭《こうべ》に騎《また》がる。大師云く、「這《こ》の阿師《あし》！他後《こののち》、泥龕塑像《でいがんそぞう》を打破し去らん」。

仏殿の前の草とは、未だ剃髪していない彼のことを暗示する譬喩でした。ほかの童行たちは皆なそれを文字どおりに受けとり、手に手に草刈りの道具をもって、はりきって集合しました。しかし、彼にだけは、石頭の真意が通じていたのでした。

彼は自ら支度して石頭に頭を剃ってもらい、頭頂の隆起を見て思わず石頭がつぶやいた「天然」の語を、そのまま勝手に自分の僧名として奪い取ってしまいました。

仏法の大要を説こうとする石頭禅師のことばに耳を塞ぎ、余計なことだと拒み、さらには聖僧の像の頭にまたがる天然。彼には尊ぶべきいかなる価値も意味も存在しないのでした。

最後の石頭の感嘆の語は、後に彼が木仏を燃やすという、あの有名な話の予言となっています。天然自身、後にこう説いています。「〝禅〟可《なん》ぞ是れ你《なんじ》が解《げ》する底の物ならん？豈《あ》に〝仏〟の成《な》る可《べ》き有らん？〝仏〟の一字は、永《とこしな》えに聞くを喜ばず」（『景徳伝灯録』巻14丹霞章、「禅可是你解底物？豈有仏可成？　仏之一字永不喜聞」）。「仏」は理解の客体となるものではない。成るべき「仏」など、どこにも存在しない。「仏」の一字、自分はそれを永遠に耳にしたくない、と（趙州従諗もまた「仏之一字、吾不喜聞」と言っています。『祖堂集』巻18趙州章）。

石頭の路は滑りやすい

かくして石頭の下で出家した天然は、戒壇《かいだん》で正式の戒律を授かったあと、再度、馬祖の下を訪れました。

〔5〕受戒の後のこと。当時、大寂《だいじゃく》禅師こと馬祖の教えが、江西一帯に輝きを放っていた。天然は南岳を下り、ふたたび馬祖のもとに参上して拝謁した。
馬祖、「どこから、まいった？」

「石頭よりまいりました」

「石頭の路は滑《すべ》りやすい。転《ころ》ばなんだか？」

「転んでおったら、ここにまいってはおりませぬ」

馬祖はその非凡さに舌をまいた。


師受戒已、而大寂耀摩尼於江西。師乃下岳、再詣彼、礼謁大寂。大寂問、「従什摩処来？」　対曰、「従石頭来」。大寂曰、「石頭路滑、還達倒也無？」　対曰、「若達倒、即不来此也」。大寂甚奇之。

> 師受戒《じゅかい》し已《おわ》るに、大寂《だいじゃく》〔馬祖〕摩尼《まに》を江西《こうぜい》に耀《かがや》かす。師乃ち岳《がく》〔南岳〕を下り、再び彼に詣《いた》り、大寂に礼謁《らいえつ》す。大寂問う、「什摩《いず》処《く》よりか来《きた》る?」対《こた》えて曰く、「石頭《せきとう》より来る」。大寂曰く、「石頭、路《みち》滑る、還《は》た澾倒《たっとう》せる也無《や》?」対えて曰く、「若《も》し澾倒せば、即ち此《ここ》に来らざる也《なり》」。大寂甚《はなは》だ之を奇《き》とす。

師について剃髪しただけでは、まだ僧とは言えません。国家の認めた戒壇で律師から正式の戒律を受け、それではじめてほんとうの僧となります。南岳も古くから正規の戒壇があったところですから、天然もそこで受戒したのでした（『宋高僧伝』巻11丹霞伝「後、岳寺の希律師より其の戒法を受く」）。受戒ののち再訪してきた天然に、馬祖は問いました。「石頭の路は滑りやすい。そこで足元をすくわれはしなかったか」と。

馬祖の禅が朗らかで単純明快なものだったのに対し、石頭の禅は深遠玄妙で、高次ではあるが取りつき難いというのが定評でした。昔、馬祖の師の南岳懐譲《なんがくえじょう》禅師が、石頭に向かってこう言ったことがありました。「君の問いはあまりにも次元が高すぎる。それでは後の人は誰ひとり悟れまい」（「子《し》の問い、太高生《たいこうせい》。向後《のち》の人、闡提《せんだい》と成り去らん」『祖堂集』巻4石頭章）。また、石頭の法孫の道吾円智《どうごえんち》は両者の家風をこう対比しています。「石頭は是れ真金鋪《しんきんぽ》、江西は是れ雑貨鋪《ざっかほ》」、石頭は純金のみを売る高級専門店、馬祖は何でもありの街の雑貨屋、と（『祖堂集』巻4薬山章）。

しかし、丹霞は胸をはって言いました。「石頭の禅で滑って転ぶようなら、ここまで来てはおりませぬ」。石頭の深遠玄妙に足をとられず、それを踏み越えてきたからこそ、現にこうして、ここにたどりついておるのです、と。

第3章　受　戒

出家と受戒

唐代の禅僧たちの出家の様子を、いくつか見てきました。出家ということばをあまり厳密に定義せずに使ってきましたが、正式の僧侶になるためには、大まかに言って二つの段階があります。

第一段階が「出家」。「受業《じゅごう》」ともいいます。生まれ育った家を出、肉親との縁を断って僧侶の弟子になる段階です。前々章で見た五洩霊黙《ごせつれいもく》のように、ここですぐ頭を剃ってもらう場合もありますし、前章でみた丹霞天然《たんかてんねん》のように、すぐには頭を剃らず、有髪のまま「童行《ずんなん》」あるいは「行者《あんじゃ》」と呼ばれる見習い期間をへて、その後に「剃髪」に至る場合もあります。

しかし、頭を丸めても、この段階ではまだ「沙弥《しゃみ》」といって、正式の僧侶ではありません。正式の僧の身分を得るためには、国の認めた「戒壇《かいだん》」に行って、正式の戒律（比丘は二五〇戒、比丘尼は三四八戒）を受けなければなりません。これを「具戒《ぐかい》」「受戒《じゅかい》」といいます。二十歳にならないと受戒できない決まりで、ここではじめて、ほんとうの一人前の僧となります。前章の丹霞天然の話で、石頭に頭を丸めてもらった後、南岳に行って「受戒」し、それから馬祖の下を再訪したと記されていたのも、このような経緯を指していたのでした。『祖堂集《そどうしゅう》』にたびたび次のような記述が見えるのも、一「出家」「受業」、二「具戒」「受戒」という、この二段階の過程を表現したものにほかなりません。

　九座山《くざ》に受業す。年に依りて具戒し、……（巻9棲賢章、「受業於九座山。依年具戒……」）

　年十四、吉州蒲田寺《きっしゅうほでんじ》に於て出家し、年に依りて嵩岳《すうがく》に具戒す。（巻8龍牙章、「年十四、於吉州蒲田寺出家、依年具戒於嵩岳」）

「年に依りて」というのは所定の年齢である二十歳になって、ということで、「年十三、鄧林寺《とうりんじ》の模《も》禅師の処に於て出家。十七、衡岳《こうがく》に遊び、二十にして受戒し……（年十三、於鄧林寺摸禅師処出家。十七遊衡岳、二十受戒……）」（巻4招提章）と数字で記した例もあります。

　むろん、二十歳にならないとできない、ということは、二十歳を過ぎたらできないということではありませんから、当然、その年を過ぎてから受戒した人もいます。たとえば『祖堂集』巻8曹山《そうざん》章には、次のように見えます。

少《わか》くして九経《きゅうけい》を習うも、出家を志求《しぐ》す。年《とし》十九にして父母方《はじ》めて聴《ゆる》し、福唐県《ふくとう》霊石山《りょうしゃく》に受業す。年二十五にして、師方《はじ》めて受戒を許す。而《しか》れど挙措威儀《きょそいぎ》、皆な旧習《きゅうしゅう》の如し。便ち方外《ほうがい》に雲遊す。

（少習九経、志求出家。年十九父母方聴、受業於福唐県霊石山。年二十五、師方許受戒、而挙措威儀、皆如旧習、便雲遊方外。）

「九経」は儒教《じゅきょう》の経典《けいてん》の総称。それを学んでいたということは、彼がそれなりの知識階級の出身であったこと、それゆえ、当然のこととして、五洩や丹霞の話と同様、科挙を受験して高級官僚になることを期待されるような人であったことを想像させます。しかし、彼は、そうした一族の期待とはうらはらに、出家を志しました。十九歳になってやっと（「方」）父母が出家を許したという記述は、両親が出家を思いとどまらせようと、何年もそれに反対しつづけていたことを物語っています。それで、十九歳で沙弥になったわけですから、師は二十歳での受戒は早すぎると判断したのでしょう、二十五になってようやく（「方」）受戒が許されたのでした。しかし、その時には、あたかも昔からそれをくりかえしてきたかのごとく、僧侶としての所作や作法がすでにすっかり身についており、そのまま悠然と世俗の外で過ごした、というのでした。

僧夏

僧の伝記の末尾には、よく「春秋《しゅんじゅう》八十四、僧夏《そうげ》六十五」（巻4薬山章）、あるいは「享齢《きょうれい》七十二、僧臈《そうろう》（臘）三十二」（巻15五洩章）などと記されています。言い方はほかにもありますが、ともかく僧の伝記のむすびに二つの年数が記されていたら、一つ目は実年齢による享年、二つ目は僧になってからの年数――具体的には「具戒」して正規の僧侶となってから経過した夏安居《げあんご》の回数――を表しています。『祖堂集』では「僧夏」という言いかたが多く用いられていますが、一般には「僧臘《そうろう》」「法臘《ほうろう》」などとも言われます（「臘」は「臈」とも）。僧侶の間の目上・目下は、年齢でなく、この僧夏の数によって決まります。

たとえば、『祖堂集』巻4薬山《やくさん》章に、雲巌《うんがん》と道吾《どうご》の物語が見えます。薬山は石頭の法嗣《はっす》で、雲巌と道吾はその薬山の法嗣ですが、そこではこの両人が血を分けた実の兄弟――道吾が兄、雲巌が弟――だったとされています。それは『祖堂集』だけの伝承で、おそらく史実ではないのですが、ともあれ「道吾和尚、四十六にして方《はじ》めて（ようやく）出家す」という一文で始まるその一段には、早くに出家して百丈《ひゃくじょう》の侍者となっていた弟の雲巌と、軍人になっていた兄の道吾が偶然再会し、雲巌の手引きによって道吾も「出家」し、さらに雲巌に連れられて「京《みやこ》」に行って「受戒」したという経緯が記されています。その話のなかで、兄の道吾は、弟の雲巌のことを一貫して「師兄《すひん》」、すなわち兄弟子《あにでし》と呼んでいます。いうまでもなく、血縁のうえでは弟でも、出家者としての経歴では雲巌のほうがずっと先輩だったからです。

早く受戒した人――石頭・長髭・石室善道

『祖堂集』には、逆に、二十歳より早く受戒した人の話も出てきます。巻5長髭《ちょうし》章に出ている、石室《せきしつ》善道《ぜんどう》和尚の話です。長髭もまた石頭の法嗣のひとりで、文中に見える男児（「児子」）がのちの石室和尚です。

〔1〕長髭和尚は一人の男児をひきとり、それを養って八年が過ぎた。ある日、男児はかしこまって長髭和尚に申し上げた。

「それがし、〝受戒〟にまいりたく存じますが、よろしいでしょうか？」

和尚、「受戒して何を求める？」

「はい、それがしの祖父が南岳におります。挨拶にまいりたく存じますが、ただ、いまだ受戒もしておらず、会わせる顔がございません」

和尚、「受戒は二十歳《はたち》にならねばできぬもの、今しばらく待て」

だが、長髭和尚は突如ハッと思いあたり、男児を呼んで受戒を許した。

師得十歳児子、養得八年。有一日、児子啓和尚曰、「某甲欲得受戒去、還得也無？」師云、「受戒図什摩？」児子曰、「某甲祖公在南岳、欲得去那裏礼覲、只是未受戒、不敢去」。師曰、「受戒須是二十始得、且住」。師忽然覚察、喚来許伊受戒。

師〔長髭〕十歳の児子《おのこ》〔のちの石室〕を得《え》、養《やしな》うこと八年。有る一日、児子、和尚〔長髭〕に啓《もう》して曰く、「某甲《それがし》、受戒しに去《ゆ》かんと欲得《ほっ》す、還《は》た得《よ》き也無《や》?」　師〔長髭〕云く、「受戒して什麼《なに》をか図《はか》る?」　児子曰く、「某甲、祖公《そこう》、南岳《なんがく》に在り、那裏《かしこ》に去きて礼覲《らいごん》せんと欲得す、只《た》だ是れ未《いま》だ受戒せざれば、敢《あえ》て去かず」。師曰く、「受戒は須是《すべから》く二十にして始《はじ》めて得《よ》し、且《しばら》く住《や》めよ」。師忽然《こつねん》と覚察《かくさつ》し、喚《よ》び来《きた》りて伊《かれ》に受戒を許す。

「出家」していても、未だ「受戒」「具戒」していなければ一人前の僧ではありません。それでは面目なくて祖父のもとに挨拶にも行けない、そう、「児子」（のちの石室）が訴えます。小さい時にお寺にひきとられてから、八年ぶりの帰省。仮りに十歳でお寺に入ったとすれば、今は十八歳。出家者は出家者なりに「故郷に錦をかざる」という気持ちになっても無理はない――そんな話のように、一見、見えます。

現に長髭禅師も彼のことばをそのような意味にとり、受戒は二十歳にならないとできないと諭しました。本来の戒律の定めがそうなのですから、いかにも、もっともな教えです。しかし、そう諭した後で、長髭は「児子」の意の在るところをハッと察知――「覚察」――しました。そこで長髭は、「児子」を呼んで、受戒を許す旨を伝えたのでした。彼は、さっそく旅立ちます。

〔2〕小僧（のちの石室）は明くる朝、和尚（長髭）に出立の挨拶をした。和尚はいった。
「そなた、帰りには必ず石頭和尚のもとに立ち寄るように」

小僧はハイと返事をし、ただちに南岳《なんがく》の般若寺《はんにゃじ》に行って受戒した。そして、その後、石頭を訪ねた。

石頭、「どこからまいった？」

「はい、長髭よりまいりました」

「今夜はここに泊まれ、よいな？」

「はっ、すべて和尚さまの仰せに従います」


小師明朝辞和尚。和尚云、「子帰来、須到石頭処来」。小師応諾、便去南岳般若寺受戒、後却去石頭参。石頭云、「従什麼処？」 対云、「従長髭来」。石頭曰、「今夜在此宿、還得麼？」 対云、「一切取和尚処分」。

小師〔石室〕、明朝、和尚〔長髭〕に辞す。和尚云く、「子帰《そなたかえ》り来《きた》らんには、須《すべか》らく石頭《せきとう》の処に到り来るべし」。小師応諾し、便ち南岳般若寺《なんがくはんにゃじ》に去《ゆ》きて受戒し、後《のち》却って石頭に去きて参ず。石頭云く、「什麼処《いずく》より？」 対《こた》えて云く、「長髭《ちょうし》より来《きた》る」。石頭曰く、「今夜、此《ここ》に在りて宿す、還《は》た得《よ》き摩《や》？」 対えて云く、「一切、和尚の処分《いいつけ》に取《したが》わん」。

本文では先ほどの「児子」が「小師」と呼び変えられています。「小師」は「沙弥」に対する親しみと若干の敬意がこもった呼称のようです。小僧さん、小坊さん、といったところでしょうか（『禅林象器箋』第六類・称呼門「小師」条、参照）。

南岳には、長髭の師の石頭がいました。「小師」（石室）が、一人前の僧となって南岳にいる祖父（「祖公」）に会いに行きたいと申し出たのは、実は血縁の祖父のことではなく、法の上での祖父、すなわち師匠のそのまた師匠である石頭禅師に参じたいという暗示だったのでした。長髭はその意を「覚察」し、それで年をちょっとごまかして「小師」の受戒の手続きを整え、受戒後、石頭の下へ行くようにと自分のほうから命じてやったのでした。

南岳には伝統をほこる戒壇があります。前章の丹霞天然の受戒も南岳でした。「小師」も、まずそこへ行って正規の受戒をし、そして、その後、同じ南岳にいる石頭禅師のもとに参じます。石頭にどこから来たかと問われて、彼は、和尚さまの法嗣の長髭和尚の下からですと答えました。石頭は、では、今晩はここへ泊ってゆけと命じ、彼はそれに従いました。

〔3〕明くる朝、彼が朝の挨拶をすると、石頭は彼をつれて山歩きに出かけた。すると、路ばたに一本の樹が生えていた。

石頭、「これを伐《き》ってくれ、路をふさいでおる」

「それがし、刀を持ってまいりませんでした」

「わしがここに持っておる」

「では、お借し願います」

石頭はさっと刀を抜き、自分が柄《え》を握って刃《は》のほうをこちらにわたそうとした。

「どうして、ソチラをおわたしくださいませぬ？」

「〝ソチラ〟が何の役に立つ？」

彼はここで大悟した。

石頭は彼に受業の師のもとへ帰れと言い、彼は石頭に別れを告げて長髭のもとに帰った。


小師第二日早朝来不審、師便領新戒入山。路辺有一箇樹子、石頭云、「汝与我斫却、這箇樹礙我路」。対曰、「某甲不将刀子来」。石頭曰、「我這裏有刀子」。曰、「便請」。石頭便抽刀、把柄過与刀子。曰、「何不過那頭来？」師曰、「用那頭作什摩？」新戒便大悟。石頭教新戒帰受業処。新戒便辞石頭、却帰師処。

小師、第二日、早朝《あした》に来りて不審《ふしん》するや、師便ち新戒《しんかい》〔石室〕を領《ひき》いて山に入る。路辺に一箇《ひとつ》の樹子《き》有り、石頭云く、「汝、我が与《ため》に斫却《しゃっきゃく》せよ、這箇《こ》の樹《き》、我が路を礙《さ》う」。対えて曰く、「某甲《それがし》、刀子《かたな》を将《も》ち来らず」。石頭曰く、「我が這裏《ところ》に刀子有り」。曰、「便ち請《こ》う」。石頭便ち刀を抽《ぬ》き、柄《え》を把《と》りて刀子を過与《わた》す。曰く、「何《なん》ぞ那頭《そちら》を過《わた》し来らざる？」師〔石頭〕曰く、「那頭を用いて什摩《なに》をか作《な》す？」新戒便ち大悟す。石頭、新戒をして受業《じゅごう》の処に帰らしむ。新戒便ち石頭を辞して、師〔長髭〕の処に却帰《かえ》る。

本文では、ここ以後、彼（石室）の呼び名が「小師」から「新戒《しんかい》」に変わっています。新たに受戒して僧になったばかりの者、ということで、いやしくも正規の僧となった以上、もう「小師」と呼ぶのはふさわしくありません。

訪ねてきたマゴ弟子の「新戒」をつれ、石頭は山歩きに出かけました。禅の語録にはよく、師と弟子がつれだって山歩きをする場面が出てきます（第16章・第17章、参照）。

そこで石頭は行く手をさえぎっている樹を伐るよう、「新戒」に命じました。刀を持っていなかった「新戒」は、石頭の刀を借りようとします。すると石頭は、自分が柄のほうを握って、ギラリとした刃を彼に突きつけてきました。あわてた「新戒」が「ソチラ」のほう（「那頭」）、すなわち柄のほうをおわたしいただきたいと乞うと、石頭はいいました、「那頭《なとう》を用いて什麼《なに》をか作《な》す？」ソチラがいったい何になる？

難解ですが、おそらく、客体として把握可能な現実態の個々の事物でなく、それを超えた全一普遍の本来のところを直《じか》につかめ——個体としての自己の生命とひきかえに——ということではないかと思います。「新戒」はこの一言で「大悟」し、長髭のもとに帰ってゆきました。「受業」のところに帰れという石頭の指示は、ここで「大悟」したとはいえ、お前の師はあくまでも長髭だという含みでしょう。

石頭の言葉にしたがい、彼はもともとの師である長髭の下に帰りました。

〔4〕長髭、「石頭禅師のもとへまいれと申したが、行って来たか？」
「行くことは行きましたが、便りを届けはしませんでした」

「では、どのようなお人から受戒した？」

「他人《ひと》さまからではございません」

「あちらではそうだったろうが、わしのところではどうか？」

「ともかく、背《そむ》くことはいたしませぬ」

「たいした物知りぶりだ！」

「いえ、こうしてしゃべっておっても、舌はコトバに染まっておりませぬ」

長髭は叱りつけた。

「出ていけ！　このオシャベリ新戒が」

これが、かの石室善道禅師である。


師問、「教你到石頭、你還到也無？」　対曰、「到則到、不通耗」。師問曰、「依什摩人受戒？」　対曰、「不依他」。師曰、「你在彼中即如此、我這裏作摩生？」　対曰、「要且不違背」。師曰、「大与摩多知生！」　対曰、「舌頭不曽染著在！」　師便咄、「這多口新戒、出去！」　此是石室和尚也。

師〔長髭〕問う、「你《なんじ》をして石頭に到らしむるに、你還《は》た到れる也無《や》？」　対《こた》えて曰く、「到れることは則ち到れるも、耗《たより》を通ぜず」。師問うて曰く、「什摩人《なにびと》に依りてか受戒《じゅかい》せる？」　対えて曰く、

「他《た》に依らず」。師曰く、「你、彼中《かしこ》に在りては即ち如此《かくのごと》きも、我が這裏《ところ》にては作摩生《いかん》？」対えて曰く、「要且《ともか》く違背《いはい》せず」。師曰く、「大いに与摩《かく》も多知生《ものしり》なる！」対えて曰く、「舌頭《した》、曽て染著《そま》ざる在《なり》！」師便ち咄《とっ》す、「這《こ》の多口《たく》の新戒、出《い》で去《ゆ》け！」此れは是れ石室和尚なり。

ここで「新戒」（石室）が、石頭には行ったが「耗《ごう》」（消息、たより。『景徳伝灯録』では「号」）を通じなかったというのは、石頭には参じたが、その法を嗣ぎはしなかった、ということでしょう。どういう人から「受戒」したかと問われて「他《た》に依らず」というのは、真の戒は他者から与えられるものではないということですが、それは石頭の考えでもありました。石頭は嘗て、己れの本性が清浄《しょうじょう》であることこそが真の戒体《かいたい》である――「自性清浄《じしょうしょうじょう》、之を戒体《かいたい》と謂う」――と言っています。それゆえ長髭は、石頭のところではそうだったろうが、わしのところではどうするつもりかと詰問したのですが、それに対して石室はこう答えました。「要且《ともか》く違背《いはい》せず」、さりとて、戒壇で受けた所与の戒律を敢えて破ろうとも思いませぬ、と。外から課せられた戒律を実体視するつもりはない、しかし、だからといって、わざわざそれに背くつもりもない、というのです。

その上で最後に「舌頭《した》、曽て染著《そま》ざる在《なり》！」と言い切ったのは、授ける者も、受ける者も、その間で授受される法も、すべては「空」であって実在はしない――だから戒律を神聖視もしないかわり、ことさらそれを打ち砕く必要もない――と言っているのでしょう。黄檗希運《おうばくきうん》禅師も、次のように言っています。

終日説《と》くも何《なん》ぞ曽《かつ》て説かん？　終日聞《き》くも何ぞ曽て聞かん？　所以《ゆえ》に釈迦は、四十九年《しじゅうくねん》説くも、未《いま》だ曽《かつ》て一字をも説著《くちにせ》ず。（『宛陵録』「終日説何曽説？　終日聞何曽聞？　所以釈迦四十九年説、未曽説著一字」。入矢義高『伝心法要・宛陵録』筑摩書房・禅の語録8、一九六九年、頁一一八）

一日中話《はな》しても何も話していない、一日中聞《き》いても何も聞いていない。だから、釈尊も、四十九年間説法《せっぽう》を続けながら、実は一言も口にしてはいなかったのである、と。

第4章　受戒しなかった人

清浄なる自性こそ真の戒体――石頭希遷

正式の僧侶となるまでに最低二つの段階があることを前章で見ました。第一は「出家《しゅっけ》」「受業《じゅごう》」、肉親との縁を断ち切って僧侶の弟子になる段階です。この段階ではまだ「沙弥《しゃみ》」といって、正式の僧侶ではありません。このあと、二十歳以上になってから、国家の認めた「戒壇《かいだん》」に行って、正式の戒律（比丘は二五〇戒、比丘尼は三四八戒）を授かり、そこで初めて一人前の僧となります。これが「具戒《ぐかい》」「受戒《じゅかい》」などといわれる第二の段階です。『祖堂集《そどうしゅう》』巻16の古霊《これい》和尚章に「師（古霊）少《わか》きより福州《ふくしゅう》大中寺に於いて出家す。僧と為るに及至《およ》びて、遊《たび》して百丈《ひゃくじょう》に参ず」とあるのは、「出家」のあと「具戒」して正規の「僧」となってから百丈禅師に参じた、ということですが、この表現から、「出家」したただけではまだ「僧」でないということが解ります。しかし、僧としてそれほど重要なものであるにもかかわらず、禅僧たちはしばしば、戒律というものに対する懐疑や批判の気持ちを表しています。前回、石室善道《せきしつぜんどう》は、石頭希遷《せきとうきせん》禅師に参じた後、「受戒」について「他《た》に依らず」と言っていました。その考えは石頭に由来するものだと言いましたが、では、石頭は受戒のことをどう考えていたのでしょうか？　石頭は、幼い頃、最晩年の六祖恵能《ろくそえのう》のもとで「出家」し、六祖亡《な》き後、六祖の遺命にしたがってその高弟の青原行思《せいげんぎょうし》の法を嗣《つ》いだ人でした。その「出家」と「具戒」の経緯は、『祖堂集』では次のように記されています。

当時、六祖が真の教えを挙揚していた。先祖代々の田畑《でんぱた》が六祖のいた新州《しんしゅう》（広東省・新興市）に隣接していた縁で、石頭は六祖に礼拝に赴いた。六祖は見るなりたいそう悦び、しきりに頭を撫《な》でながら言った。「そなたは、わが真の法をつぐことになろう！」

そしてご馳走を用意して「出家」を勧め、かくて石頭は、髪を落として世俗を離れた。のち開元《かいげん》十六年（七二八）羅浮山《らふざん》で「具戒」し、ひととおり律《りつ》を学んだが、良し悪しの定めが入り乱れているのを見、やがてこう言った、「己れの本性が清浄《しょうじょう》であることこそが戒体《かいたい》。諸仏は因縁によって組成されたものでないから、そこには何も生じない」。

これ以後、細かな規則にこだわらず、文字の教えを尊ぶこともしなくなったのであった。

時六祖正揚真教。師世業隣接新州、遂往礼覲。六祖一見忻然、再三撫頂而謂之曰、「子当紹吾真法矣！」与之置饌、勧令出家。於是落髪離俗。開元十六年具戒於羅浮山。略探律部、見得失紛然、

乃曰、「自性清浄、謂之戒体。諸仏無作、何有生也?」 自爾不拘小節、不尚文字。……（『祖堂集』巻4石頭希遷章）

時に六祖《ろくそ》、正に真教《しんきょう》を揚《あ》ぐ。師〔石頭〕世業《せいぎょう》、新州《しんしゅう》に隣接し、遂《かく》て往きて礼覲《らいごん》す。六祖、一見するや忻然《きんぜん》たり、再三頂《いただき》を撫《な》で而して之《これ》に謂《い》いて曰く、「子《し》、当《まさ》に吾が真法《しんぽう》を紹《つ》がん!」 之《これ》が与《ため》に饌《せん》を置き、勧《すす》めて出家せしむ。是《ここ》に於いて落髪離俗《らくはつりぞく》す。開元《かいげん》十六年、羅浮山《らふざん》に具戒す。略《あらま》し律部《りつぶ》を探り、得失紛然《とくしつふんぜん》たるを見て、乃《すなわ》ち曰く、「自性清浄《じしょうしょうじょう》、之を戒体《かいたい》と謂う。諸仏無作《しょぶつむさ》、何《なん》ぞ生《しょう》有らん?」 爾《これ》より小節《しょうせつ》に拘《とら》われず、文字《もんじ》を尚《とうと》ばず。……

ふつうは受戒によって「戒体」という「防非止悪《ぼうひしあく》——非を防ぎ悪を止《とど》める」力が自己の内面に具わるのだとされています。しかし石頭は「戒体」は外から授かるものではなく、清浄なる自己の本性・仏性こそがもともと我が身に具わっている真の「戒体」にほかならない、因縁《いんねん》の組成物でない仏性には如何なる善悪も生じない（語は『金光明経』巻1「諸仏無作者、亦復本無生」に基づく）、そう確信し、律の細則にこだわらず、文字で書かれた教えも尊ばなくなったのでした。前回の石室の考えも、石頭のこうした考えを嗣いだものだったのでしょう。石頭自身、受戒後、師の青原行思と次のような問答を交わしています（『祖堂集』石頭章）。

石頭の受戒の後、青原が問うた。

「お前はすでに受戒したが、律《りつ》を聴いたか?」

石頭、「律を聴く必要はございません」(不用聴律)

「では、戒《かい》を念ずるか?」

「戒を念ずる必要もございません」(亦不用念戒)……

法を離れて自ら浄かるべし——薬山惟儼

石頭の最も有力な法嗣のひとり、薬山惟儼《やくさんいげん》にも同じような考えが見られます。石頭の門下から幾人ものすぐれた禅者が出て、馬祖《ばそ》系の禅に拮抗する、唐代禅の第二の主流派というべき石頭系の禅が形成されていきましたが、そこで最も重要な役割を果たしたのが、薬山の系統の人たちでした。『祖堂集』巻4薬山章は、その「受戒」の前後の経緯を次のように記しています(禅文化研究所『景徳伝灯録五』頁二六八、参照)。

十七歳の時、潮州《ちょうしゅう》(広東省・潮州市)の西山慧照《せいざんえしょう》禅師に師事し、大暦《たいれき》八年(七七三)、南岳は衡岳《こうがく》寺《じ》の希澡《きそう》律師から「受戒」した。しかし、薬山は、ある日、こう言った。

「大の男たるもの、法に頼らず、己れ自身で清浄でおられねばならぬ。どうして、衣《ころも》の上でコセコセと、細かな作法に憂き身をやつしておれようか!」

かくて、ただちに石頭大師に参じ、綿密に奥深い真実を悟ったのであった。

その後、貞元《ていげん》年間の初め（七八五）、澧陽《れいよう》（湖南省・常徳市）の芍薬山《しゃくやくさん》に居し、「薬山《やくさん》和尚《おしょう》」と呼ばれるようになったのであった。

年十七、事潮州西山慧照禅師。大暦八年、受戒於衡岳寺希澡律師。師一朝言曰、「大丈夫当離法自浄、焉能屑屑事細行於布巾耶？」即謁石頭大師、密領玄旨。師於貞元初居澧陽芍薬山、因号薬山和尚焉。

年十七、潮州《ちょうしゅう》の西山《せいざん》慧照《えしょう》禅師に事《つか》え、大暦《たいれき》八年、衡岳寺《こうがくじ》の希澡《きそう》律師に受戒す。師〔薬山〕一朝《いっちょう》言いて曰く、「大丈夫《だいじょうふ》、当《まさ》に法を離れて自《みずか》ら浄《きよ》かるべし、焉《いずくん》ぞ能《よ》く屑屑《せつせつ》と細行《さいぎょう》を布巾《ふきん》に事《こと》とせん耶《や》？」即ち石頭大師に謁《えっ》し、密《みつ》に玄旨《げんし》を領《さと》る。師、貞元《ていげん》の初《はじめ》、澧陽《れいよう》の芍薬山《しゃくやくさん》に居し、因《よ》りて薬山《やくさん》和尚《おしょう》と号せり。

十七歳で出家し、大暦八年に「受戒」したが、その後、ある日、「大の男は法から離れて――外在的な法の助けなど借りずに――自分自身を拠りどころとして清浄でいられなければならぬ。どうして法衣の上でのコセコセとした細かな作法を、己が務めとしておられようか」、そう思いきわめるや、ただちに石頭にまみえて深意を会得し、貞元の初年、澧陽の芍薬山に住して「薬山和尚」と呼ばれるようになったというわけです。

「当《まさ》に法を離れて自《みずか》ら浄《きよ》かるべし」――この決意が、ただちに（即）石頭に参ずることにつながっていることが注意をひきます。薬山のこのことばは、「自性清浄《じしょうしょうじょう》、之を戒体《かいたい》と謂う」といった石頭のことばと、ぴたりと符節を合しているようです。

受戒して何になる？——薬山と石室高沙弥

きわめて例外的な事ではありますが、薬山の門下からは、さらに受戒そのものを拒否した人も現れました。

〔1〕石室高沙弥《せきしつこうしゃみ》は受戒のために都《みやこ》に向かっていた。ちょうど朗州《ろうしゅう》（湖南省・常徳市）を通り過ぎようとしたところで、薬山《やくさん》のふもと近くにさしかかり、ふと、ひとりの老人に出逢った。沙弥は礼儀正しく挨拶した、「万福《ばんぷく》」、ごきげんうるわしう。老人も「法公《ほうこう》万福」、小僧さんもごきげんうるわしう、と鄭重に挨拶を返した。
沙弥、「この先の道のりは、どのようでございましょう？」
老人、「小僧さん、そうお急ぎにならずとも。ここ薬山では、活き身の菩薩《ぼさつ》が世に現れて住持《じゅうじ》となり、羅漢僧《らかんそう》がその下で院主《いんじゅ》（事務局長）を務めておいでです。登って礼拝《らいはい》してみられるのも、悪くはございますまい」

石室高沙弥往京城受戒、恰到朗州、経過次、近薬山下。路上忽見一箇老人。沙弥問老人「万福」。

老人曰、「法公万福」。沙弥問、「前程如何?」 老人曰、「法公何用忙? 這裏有肉身菩薩出世、兼是羅漢僧造院主、何妨上山礼拜?」(『祖堂集』巻4薬山和尚章)

石室高沙弥《せきしつこうしゃみ》、京城《みやこ》に往《ゆ》きて受戒せんとし、恰《あた》かも朗州《ろうしゅう》に到り、経過《けいか》せる次《おり》、薬山《やくさん》の下《ふもと》に近づく。路上忽《ふ》と一箇《ひとり》の老人に見《あ》う。沙弥《しゃみ》、老人に「万福《ばんぷく》」と問う。老人曰く、「法公万福《ほうこうばんぷく》」。沙弥問う、「前《さき》の程《みちのり》、如何《いかん》?」 老人曰く、「法公何《なん》ぞ忙《せわ》しきを用《もち》いん? 這裏《ここ》に肉身《にくしん》の菩薩《ぼさつ》有りて出世《しゅっせ》し、兼《かね》て是れ羅漢僧《らかんそう》、院主《いんじゅ》と造《な》る、何ぞ上山《じょうざん》して礼拝《らいはい》するを妨《さまた》げん?」

「法公」は沙弥に対する呼称(第1章「ほんとうに〝無眼耳鼻舌身意〟?」)。「院主」の話は薬山章の初めに出てはきますが、どういう人かよく解りません(のちに第12章の「院主」の項でその箇所を読みます)。いっぽう、薬山に住持している「肉身の菩薩」というのが薬山惟儼禅師その人を指していることは言うまでもありません。沙弥は老人の話を聞いて、さっそく薬山にのぼります。

〔2〕沙弥はその話を聞くと、すぐに薬山に行き、衣服を改めると、まっすぐ法堂《はっとう》に上がって、薬山禅師に礼拝した。

薬山、「いずこよりまいった?」

沙弥、「南岳《なんがく》よりまいりました」

「どこへ向かう?」

「江陵《こうりょう》（湖北省・荊州市）に〝受戒〟にまいります」

「受戒して何をめざす？」

「受戒して、生死《しょうじ》を離れたいと存じます」

「受戒せずして生死を離れた人間が一人おる。おぬし、知っておるか？」

「そうできるなら、仏陀はなんで、この世で二百五十もの戒律を定めたのでしょう？」

「うるさい！　このおしゃべり小僧！　いつまでもコトバにひっかかりおって」

そして、薬山は沙弥に、僧堂に入るよう命じた。


沙弥纔得箇消息、便到薬山、換衣服、直上法堂、礼拝和尚。師曰、「従什摩処来？」対曰、「従南岳来」。師曰、「什摩処去？」対曰、「江陵受戒去」。師曰、「受戒図什摩？」対曰、「図免生死」。大師曰、「有一人不受戒而遠生死、阿你還知也無？」対曰、「既若如此、仏在世制二百五十条戒又奚為？」師曰、「咄！　這饒舌沙弥、猶掛著脣歯在」。師便教伊参衆去。

沙弥纔《わず》かに箇の消息《しょうそく》を得《う》るや、便ち薬山《やくさん》に到り、衣服《えぶく》を換《か》え、直《じき》に法堂《はっとう》に上《のぼ》り、和尚〔薬山惟儼〕を礼拝《らいはい》す。師〔薬山〕曰く、「什摩処《いずく》より来《きた》る？」対《こた》えて曰く、「南岳《なんがく》より来る」。師曰く、「什摩処にか去《ゆ》く？」対えて曰く、「江陵《こうりょう》に受戒しに去く」。師曰く、「受戒して什摩《なに》をか図る？」対えて曰く、「生死《しょうじ》を免《まぬか》れんことを図る」。大師《だいし》〔薬山〕曰く、「一人《いちにん》有り、受戒せずして而《しか》も生死に遠《とお》ざかる、阿你《なんじ》還《は》た知る也無《や》？」対えて曰く、「既《すで》若に如此《かくのごと》くなれば、仏《ぶつ》、世に在りて二百五十条の戒を制《さだ》めて又た奚《なに》をか為《な》す？」 師曰く、「咄《とつ》！ 這《こ》の饒舌《にょうぜつ》の沙弥、猶《な》お脣歯《しんし》に掛著《かか》れる在《なり》」。

師便ち伊《かれ》をして参衆《さんしゅ》し去《さ》らしむ。


活き身の「現実の自己」と、仏としての「本来の自己」、両者の不即不離の関係を深くほりさげてゆく点に石頭系の禅の特色がありました。受戒することによって「生死」、すなわち輪廻の苦しみを脱却したいという沙弥に対し、薬山は「受戒」に依らずして「生死」を離れる「一人《いちにん》」がいる、それを知れと示唆します。生死する現実の自身とは別次元の本来の自己――「一人」――それを自覚せよというのです。しかし、沙弥はその意を解することができません。「そんなことがあり得るなら、仏陀が在世中に二百五十条もの律をさだめたはずがございますまい」。薬山は沙弥を叱りつけ、そして、ここの大衆《だいしゅ》の一員となるよう命じたのでした。

〔3〕沙弥が庫裏《くり》にゆき、役職の僧に目通りしていた頃、薬山の弟子の道吾円智《どうごえんち》が、薬山和尚に挨拶にやって来た。
薬山、「あの足の悪い沙弥を見たか？」

道吾、「見ました」

「あやつ、なかなか見どころがある」

「あんなイナカのこせがれに、何の見どころがございましょう。軽々に決めてかからず、よくよく吟味なさらねばなりませぬ」

薬山は侍者に沙弥を呼びにいかせた。沙弥はすぐにやって来た。

> 其沙弥去庫頭、相看主事次、道吾来、不審和尚。和尚向道吾曰、「你見適来跛脚沙弥麼?」対曰、「見」。師曰、「此沙弥有些子気息」。吾曰、「村裏男女、有什麼気息? 未得草草、更須勘過始得」。師教侍者喚其沙弥、沙弥便上来。
>
> 其《そ》の沙弥《しゃみ》、庫頭《くじゅう》に去き、主事《しゅじ》に相看《まみ》ゆる次《おり》、道吾《どうご》〔道吾円智〕来《きた》り、和尚〔薬山〕に不審《ふしん》す。和尚道吾に向いて曰く、「你《なんじ》、適来《さきほど》の跛脚《はきゃく》の沙弥を見る麼《や》?」対えて曰く、「見る」。師〔薬山〕曰く、「此の沙弥、些子《いささ》かの気息《きそく》有り」。吾〔道吾〕曰く、「村裏《そんり》の男女《わらべ》、什麼《なん》の気息か有らん? 未《いま》だ草草《おろそか》なるを得ず、更に須《すべか》らく勘過《かんか》して始めて得《よ》し」。師、侍者《じしゃ》をして其の沙弥を喚《よ》ばしめ、沙弥便ち上《まか》り来る。

道吾は薬山の最も有力な弟子のひとりでした。薬山が得体の知れぬ小僧っ子に、特別に目をかけている様子が気に食わないようです。薬山と沙弥の問答がはじまります。沙弥はここではすでに、薬山のいう「一人」の意を覚っているようです。

〔4〕薬山、「長安《ちょうあん》はたいへんな騒ぎになっておるそうだが、知っておるか?」
沙弥、「存じませぬ。我が国はいたって平安です」

「それは経典から得たものか、人から教わったものか？」

「経典から得たのでも、人から教わったのでもございませぬ」

「経も読まず人からも教わらぬ者なら、おおぜいおろう。その者たちは、なぜ、この境地を得られぬのか？」

「かれらにそれが無いとは申しませぬ。ただ、自分でそれを受けとめていないだけなのです」

薬山は道吾に向かっていった、「どうじゃ、わしは嘘など申しておるまい」。

そう言うなり薬山は、禅床《ぜんしょう》をおりて沙弥の背を撫《な》でながらいった。

「まこと、獅子《しし》の児《こ》じゃ！」


師曰、「聞説長安甚大鬧、汝還知也無？」対曰、「不知。我国甚安清」。師曰、「汝従看経得、従人請益得？」対曰、「不従看経得、亦不従人請益得」。師曰、「大有人不看経亦不従人請益、為什摩不得？」対曰、「不道他無、自是不肯承当」。師向道吾曰、「不信道老僧不虚発言」。便下床、撫背云、「真師子児！」

師〔薬山〕曰く、「聞説《きくなら》く長安《ちょうあん》甚だ大いに鬧《さわが》しと、汝還《は》た知る也無《や》？」対《こた》えて曰く、「知らず。我が国、甚だ安清《あんせい》なり」。師曰く、「汝、経《きょう》を看《よ》むに従《よ》りて得たるか、人《ひと》従り請益《しんえき》し得たるか？」対えて曰く、「経を看むに従りて得たるにあらず、亦《ま》た人従り請益し得たるにもあらず」。師曰く、「大いに人の、経も看まず亦た人従り請益もせざる有り、為什摩《なにゆえ》にか得ざる？」対えて曰く、「他《かれ》らに無しとは道《い》わず、自《もと》より是れ承当《じょうとう》するを肯《うべな》わざるのみ」。師、道吾に向いて曰く、「道《い》うを信ぜざるや、老僧虚《むな》しくは言を発せずと」。便ち床《しょう》を下《お》り、背《せ》を撫《な》でて云く、「真に師子児《しじ》たり！」

薬山のいう「長安《ちょうあん》甚だ大いに鬧《さわが》し」は、錯雑し紛糾する差別《しゃべつ》の世界に生きる「現実の自己」の姿を指しています。それに対して沙弥が「我が国、甚だ安清《あんせい》なり」と応じたのは、現実の差別相に干渉されない「本来の自己」――「受戒」に依らずして「生死」を離れる「一人」の存在――を覚ったことを暗示しています。それは我が身の上の事実であって、経典から学んだものでも他人《ひと》さまから教わったものでもありません。その事実は誰しも同じように具わっているものでありながら、ただ、そのことを自覚している者が稀なのだと沙弥はいうのでした。

この答えを聞いた薬山は道吾をふりかえり、どうだ、わしの目に狂いはあるまい、と、いかにも満足なようすで言い、そして沙弥を「真に師子児たり」と称えたのでした。

しかし、このあと、沙弥は薬山を去ります。

〔5〕沙弥はさらに辞去の挨拶をした。

薬山、「いずこへまいる？」

沙弥、「庵《いおり》に住まうことにいたします」

「生死《しょうじ》は重大事であろう。なぜ、受戒にまいらぬ？」

「生も死も同じことと知れた今、受戒に何の意味がございましょう？」

「それならば、わが近くにおるがよい。たまには顔も見たい」
かくして薬山から半里のところに庵を立て、そこで一生を過ごし、「石室高沙弥《せきしつこうしゃみ》」と呼ばれたのであった。

沙弥又辞。師問、「汝向什麼処去?」対曰、「住庵去」。師曰、「生死事大、汝何不受戒?」対曰、「彼此知是一般事、喚什麼作受戒?」師曰、「若与摩、在我身辺、時復要見」。因此在薬山去半里地卓庵過一生、呼為石室高沙弥也。

沙弥《しゃみ》又た辞す。師〔薬山〕問う、「汝、什麼処《いずく》に向いてか去《ゆ》く?」対《こた》えて曰く、「庵《いおり》に住《じゅう》しに去かん」。師曰く、「生死事大《しょうじじだい》、汝何《なん》ぞ受戒せざる?」対えて曰く、「彼此《ひし》是れ一般《おな》じ事なるを知る、什麼《なに》を喚《よ》びてか受戒と作《な》さん?」師曰く、「若《も》し与摩《かくのごと》くなれば、我が身辺に在りて、時《とき》に復《ま》た見《あ》わんと要《ほっ》す」。此《これ》に因《よ》りて薬山《やくさん》より去ること半里の地に在りて庵を卓《た》てて一生を過《すご》し、呼びて石室高《せきしつこう》沙弥《しゃみ》と為せり。

足が悪かったためか、また年長の兄弟子《あにでし》たちとしっくりいかなかったためか、沙弥は寺に属さず、ひとりで庵を結んでやってゆくと申し出ました。そこで薬山は問いました。「生死事大《しょうじじだい》、汝何《なん》ぞ受戒せざる?」お前は「生死」を免れるために「受戒」を望んでいたのではなかったのか? しかし、沙弥はすでに嘗ての沙弥ではありません。生と死とが二項対立でないと覚った以上──「生死」に関わらぬ「一人」を自覚した以上——もはや「受戒」には何の意味も無いと言い切りました。

かくして彼は薬山の近くに庵を結び、終生「受戒」せず「石室高沙弥」と呼ばれたのでした。

第5章　我を生む者は父母　我を成す者は朋友

出家者の親孝行――西川の黄三郎

「出家」して僧になるまでの過程を見てきましたが、出家後、二度と親の顔を見ない――親からすれば出家したが最後、二度と息子の顔を見ることができない――そんな事もあったようです。たとえば、前々章でもちょっとふれたように、『祖堂集《そどうしゅう》』巻4薬山《やくさん》和尚章では道吾《どうご》と雲巌《うんがん》が血のつながった実の兄弟だったという話になっていますが、早くに出家していた弟の雲巌と、軍官になっていた兄の道吾、両者が長年の離別のすえに偶然再会するという場面では、こんな会話が交わされています。

雲巌、「おっかさんは、お達者で?」（孃在無?）

道吾、「いや、貴公を思うて泣くあまり、片方の目がつぶれて世を去った」（憶師兄、哭太煞、失

却一隻眼、下世去）

雲巌は母の死に目に会えなかったどころか、母親の亡くなったことさえ知らなかったのでした。

いっぽう『祖堂集』巻14馬祖《ばそ》章には、立派な僧になった息子が帰省して親を導いたという話も見えます。西川《せいせん》（四川省・成都市）の黄三郎《こうさんろう》という老人のお話です。

黄三郎は、二人の息子を馬祖のもとにやって出家させました。一年後、息子たちが家にもどって来た時、黄三郎はそれを「生仏《いきぼとけ》」のように礼拝して、こう言いました。「昔の人が言うておる、〝我《われ》を生《う》む者《もの》は父母《ふぼ》、我《われ》を成《な》す者《もの》は朋友《ほうゆう》〟と。お二人の坊さまは今やまさにわが〝朋友〟、どうか、この老人を成就させてくだされ」（古人道〝生我者父母、成我者朋友〟。是你両箇僧便是某甲朋友、成持老人）。この世に我を生んでくれたのは父母、我を完成させてくれるのは友。貴公らお二人は、もとは我が倅《せがれ》とはいえ、立派な僧となられた今は、道の上の「朋友」としてわしを導いてもらいたい、というわけです。

かくして二人の息子は、父親である黄三郎老人をはるばる洪州《こうしゅう》（江西省・南昌市）なる師の馬祖の下へと誘い、老人は馬祖との問答でみごと道を悟ったのでした（『馬祖の語録』頁一三五、参照）。

お師匠さまへのご恩返し――古霊神讃

出家の後、戒壇《かいだん》で受戒して正規の僧となり、さらに行脚《あんぎゃ》して悟りを開いたのち、もとの寺にもどって最初の出家の師――「本師《ほんし》」「受業師《じゅごうし》」――を済度《さいど》したという話も伝わっています。百丈懐海《ひゃくじょうえかい》禅師の法嗣《はっす》の古霊神讃《これいしんさん》という人の話で、『祖堂集』巻16古霊和尚章に次のように見えます。

〔1〕古霊和尚は百丈に嗣《つ》ぎ、福州《ふくしゅう》（福建省・福州市）にいた。若いとき福州の大中寺《だいちゅうじ》で「出家」し、受戒して「僧」となったのち、行脚《あんぎゃ》の旅のすえ、百丈禅師に参じて長年止《とど》まり、綿密にその奥義を究めた。その後、郷里にもどって「本師」にお仕えしたが、師を悟りに導いて恩に酬いたいと願い、その好機のおとずれを待っていた。そんなある日、たまたま師を風呂にいれ、垢を落としていた時のこと、古霊は師の背を撫《な》でながら言った。

「せっかくの仏殿ではございますが、そのなかの仏が尊くありませぬ」

師は思いがけぬ言葉を聞いて、ふりかえった。

古霊、「いや、仏は尊くはございませぬが、とりあえず、光を放つことはできておいでです」。

師はたいそういぶかしく思ったが、何も問うことができなかった。

古霊和尚嗣百丈、在福州。師自少於福州大中寺出家。及至為僧、遊参百丈、盤泊数年、密契玄旨。後帰省、侍本師、思欲発悟、以報其恩、而俟方便。偶因一日為師澡浴、去垢之次、撫師背曰、「好箇仏殿、而仏不聖」。其師乍聞異語、廻頭看之。弟子曰、「仏雖不聖、且能放光」。師深疑而不能問。

> 古霊《これい》和尚、百丈《ひゃくじょう》に嗣《つ》ぎて、福州《ふくしゅう》に在り。師〔古霊〕少《わか》きより福州大中寺《だいちゅうじ》に於いて出家す。僧と為るに及至《およ》び、遊《たび》して百丈に参じ、盤泊《とどま》ること数年、密に玄旨《げんし》に契《かな》う。後、帰省《きせい》し、本師《ほんし》に侍《じ》す。発悟せしめて以て其の恩に報《むく》いんと思欲《ほっ》し、方便《ほうべん》を俟《ま》つ。偶《たまた》ま因《ちな》みに一日、師〔本師〕の為に澡浴《そうよく》し、垢《あか》を去る次《おり》、師の背を撫《な》でて曰く、「好箇《こうこ》の仏殿なれど、仏は聖ならず」。其の師、乍《たちま》ち異語を聞き、廻頭《ふりかえ》りて之を看る。弟子〔古霊〕曰く、「仏は聖ならずと雖《いえど》も、且《まず》は能《よ》く光を放つ」。師、深く疑《うたが》えど問う能《あた》わず。

古霊が法を嗣いだ百丈は、馬祖の法嗣でした。馬祖の禅の特徴は、ありのままの自己をありのままに「仏」として認めるという点にありました。修行によって煩悩を排除していって取り出される清らかな特別の自己ではなく、日常を生きる活き身の自己。食べて出して、歩いて寝て、しゃべって……、そんな活きたナマ身の自己の全体をそのまま「仏」と等置するのです。それは逆にいえば、活き身の自己のあらゆる行為・営みはすべて仏としての本性が働き出たものだということであり、馬祖系の禅者たちは、相手が今この場でこの瞬間に行っている動作・営為をとらえて、当の本人に「仏」たる自己を自覚させようとしたのでした。その動作・営為は何でもよいはずですが、のこされている記録から見る限り、実際によく用いられたのは、「応諾《おうだく》」（呼ばれて思わず「ハイ」と応える）、「近前《きんぜん》」（近う寄れと言われて思わず身体がツツッと前に出る）、「廻首《かいしゅ》」（背後から呼びかけられて思わずハッと振り返る）といった動作でした。

百丈もその例外ではありません。今回、冒頭でふれた雲巌と道吾の話では、先に出家した雲巌（弟だが「師兄《あにでし》」）は百丈の下で侍者《じしゃ》を務めており、後から出家した道吾（兄だが「師弟《おとうとでし》」）は薬山の弟子になっています。雲巌を薬山の門下に転じさせようと道吾が手を尽くした結果、雲巌が百丈の手紙を携えて薬山に届けに来る運びとなりました。初対面の挨拶のあと、薬山が雲巌に問いかけます。「懐《え》海師兄《かいすひん》（百丈）どのは、近頃、どのような法を説いておいでか？」雲巌は答えました、「三句《さんく》を超えたところで悟れ」「六句《ろっく》を超えたところを会得せよ」——すなわち、すべての言語と論理を超えたところを悟れ——そう説いておられます、と。薬山は、落胆し、憤慨します。「それでは三千里のかなた、お目出度いほどの見当ちがいだ！」

薬山は気を取り直し、重ねて問います。「師兄どのには、そのほかにどのようなお言葉がおありか？」雲巌はふたたび答えて言いました。「ある時、説法が終り、大衆《だいしゅ》が法堂《はっとう》から下がろうとしたところで、百丈禅師がいきなり「大徳！」と呼びかけられました。大衆が思わず「廻首《ふりかえ》」りますと、百丈禅師はすかさず言われました、「是れ什麼《なん》ぞ？」」

薬山はそれを聞いて快哉を叫びました、「なぜ、それを先に申さぬ。懐海師兄はなおご健在じゃ！おかげで百丈というお人がようわかった」（『祖堂集』巻4薬山章）。

呼ばれて思わず「廻首《ふりかえ》」る、そこに己れの仏性《ぶっしょう》があまさず活き活きと働き出ておる、そこを自覚せよ、という示唆です。

古霊の話にも、同様の趣旨が含まれています。風呂場で本師の背中を流しながら「好箇《こうこ》の仏殿なれど、仏は聖ならず」、そう言ったのは、活き身の自己が仏であるのに、せっかくのその事実にとんとお気づきでない、という意でした。そう言われて思わず「廻首《ふりかえ》」った師に、古霊はひとこと、「仏は聖ならずと雖《いえど》も、且《まず》は能《よ》く光を放つ」。自覚はしておられずとも、仏としての活きた働きは、この「廻首《ふりかえり》」の上にちゃんと輝き出ておりますぞ。

しかし、何かを感じながらも、本師はまだ何も問うことができずにいました。

〔2〕その後、またある日のこと、窓の障子が新しく張り替えられ、日がいっそう明るく窓を照らしていた。「本師」はその窓の下で経典を読んでいた。その時、ハエが出口を求め、先を争うかのように、しきりに障子紙に頭をぶつけていた。古霊は師のかたわらに控えて立ちながら、こう言った。「やれやれ、世界はかくも広きに、外に抜け出すことも知らぬ。かように古びた紙に頭を突っ込んでばかりおっては、とこしなえに出ることはかなうまい」師はこの言葉を聞くと、経巻を下に置いて問うた。「おまえは行脚《あんぎゃ》の旅で、どういうお人に出逢《でお》うたのか？　そこでいったい、何を悟ったのか？この間《かん》のおぬしの言葉を見ておると、どうもふつうと違う。ひとつ仔細に説いてみよ」。

後得一日新糊窓、其日照窓陪明。師於窓下看経次、蠅子競頭打其窓、求覓出路。弟子侍立、云、「多少世界、如許多広闊而不肯出頭！　撞故紙裏、驢年解得出摩？」　師聞此語、放下経巻問、「汝行脚来見何人？　得何事意？　前後見汝発言、蓋不同常、汝子細向吾説看」。

> 後、得《とあ》る一日、新《あら》たに窓を糊《は》る。其の日、窓を照らすこと陪《ますま》す明るし。師〔本師〕窓下《そうか》に於て経《きょう》を看《よ》める次《おり》、蠅子《はえ》、頭《さき》を競《あらそ》いて其の窓を打ち、出路《しゅつろ》を求覓《もと》む。弟子〔古霊〕侍立《じりゅう》し、云く、「多少《いくばく》もの世界、如許《かくも》多広闊《ひろ》きに出頭《しゅっちょう》するを肯《がえ》んぜざるとは！ 故紙の裏《うち》に撞《つ》きて、驢年《ろねん》解《よ》く出《いづ》るを得《え》ん摩《や》？」 師此《こ》の語を聞くや、経巻《きょうかん》を放下《ほうげ》して問う、「汝行脚《あんぎゃ》し来《きた》りて何人《なにびと》にか見《まみ》ゆ？ 何《いか》なる事意《じい》をか得し？ 前後汝《なんじ》の発言を見るに、蓋《けだ》し常に同じからず、汝子細《しさい》に吾れに向いて説《と》き看《み》よ」。

障子紙が新たに張り替えられ、ひときわ明るく日に照らされている窓。その光にひかれ、外に出ようと懸命にぶつかりつづけるハエ。その下で本師が経典を読みふけっています。そこでまた古霊が揶揄します。やれやれ、せっかく広々とした世界がありながら、古びた紙にばかり頭を突っ込んで、いつまでも外に出ようともせぬ、と。

一見、ハエのことを言っているようで、実は経巻に没頭する本師へのたしなめであることは明らかです。ハエが頭をぶつけているのは「故紙」ではなく、まぶしく真新しい障子紙です。

そこで、前からヘンだと思っていた本師が、意を決して問いかけます。いったい行脚の旅で、如何なる師に出逢い、如何なる道を得て来たのか？

〔3〕古霊はその問いを受けて、待っていた時がきたと思い、そこで百丈禅師から示された禅の核心を説いた。「霊性は感覚の世界を超え出て光り輝き、その本体は、文字にとらわれることな

く、真実にして永遠である。かかる心の本性は、もともと円満かつ清浄であり、外界の迷妄をさえ離れ去れば、この身はありのままで仏である」

師はこれを聞くや、あらゆる心の計らいが言下に終息し、感嘆した。

「思義を超えた、なんとすばらしき教え！　むかし、仏のことを聞いた時、それは唯一絶対のものかと思うておった。だが、今にしてようやく己《おの》が心の本源をかえりみてみれば、生きとし生けるものはみな仏であったのだった！」

そして師は僧たちに言った。

「わが弟子が行脚してすぐれた仏者の法を得てまいった。わしはその恩に応えたい。みな、どうか手伝《てつど》うてくれ」

僧たちは敷物を整えて説法の座をしつらえ、古霊にその座に昇って百丈の教えの大意を説くよう請うた。一同はかつて耳にしたこともない教えを聞き、一人のこらず歓喜したのであった。

弟子見問、恰称本意、為説百丈大師指授禅門心要、「霊光洞耀、迥脱根塵。体露真常、不拘文字。心性無染、本自円明。離却妄縁、則如如仏」。師於言下万機頓息、嘆曰、「不可思議！　吾本聞仏、将謂独一、今始返照心源、有情皆爾！」　因為同流曰、「我弟子行脚得上人法。我欲返答其恩、汝当佐助」。衆為備筵、敷法座畢、請弟子昇座、略演百丈宗教。衆聞所未聞、悉皆忻慶。

弟子〔古霊〕問われて、恰《あた》かも本意《ほんい》に称《かな》い、為に百丈大師《ひゃくじょうだいし》の指授《しじゅ》せる禅門《ぜんもん》の心要《しんよう》を説く、「霊光洞《あき》らかに耀《かがや》き、迥《はる》かに根塵《こんじん》を脱す。体真常《しんじょう》を露《あらわ》し、文字《もんじ》に拘《かか》わらず。心性《しんしょう》染《けが》ること無く、本自《もとよ》り円明《えんみょう》。妄縁《もうえん》を離却《りきゃく》せば、則ち如如仏《にょにょぶつ》」。師〔本師〕言下《ごんか》に於て万機《ばんき》頓《とみ》に息《や》み、嘆じて曰く、「不可思《ふかし》議《ぎ》！ 吾れ本《も》と仏を聞きて、独一《どくいつ》なりと将謂《おも》えるに、今《いま》始めて心源《しんげん》を返照《へんしょう》せば、有情《うじょう》皆な爾《しか》るとは！」 因《よ》りて同流《どうる》に為《い》いて曰く、「我が弟子、行脚《あんぎゃ》して上人《しょうにん》の法を得たり。我れ其の恩に返答《こた》えんと欲す、汝ら当《まさ》に佐助《たす》くべし」。衆《しゅ》為に筵《むしろ》を備え、法座《ほうざ》を敷《し》き畢《おわ》り、弟子に請いて昇座《しんぞ》し、略《あらま》し百丈の宗教《しゅうきょう》を演ぜしむ。衆未《いま》だ聞かざる所を聞き、悉皆《ことごと》く忻慶《よろこ》べり。

古霊の説法によって、仏は経巻のうちにではなく、活きた我が身の上にこそあると知った本師は、逆に自分のほうが古霊を師と仰ぐべきだと思いきわめました。

〔4〕本師は古霊に言った。
「わしはお前の剃髪《ていはつ》の師であった。だが今や、お前はわが悟りの師だ。わしは師としての礼をお前に返し、この恩に酬いたい」

古霊は法座を下りて言う。

「それは世の礼法にはずれるもの、許されることではございませぬ。師がそう仰せられるのでしたら、西のかたに向い、はるかに百丈禅師を師として礼拝くださいませ。さすれば我らは、ともに同じ道を歩む者となりましょう」

本師はその言葉にしたがい、はるかに百丈を礼拝して師と仰いだのであった。

師謂弟子曰、「吾為汝剃髪之師、汝今為吾出世之師。吾今返礼汝、以答其恩耳」。弟子下座曰、「此乖世礼、事不可也。師若然者、当応面西、遥礼百丈為師、即是同道不異也」。師則従之、遥礼百丈為師。

師〔本師〕弟子〔古霊〕に謂いて曰く、「吾れ汝が剃髪《ていはつ》の師為《た》るも、汝、今や吾が出世《しゅっせ》の師為《た》り。吾れ今、礼を汝に返《かえ》し、以て其の恩に答えん耳《のみ》」。弟子、座《ざ》を下《お》りて曰く、「此れ世の礼に乖《そむ》く、事として不可《ふか》なり。師若《も》し然《しか》らば、当応《まさ》に西に面《むか》い、遥かに百丈を礼して師と為すべし、即ち是れ道を同じうして異ならざるなり」。師則ち之に従い、遥かに百丈を礼して師と為せり。

『孟子《もうし》』離婁《りろう》・上に「人の患《わずら》いは、好《この》んで人の師と為らんとするに在り」という言葉が見えます。他《ひ》人《と》さまの先生になりたがるのが、人間というヤツの困った病気だという戒めです。禅者は傲岸なまでにあらゆる既成の価値を否定し去りますが、それと同時に、自己が新たな権威となることをも憚り、道に対して深い謙抑の意を示し、人の師となることを避けることがあります。蒙山慧明《もうざんえみょう》という人は五《ご》祖弘忍《そこうにん》禅師の門下でしたが、五祖の下では悟れず、六祖恵能《ろくそえのう》との問答ではじめて自己の「面目《めんもく》」を「冷暖自知《れいだんじち》」するに至りました。そこで慧明はあなたこそが我が師であると帰依《きえ》の意を示しましたが、恵能はそれを斥けて言いました。「汝若《も》し如是《かくのごと》くなれば、吾れも亦《ま》た如是《かくのごと》し。汝と同《とも》に黄梅《おうばい》を師として異《こと》ならず、善自《よろし》く護持《ごじ》せよ」と（『祖堂集』巻18仰山章、「汝若如是、吾亦如是。与汝同師黄梅不異、善自護持」)。

「黄梅」は五祖のこと。汝が自己の「面目」を「冷暖自知」したのなら、もはやわしと別は無い。そろって五祖を師と仰ごうではないか。どうか自己の「面目」をよくよく保ってゆかれたい、と。

第6章 行脚

吹く風だけが道しるべ

前章で、百丈懐海《ひゃくじょうえかい》禅師の法嗣《はっす》の古霊神讃《これいしんさん》という人の話を読みました。受戒して正式の僧と為ったのち、「遊《たび》して百丈に参じ」、その後、自分が最初に出家した寺に帰って「本師《ほんし》」（最初の出家の師、「受業師《じゅごうし》」とも）を導くという話でした。その話のなかで、以前とはどこかようすが違う弟子の言動に、本師はこう問いかけていました。

汝「行脚《あんぎゃ》」し来《きた》りて何人《なにびと》にか見《まみ》ゆ？　何《いか》なる事意《じい》をか得し？　前後汝《なんじ》の発言を見るに、蓋《けだ》し常に同じからず、汝子細《しさい》に吾れに向いて説《と》き看《み》よ。（『祖堂集』巻16古霊和尚章）

「行脚」の旅で、どういうお人と出逢い、いったい、何を悟ってきたのか、と。

出家の後、受戒して僧となることは、終点ではなく、あくまでも起点にすぎません。よき師との出逢いを求める「行脚」の旅が、そこから始まるのでした。

古人はそのような旅のさまを「撥草瞻風《はっそうせんぷう》――草《くさ》を撥《はら》い風《かぜ》を瞻《み》る」と呼びました（『祖堂集』巻5雲巌章）。風だけを頼りに方角を見定め、草をはらいながら道なき道を進んでゆくというのです。時代はくだりますが、宋の『碧巌録《へきがんろく》』ではそのことを「大凡《おおよ》そ嚢《のう》〔頭陀袋〕を挑《にな》い鉢《はつ》〔応量器〕を負《お》いて撥《はっ》草瞻風《そうせんぷう》せんには、也《ま》た須《すべか》らく行脚《あんぎゃ》の眼《まなこ》を具《そな》えて始めて得《よ》し」と言っています（第66則・本則評唱、「大凡挑嚢負鉢、撥草瞻風、也須是具行脚眼始得」）。師から何かを与えられることを期待しながら漫然と旅するのでなく、行脚する側にも、行脚僧としての独自の覚悟と見識――「行脚の眼」――が必要だというわけです。

ひとかどの行脚人――徳山と巌頭

そういう「行脚の眼」を具えた修行者を「行脚人《あんぎゃにん》」といいます。「行脚人」と老師との初対面は、しばしば双方が力量を計りあう真剣勝負の様相を呈します。たとえば巌頭全奯《がんとうぜんかつ》が徳山宣鑑《とくさんせんかん》禅師に初めて相見《しょうけん》した時のようすが、『祖堂集』巻7巌頭章に、次のように記されています。

〔1〕巌頭和尚は徳山に嗣《つ》ぎ、鄂州《がくしゅう》の唐寧《とうねい》（唐年。湖北省・咸寧市）に住した。巌頭は諱《いみな》を全奯《ぜんかつ》

といい、俗姓は柯《か》、泉州《せんしゅう》・南安県《なんあん》（福建省・泉州市）の人であった。霊泉《れいせん》寺義公《ぎこう》の下で「受業《じゅごう》」し、長安西明《さいみょう》寺で「具戒《ぐかい》」。学業成就ののちは『涅槃経《ねはんぎょう》』の講義をし、その後、徳山禅師に参じた。

初の相見の時、巌頭が坐具《ざぐ》をひろげて礼拝しようとしたその刹那、徳山は杖のさきでその坐具をひっかけ、それを階下にほうりなげてしまった。

巌頭は黙って堂前の階《きざはし》を下りて坐具を畳むと、自分で役職の僧に挨拶し、僧堂に入っていった。

そのようすをジッと見つめていた徳山は、しばらくしてから独り言をいった。

「この坊主、ひとかどの〝行脚人《あんぎゃにん》〟らしい」

そして、このことを、ひそかに心に刻んだ。

巌頭和尚嗣徳山、在鄂州唐寧住。師諱全豁、俗姓柯、泉州南安県人也。受業霊泉寺義公下、於長安西明寺具戒、成業講『涅槃経』。後参徳山。初到参、始擬展坐具設礼。徳山以杖挑之、遠擲階下。師因便下階収坐具、相看主事、参堂。徳山諦視、久而自曰、「者阿師却似一箇行脚人」。私記在懐。

巌頭《がんとう》和尚、徳山《とくさん》に嗣《つ》ぎ、鄂州唐寧《がくしゅうとうねい》〔唐年？〕に在りて住す。師〔巌頭〕、諱《いみな》は全豁《ぜんかつ》、俗姓は柯《か》、泉州《せんしゅう》・南安《なんあん》県の人なり。霊泉《れいせん》寺義公《ぎこう》の下に受業《じゅごう》し、長安西明《さいみょう》寺に於て具戒《ぐかい》し、業を成すや『涅槃《ねはん》経《ぎょう》』を講ず。後《のち》、徳山に参ず。初めて到り参ずるに、始めて坐具《ざぐ》を展じて礼を設けんと擬《ほっ》するや、徳山、杖《じょう》を以て之を挑《かか》げ、遠く階下《かいか》に擲《なげう》つ。師因《よ》りて便ち階《きざはし》を下りて坐具を収め、主事《しゅじ》に相看し、参堂《さんどう》す。徳山諦視《ていし》し、久くして自《みずか》ら曰く、「者《こ》の阿師《あし》却って一箇の行脚人《あんぎゃにん》の似《ごと》し」。私《ひそ》かに懐《こころ》に記《おぼ》ゆ。

ここで本師とされている「霊泉寺義公」は、他の資料では「清源誼公」（『宋高僧伝』）「清原誼公」（『景徳伝灯録』）などとも記されていますが、詳細はわかりません。具戒の後、教理学を修めた巌頭は自ら『涅槃経』を講ずるまでになりましたが、その後、禅僧である徳山宣鑑に参じたのでした。

最初の参問の際、巌頭が「坐具」をひろげて礼拝しようとしたところ、徳山はその「坐具」を杖でひっかけて階下に放り投げてしまいました。「坐具」は礼拝の際に下に敷きひろげる布で、それをひろげたということは、巌頭が作法どおりの鄭重な挨拶をしようとしていたことを物語っています。それに対して、徳山の応対はあまりにも非礼なものでした。しかし、巌頭は顔色ひとつ変えず、階下に下りて「坐具」を畳むと、そのまま役職の僧に挨拶し、平然と「参堂《さんどう》」していったのでした。「参堂」は僧堂に入り、そこの修行僧の一員となること。通常なら、新たにやってきた行脚僧と老師が面談し、老師が入門を許可して「参堂し去れ」と言うと、僧堂に案内され、「単《たん》」（一人分の寝起きの場所）をあてがわれて門下の一員に加わることになります。礼拝をムゲに斥けられても、何事もなかったかのように淡々と、しかし、師の許しも得ずに自分のほうから勝手に「参堂」してしまった巌頭に、徳山もひそかに一目置いたのでした。

さて、その翌日のこと……

〔2〕翌朝、巌頭は法堂《はっとう》に参問にあがった。

徳山、「貴公、昨日の新到《しんとう》の僧じゃな?」

巌頭、「おそれいります」

「どこで、あのようなハッタリを仕込んでまいった?」

「それがし、己れにウソをついたことはございませぬ」

徳山は叱りつけた。

「こやつ、今後、わが頭上にクソをひりつけることになろう」

巌頭は礼拝して退いた。その後は鋭気をひそめて過ごし、徳山の門下にとどまること数年、徳山の禅の蘊奥を尽くし、初め臥龍《がりゅう》山に、ついで巌頭山に住したのであった。


来晨、師上法堂参。徳山問、「闍梨是昨晩新到、豈不是?」対云、「不敢」。徳山云、「什麼処学得虚頭来?」師云、「専甲終不自誑」。徳山呵云、「他向後老漢頭上屙著」。師礼而退蔵密機。既盤泊数載、尽領玄旨。初住臥龍、後居嵒頭。

来晨《あくるあさ》、師〔巌頭〕法堂《はっとう》に上《のぼ》りて参ず。徳山問う、「闍梨《じゃり》は是れ昨晩の新到《しんとう》、豈《あ》に不是《しからず》や?」対《こた》えて云く、「不敢《ふかん》」。徳山云く、「什麼《なん》の処《ところ》よりか虚頭《ことう》を学《まな》び得来《きた》れる?」師云、「専甲《それがし》、終《た》えて自《みずか》らを誑《あざむ》かず」。徳山呵《か》して云く、「他《かれ》、向後《このち》、老漢《わし》が頭上に屙著《あじゃく》せん」。師礼《らい》して退《しりぞ》き密機《みつき》を蔵《かく》す。既に盤泊《とどま》ること数載、尽《ことごと》く玄旨《げんし》を領《さと》る。初め臥龍《がりゅう》に住し、後、嵒頭《がんとう》〔巌頭〕に居せり。

こやつ、今後、わが頭上にクソをひりつけることになろう――「他《かれ》、向後《こののち》、老漢《わし》が頭上に屙著《あじゃく》せん」――徳山のこのことばは、巌頭が将来、容赦なく自分を否定しのりこえてゆくであろうことを予言するものでした。後に徳山の下を辞去するにあたって、巌頭自身、次のように語っています。「豈《あ》に道うを聞かずや、智慧《ちえ》、師に過ぎて方《はじ》めて師の教えを伝う。智慧若《も》し師と斉《ひと》しければ、他後《たご》恐らくは師の徳を減ぜん、と」。智慧が師より勝ってはじめて師の道を嗣ぎうる。知慧が師と同等ならば、逆に師の徳を損なうことになる、と（『祖堂集』巻7巌頭章、「豈不聞道、智慧過師、方伝師教。智慧若与師斉、他後恐減師徳」）。

行脚とは、よき師と出逢うための旅であると同時に、その師をのりこえてゆく旅でもあるのでした。

大唐国内に禅師無し――黄檗希運

そうした行脚の意義について、黄檗希運《おうばくきうん》禅師が門下の僧たちに次のように説いたことが『祖堂集』巻16黄檗章に記されています。黄檗は百丈《ひゃくじょう》禅師の法嗣で、のちに臨済《りんざい》の師ともなったひと。この説法は宋の『碧巌録』第11則で「黄檗酒糟漢《おうばくしゅそうかん》」という公案になっています。

〔1〕「お前たち、頭がおかしいのか？　こんなことで、どうする？」

黄檗禅師はそう言うと、棒を握って修行僧たちを一気に法堂から追い出し、こう言われた。

「どいつもこいつも、酒糟《さけかす》食らいの連中ばかり！　こんな調子で行脚しておっては、お笑いぐさもイイところだ。お前たち、八百人、一千人という大僧堂を見ては跳び込んで行く、そんなことばかりやっておってはいかん！　賑やかさばかり目指しておっては、ダメなのだ！　このわしが行脚をしておった頃などは、隠れた逸材に出逢えば、脳天を錐《きり》で一突きし、そこで痛痒《つうよう》を知るほどの者なら布袋《ぬのぶくろ》いっぱいの米を供養してやったものだ。古人がみなお前たちのように安直にやっておったなら、法は今日まで伝わってはおるまい。お前たち、行脚人たる者、気魄を込めてやらねばならぬのだ。知っておるか、この大唐《だいとう》の国じゅうに〝禅師〟などおらぬということを」

師謂衆曰、「是你諸人患顛那？　作麼？」　把棒一時趁出、云、「尽是一隊喫酒糟漢！　与麼行脚、笑殺人去。兄弟、莫只見八百一千人処去那裏、不可只図熱鬧。這箇老漢行脚時、或遇著草根下有箇〈老〉漢、便従頂顫上啄（卓）一下錐、看他若識痛痒、便将布袋盛米供養他。古人箇中惣似你与麼容易、何処更有今日事也？　兄弟、行脚人亦須著些子精神好。汝還知大唐国内無禅師？」

師〔黄檗〕衆《しゅ》に謂いて曰く、「是《まさ》に你《なんじ》ら諸人《しょにん》、顛《てん》を患う那《か》？　作麼《いかんせ》ん？」　棒《ぼう》を把《と》りて一時に趁出《おいいだ》し、云く、「尽《ことごと》く是れ一隊の酒糟《しゅそう》を喫《くら》う漢！　与麼《かくのごと》く行脚《あんぎゃ》せば、人を笑殺《しょうさつ》し去らん。兄弟《ひんでい》、只《た》だ八百一千人の処を見ては那裏《かしこ》に去く莫れ、只だ熱鬧《ねつどう》を図《はか》る不可《べか》らず。這箇《こ》の老漢《ろうかん》、行脚せし時、或いは草根《そうこん》下に箇《ひとかど》の漢《かん》有るに遇著《であ》うや、便ち頂顫《いただき》上より一下《いちげ》の錐《きり》を啄《つ》き、他《かれ》の若《も》し痛痒《つうよう》を識《し》るを看れば、便ち布袋《ふたい》を将《も》って米《こめ》を盛《も》りて他《かれ》に供養《くよう》す。古人箇中《ここ》に惣《すべ》て你《なんじ》らの似《ごと》く与麼《かく》も容易《ようい》なれば、何処《いずく》にか更に今日《こんにち》の事《じ》有らんや？　兄弟《ひんでい》、行脚人《あんぎゃにん》も亦《ま》た須《すべか》らく些子《いささか》の精神《せいしん》を著《つ》けてこそ好《よ》し。汝《なんじ》ら

「還《は》た大唐国《だいとうこく》内に禅師《ぜんじ》無きを知るや?」

よき師を求めることと師の名声に群がってゆくこととは、本質的に別のことです。人が大勢集まっているからといって自分も付和雷同してゆくのは、まさに「撥草瞻風」と正反対の、「行脚の眼」を欠いたふるまいにほかなりません。そのようなありかたを黄檗は、酒カス食らい——「酒糟《しゅそう》を喫《くら》う漢」——と断じます。ほんものの酒の味を知らぬままカスばかり貪っているという意味と、そのくせ自分はイイ気分で酔っぱらっているという意味の、二つを重ねあわせた譬喩でしょう。逆に脳天に錐を突き刺されて痛痒を知るような——すなわち「行脚の眼」を具えた——冴えた者には、存分の供養も惜しまずにやってきたと黄檗はいうのでした(ここには、酒カスに酔っている連中は、脳天を錐で刺されても気づきもせぬ、という含みがあるでしょう)。そして黄檗は、さらにこう断言します。わが大唐国のうちに〝禅師〟などいない、「大唐国《だいとうこく》内に禅師《ぜんじ》無し」と。

〔2〕この言葉を聞いて、ひとりの僧が問うた。
「諸方の老師がたが、みなさま正しい教えを説いておいでてでしょう。だのに、なぜ〝禅師〟がいないなどと仰せられるのです?」

「〝禅《ぜん》〟が無いとは申さぬ。ただ〝師《し》〟がおらぬのだ」

さらに、こうも言われた、

「貴公も知っておろう、馬祖には八十八人もの門下があった。しかし、真に法の眼目を得た者は、一人ふたりにすぎなかった。盧山《ろざん》（帰宗智常《きすちじょう》禅師）などはその一人だ。

そもそも出家者たる者、歴代ちゃんと伝わってきたものが有るのだということを知らねばならぬ。ほれ、四祖《しそ》の法を嗣いだかの牛頭法融《ごずほうゆう》大師などは、縦横無尽に法を説きながらも、そこをもう一つ超えるものを知らなかったではないか？　もし、それを知る眼力があれば、人々の正邪をおおいに見きわめることができる。逆に自分自身の事を決着せぬまま、むやみに言葉ばかりおぼえこんで己れの汚れた肉体のなかにつめこみ、あちこちで〝おれは禅が解っている、道が解っている〟とのたまう、そんなことがお前のかわりに輪廻の苦をひきうけてくれるとでもいうのか？（そのような自己の理解におごって）すぐれた師を軽んずれば、地獄落ちは必定だ。

わしのほうでも行脚人が一歩門に入って来たとたん、その正体はお見通しだ。わかっておるのか！　お前たちもみな心して、急ぎ努めねばならぬ！　おざなりで安易な事ばかりまね、衣一枚にたよって口過ぎし、空しく一生を送ってはいかん！　そんなことでは、明眼の人から笑われ、いずれは俗物どもの愚弄を蒙ろうぞ。まわりをよく見まわして看よ。さあ、これは誰の顔の上の話なのか？　そこが解るならただちに解れ、でなければ解散せよ。以上！」


有人問、「諸方尊宿尽皆匡化、和尚為什摩道無禅師？」師云、「不道無禅、只道無師」。又云、「闍梨可不見馬大師下有八十八人坐道場、得馬大師真正法眼者、只有一二？　盧山是一人。夫出家者、須知有従上来事。不見四祖下有牛頭融大師、横説竪説、未知有向上一関捩子？　若有此眼脳、不妨弁得邪正宗党。当人事不能会得、但知念言語学向皮袋裏、到処便道〝我会禅会道〟、還替得你輪廻摩？　軽忽老宿、入地獄如箭射。我亦見汝行脚人、入門便識得汝了也。還知摩？　諸人亦須在意、急急努力！　莫只擬取次容易事、持一片衣、口食過一生。明眼人笑你、久後惣被俗漢弄将去在。切須自看近遠、且是阿誰面上事？　若会則便会、若不会則散去。珍重！」

人《ひと》有りて問う、「諸方《しょほう》の尊宿《そんしゅく》、尽《ことごと》く皆《み》な匡化《きょうけ》す、和尚為什摩《なにゆえ》にか禅師《ぜんじ》無しと道《い》う？」師〔黄檗〕云く、「〝禅《ぜん》〟無しとは道わず、只だ道う〝師《し》〟無しと」。又た云く、「闍梨《じゃり》、可《あ》に不見《みず》や、馬《ば》大師の下《もと》に八十八人有りて道場《どうじょう》に坐すも、馬大師の真正《しんしょう》の法眼《ほうげん》を得し者は、只だ一二《いちに》有るのみなるを？　廬山《ろざん》は是れ一人《いちにん》なり。夫《そ》れ出家者《しゅっけしゃ》は、須く従上来《じゅうじょうらい》の事《じ》有るを知るべし。不見《みず》や、四祖《しそ》の下に牛頭《ごず》融《ゆう》大師有り、横説竪説《おうせつじゅせつ》せるも、未《いま》だ向上《こうじょう》の一関捩子《いちかんれいす》有るを知らざるを？　若《も》し此の眼脳《がんのう》有らば、不妨《おおい》に邪正《じゃしょう》の宗党《しゅうとう》を弁《べん》じ得ん。当人《とうにん》の事をば会得《えとく》する不能《あたわ》ず、但《ひたす》ら言語《ごんご》を念じ皮袋裏《ひたいり》に学向《まなびこ》み、到処《いたるところ》に便ち〝我《わ》れ禅を会《え》し道を会す〟と道う、還《は》た你《なんじ》が輪廻《りんね》に替《かわり》得る摩《や》？　老宿《ろうしゅく》を軽忽《きょうこつ》せば、地《じ》獄《ごく》に入《い》ること箭射《せんしゃ》の如し。我《わ》れも亦《ま》た汝行脚人《あんぎゃにん》を見るに、門《もん》に入《い》るや便ち汝を識得《しきとく》し了也《おわれり》。還《は》た知《し》る摩《や》？　諸人《しょにん》亦た須らく意《こころ》に在《と》め、急急に努力せよ！　只《た》だに取次容易《しゅじようい》の事を擬《ま》ね、一片の衣《ころも》を持し、口《くち》に食《くら》いて一生を過《すご》す莫《なか》れ。明眼《みょうげん》の人、你《なんじ》を笑い、久《ひさ》しき後《のち》には惣《すべ》て俗漢《ぞくかん》に弄《もてあそ》ばれ将去《さら》ん在《ぞ》。切《せつ》に須らく自ら近遠《きんえん》を看るべし、且《まず》は是れ阿誰《たれ》が面上《めんじょう》の事ならん？　若《も》し会《え》すれば則便《すなわ》ち会せ、若し会せざれば則ち散《さん》じ去れ。珍重《ちんちょう》！」

「大唐国内に禅師無し」「〝禅〟無しとは道わず、只だ道う〝師〟無しと」、黄檗のこれらの言葉はどういう意味なのでしょうか？　文字どおり世の禅師がすべてダメだと言うのなら、後文で、すぐれた師を軽んずれば、地獄落ちは必定だ――「老宿《ろうしゅく》を軽忽《きょうこつ》せば、地獄《じごく》に入《い》ること箭射《せんしゃ》の如し」――そう言っているのと矛盾します。軽んじてはいけない師というものが、やはり、ちゃんとあるのです。

黄檗は決して、自分以外の諸方の老師がみなロクでもないなどと威張っているのではありません。ここの前後の文脈は、師たる者の資質ではなく、すべて行脚僧のあり方――安易でおろそかな自己不在の姿――を問題にしています。「大唐国内に禅師無し」という言葉の意味も、その脈絡のなかで考えられなければなりません。黄檗は、おそらく、こう言いたいのです。そのような人任せの期待をかついで空しく行脚をしておっても、そのおめでたい期待に都合よく応えてくれるようなけっこうな「師」など、この大唐国のドコにもおらぬぞ、と。

師から手持ちの正解を授かろうと思っている限り、人は永遠に正師には出逢えません。師の向うにある「何か」を自ら求めようとする者に対してのみ、目前の師が、はじめて師としての意味をもつのです。巌頭が言った「智慧《ちえ》、師に過ぎて方《はじ》めて師の教えを伝う」という一句も、きっと、そういう意味だったに違いありません。

ここで私は、ステファン・グレイスくんという留学生のことを思い出します。ニュージーランドの出身で、数年前、駒澤大学に来て、鈴木大拙の研究で学位を取得した青年です。私はある時、彼に、大拙の英文の著作は解りやすいのかときいたことがありました。英語は日本語のような曖昧な表現を許さないので、大拙の著述は、日本語のものより英文のほうが論理が明確でわかりやすい、そう書いている人があったからです。しかし、期待に反して、ステファンくんの答えはソッケないものでした。

「いやあ、英語だって、日本語だって、解らないものは解りません」。そこで私はさらにたずねました。

「じゃあ、解らないのに、なんで、そんなに大拙のことを勉強したいの？」

すると、彼は、少し恥ずかしそうに言いました。

「ぼくに見えるのは、ずっと先のほうを歩いている大拙の背中だけです。大拙が見ているものは、ぼくには見えません。でも、大拙の後ろ姿を見ていると、大拙がその先に、なにかとてもすごいものを見ているのだということは、解ります。だからぼくも、遠くに大拙の背中を見ながら歩いてゆくのです」。

＊ここに述べたような師の意味については、内田樹『先生はえらい』参照。同書には、たとえば次のように見えます。「先生はあなたが探し出すのです。自分で。足を棒にして。目を皿にして。／先生を求めて長く苦しい旅をした人間だけに、先生と出会うチャンスは訪《おとず》れます。ふところ手をしていて、昼《ひる》寝《ね》をしながら「いい先生」のご到来《とうらい》を待つというような横着《おうちゃく》をしてたって、何も起こりませんよ」（ちくまプリマー新書００２、二〇〇五年、頁一四／傍点は原文）。
＊ステファンくんの学位論文については、安藤礼二『大拙』で、次のように紹介されています。「以下、ステファン・グレイスが駒澤大学に提出した博士論文「鈴木大拙の研究――現代「日本」仏教の自己認識とその「西洋」に対する表現」（二〇一五年）にもとづく。インターネット上で広く公開されているグレイスによるこの博士論文こそ、現時点において最も公正かつ詳細に大拙の生涯と思想を論じたものである（以降の記述においても参照している）」（講談社、二〇一八年、頁二）。

第7章　行脚とあに弟子

わたくしは、まだ、茶をいただいておりませぬ——南泉と帰宗

禅僧の「行脚《あんぎゃ》」のさまが「撥草瞻風《はっそうせんぷう》——草《くさ》を撥《はら》い風《かぜ》を瞻《み》る」と形容されることは、前章で見たとおりです。『碧巌録《へきがんろく》』ではそのことが、次のようにも語られています。「古人《こじん》の行脚は、交《まじ》わりを結《むす》び友《とも》を択《えら》び、同行道伴《どうぎょうどうはん》と為りて、撥草瞻風す」（第17則・本則評唱、「古人行脚、結交択友、為同行道伴、撥草瞻風」）。しかるべき友をえらんで道づれとなり、風だけを道しるべに、草をはらいながら道なき道を進んでゆく、それが昔の人々の行脚であった、と。

行脚の旅においては、師との出逢いのみならず、友からの助けや友との切磋琢磨が決定的な意味をもつことが珍しくありません。たとえば、馬祖《ばそ》の弟子の南泉普願《なんせんふがん》は若い頃ずっと師兄《すひん》（あに弟子）の帰宗智常《きすちじょう》といっしょに行脚の旅をしていたと伝えられていますが、その道中でのこんな一場面が『祖

堂集』巻16南泉章に記されています。

南泉は帰宗と二十年間、行をともにした。

行脚のとちゅうで茶をたてていた時、南泉がふとたずねた。

「これまでの問答の語句はよく心得ております。そこを離れて、究極の一事を人から問われたら、何と答えたものでしょう？」

帰宗、「この場所は、庵《いおり》をひとつ立てるのにお誂《あつら》え向きだ」。

南泉、「庵のことはともかくとして、究極の一事は如何《いかが》あいなりましょう？」

帰宗は茶瓶《ちゃびん》をつかんで立ち去ろうとした。

南泉、「わたくしは、まだ、茶をいただいておりませぬ」。

帰宗、「そんな口をきいておるようでは、茶はおろか、水の一滴も享受する資格はない！」

師与帰宗同行二十年。行脚煎茶次、師問、「従前記持商量語句已知、離此後有人問畢竟事、作摩生？」帰宗云、「這一片田地好箇卓庵」。師云、「卓庵則且置、畢竟事作摩生？」帰宗把茶銚而去。師云、「某甲未喫茶在」。帰宗云、「作這箇語話、滴水也消不得！」

師〔南泉〕、帰宗《きす》と同行すること二十年。行脚《あんぎゃ》して茶を煎《せん》ずる次《おり》、師問う、「従前記持《きじ》せる商量《しょうりょう》の語句は已《すで》に知れり、此れを離れて後、人《ひと》有りて畢竟《ひっきょう》の事《じ》を問わば、作摩生《いかん》？」帰宗云く、「這《こ》の一片の田地《でんち》、庵《いおり》を卓《た》つるに好箇《よろ》し」。師云く、「庵を卓つるは則ち且《しば》らく置《お》き、畢竟の事は作麼生？」帰宗、茶銚《ちゃちょう》を把《と》りて去る。師云く、「某甲《それがし》、未《いま》だ茶《ちゃ》を喫《きっ》せざる在《なり》」。帰宗云く、「這箇《かか》る語話《ことば》を作《な》すは、滴水《てきすい》すら也《な》お消《つい》やし不得《えず》！」

ここは庵を立てるのに恰好の地だ。「這《こ》の一片の田地《でんち》、庵《いおり》を卓《た》つるに好箇《よろ》し」。いついかなる時、いかなる場所も、究極の一事「畢竟《ひっきょう》の事《じ》」が実現されるべきところにほかならぬ。今、この場が、まさにそれだ。

帰宗はおそらく、そう言っているのでしょう。しかし、南泉は、今この場から離れて、どこか遠くにある「畢竟の事」を希求しようとして、帰宗から厳しく叱責されてしまったのでした。

誰も見ていない二人きりの旅の途中の一服の折も、唐代の禅僧たちにとっては、常に待ったなしの求道の現場にほかならないのでした。

しからば、一句申せ——洞山と密師伯

洞山良价《とうざんりょうかい》は、師の雲巌曇晟《うんがんどんじょう》禅師の生前には悟ることができず、今わの際に真実を説いてやろうとした師の老婆心を鄭重に謝絶して、自らその一事を追究してゆくと師に誓いました。師の没後、三年の喪《も》に服したうえで、洞山は高名な潙山霊祐《いさんれいゆう》禅師に参ずるべく、師兄の密師伯《みつしはく》（神山僧密《しんざんそうみつ》）とともに旅に出ました。その経緯が『祖堂集』巻5雲巌章に次のように記されています。

師（雲巌）が亡くなられ、三年の喪に服したのち、洞山は密師伯とともに潙山に向かった。潭《たん》州《しゅう》（湖南省・長沙市）まで来て、大きな川を歩いて渡ることになり、密師伯が先に渡った。洞山はこちら岸を離れてまだ向こう岸に着かぬところで、水面《みなも》に映った己れの影を見、師の臨終の折のことばの意にハッと気づいた。顔色が変わり、からからと大笑いしはじめた洞山に、密師伯が問う。

「師弟《すてい》（おとうと弟子）よ、何事だ？」

「謹んで師兄《すひん》に申し上げます、亡き師のはるかなるお教えを、今ここでようやく頂戴いたしました」

「しからば、ここで、然るべき一句が無ければならぬ」

そこで洞山は、一首の偈《うた》をよんだ。

他者につき随って覓《もと》めてはならぬ
〝我《われ》〟とははるかに疎遠な者ゆえに
それゆえ〝我《われ》〟は今、ひとり行く
しからば到る処で〝渠《かれ》〟と出逢う
〝渠《かれ》〟は今まさしく〝我《われ》〟である
されど〝我《われ》〟は今〝渠《かれ》〟ではない

かくのごとく会得して
はじめて真実に契《かな》うのだ

師遷化後、過太相斎〔大祥斎〕、共師伯欲往潙山。直到潭州、過大渓次、師伯先過。洞山離這岸未到彼岸時、臨水覩影、大省前事、顔色変異、呵呵底笑。師伯問、「師弟有什麼事?」洞山曰、「啓師伯、得箇先師従容之力」。師伯云、「若与麼、須得有語」。洞山便造偈曰、

切忌随他覓　迢迢与我疎
我今独自往　処処得逢渠
渠今正是我　我今不是渠
応須与麼会　方得契如如

師〔雲巌〕遷化《せんげ》の後、太相《たいしょう》の斎《さい》〔大祥斎〕を過ぎ、師伯《しはく》〔密師伯〕と共《とも》に潙山《いさん》に往《ゆ》かんと欲す。直《じき》に潭州《たんしゅう》に到り大渓《たいけい》を過《わた》る次《おり》、師伯先《さき》に過る。洞山、這《こ》の岸を離れて未《いま》だ彼《か》の岸に到らざる時、水に臨みて影を覩《み》、大いに前事を省《さと》る。顔色変《かわ》り、呵々底《かかと》して笑う。師伯問う、「師弟《すてい》、什麼《なん》の事か有る?」洞山曰く、「師伯に啓《もう》す、箇《ひと》つ先師が従容《しょうよう》の力を得たり」。師伯云く、「若《も》し与麼《しか》らば、須得《すべか》らく語《ご》有るべし」。洞山、便ち偈《げ》を造りて曰く、

切《せつ》に忌《い》む他に随いて覓《もと》むることを　迢迢《はるか》に〝我《われ》〟と疎《そ》なり
〝我《われ》〟今、独自《ひと》り往き　処処《しょしょ》に〝渠《かれ》〟と逢うを得《う》
〝渠《かれ》〟は今、正に是れ〝我《われ》〟　〝我《われ》〟は今、〝渠《かれ》〟に不是《あら》ず
応《まさ》に須《すべか》らく与麼《かくのごと》く会《え》して　方《はじ》めて如如《にょにょ》に契《かな》うを得ん

「師伯」は法の上での伯父、つまり師匠の師兄のことです。僧密は洞山の師兄ですが、それを「師伯」と呼んでいることから、この話がもとは洞山の弟子たちの間の伝承であったことがうかがわれます。

歩いて川を渡りながら、水面に映った自分の影を見て、洞山はハタと気づきました。「渠《かれ》」すなわちこの影は、他の誰でもない。これはまさにこの「我《われ》」自身にほかならぬ。しかし、こうして二本の足で歩きながらあの影を見ている生身の「我《われ》」、それはあの影なる「渠《かれ》」と決して一つものではない。ああ、亡き師が示してくださろうとしていたのは、まさにこの一事だったのか、と。

ここでいう「渠《かれ》」は仏と等しい本来の自己、「我《われ》」は肉体をもち具体的な行為をする現実の自己を指しています。これまでも何度かふれてきたように、馬祖系の禅が活き身の現実の自己をそのまま無媒介に本来の自己と等置するのに対し、石頭系の禅では本来の自己と現実の自己を、二にして一、一にして二という不即不離の関係でとらえようとします。雲巌も洞山もこの系統を代表する禅者であり、洞山の偈のなかの「〝渠《かれ》〟は今、正に是れ〝我《われ》〟。〝我《われ》〟は今、〝渠《かれ》〟に不是《あら》ず」、この句はその趣旨を端的に要約したものとなっています。

しかし、それよりも、ここで注目したいのは、洞山の悟道にあたって、密師伯が果たした重要な役割です。密師伯がいなくとも、洞山はやはり川を渡ったことでしょう。そして、水面の影を見て、やはり何かに気づいたことでしょう。しかし、ここで、師兄の検証を受けていなかったら、洞山の気づきは独りよがりの一時的なひらめきに終わっていたかも知れません。しからばそれを然るべき言葉で言え――「若《も》し与摩《しか》らば、須《すべか》らく語《ご》有るべし」――師兄からそう迫られて、のちに「過水《かすい》の偈《げ》」「過水《かすい》の頌《じゅ》」などと呼ばれる右の一首をよんだことで、洞山のひらめきは自己完結に陥ることなく、真に自身のものでありながら、しかも他者と共有可能な開かれた悟境となりえたのでした。

己が胸よりほとばしり出るもの――雪峰と巌頭

洞山に参じたことのある雪峰義存《せっぽうぎそん》も、また、師兄の助けで大悟しえた人でした。当初は雪峰と巌頭《がんとう》全奯《ぜんかつ》（全豁）・欽山文邃《きんざんぶんすい》（文邃）の三人づれの行脚でしたが、欽山は途中で別れ、雪峰と巌頭は鵝山院《がさん》というお寺にたどりついたところで大雪に封じこめられて動けなくなってしまいました。『祖堂集』巻7巌頭章は、そこでの出来事を次のように記しています。

〔1〕巌頭は雪峰とともに山の下の鵝山院にたどりついた。そこで雪に降りこめられ、何日も足止めをくった。巌頭は毎日寝てばかりおり、雪峰はただ坐禅ばかりしていた。そうして七日が過ぎたところで、雪峰が声をかけた。

「師兄《すひん》、とりあえず起きて下され」

巌頭、「何でだ?」

「今生は、まったくツイていない。文遂のヤツといっしょだったときは、さんざ足をひっぱられ、こんどはここへ来て、師兄がぐうぐう寝てばかりおられる」

そこで巌頭は一喝した。

「おまえこそ寝ておるがいい! 毎日、禅牀《ぜんしょう》のうえでヘンピな村の土地神《とちがみ》さまみたいにツクネンと鎮座ましましておると、いずれ、まっとうな家の子らをたぶらかし、道を誤らせることになってしまうぞ!」

雪峰は自分の胸を指さしながら訴えた。

「しかし、それがしはまだココが落ち着きませぬ。どうしても、自分を欺くわけにまいらぬのです」


師共雪峰到山下鵝山院、圧雪数日。師毎日只管睡、雪峰只管坐禅。得七日後、雪峰便喚、「師兄且起」。師云、「作麼?」 峰云、「今生不著便、共文遂箇漢行数処、被他帯累。今日共師兄到此、又只管打睡」。師便喝云、「你也噇眠去摩! 毎日在長連床上、恰似漆〔七〕村裏土地相似。他時後日、魔魅人家男女去在!」 峰以手点胸云、「某甲這裏未穏在、不敢自謾」。

師〔巌頭〕雪峰《せっぽう》と共《とも》に山下の鵝山院《がさんいん》に到り、雪《ゆき》に圧《あっ》せらるること数日。師は毎日只管睡《ただねむ》り、雪峰は只管《ただ》坐禅す。七日を得《へ》て後、雪峰便《すなわ》ち喚《よ》ぶ、「師兄《すひん》、且《しば》らく起きよ」。師云く、「作麼《なんすれ》ぞ？」峰〔雪峰〕云く、「今生《こんじょう》、便《たより》を著《つ》けず、文邃《ぶんすい》〔欽山文邃《きんざんぶんすい》〕なる箇《こ》の漢《かん》と行くこと数処、他《かれ》に帯累《たいるい》さる。今日、師兄と共に此《ここ》に到るに、又た只管打睡《ただたすい》す」。師便ち喝して云く、「你《なんじ》も也《ま》た噇眠《とうみん》し去れ！　毎日、長連床上《ちょうれんしょうじょう》に在りて、恰《あた》かも七村裏《しちそんり》の土地《とち》の似《ごと》くに相い似たれば、他時後日《たじごじつ》、人家《にんけ》の男女《なんにょ》を魔魅《まみ》し去らん在《ぞ》！」峰、手を以て胸《むね》を点《つ》きて云く、「某甲《それがし》、這裏《ここ》未だ穏《おだ》やかならざる在《なり》、敢《あえ》て自《みずか》らを謾《あざむ》かず」。

自分の胸を指さしながら、ココがどうしても穏やかでない、自分自身にウソはつけぬ――「敢《あえ》て自《みずか》らを謾《あざむ》かず」――雪峰はそう苦しげに訴えます。前回見た徳山と巌頭の初相見の場面でも、巌頭は「専甲《それがし》、終《た》えて自《みずか》らを誑《あざむ》かず」と言っていました。自分で自分を偽るわけにはゆかぬ。それが唐代の禅僧たちの素朴にして強固なる心情でした。

はじめは雪峰の訴えをただの情ない泣き言かと思って叱りつけた巌頭でしたが、やがてその追い詰められたような切実さを感じ取り、その話に耳を傾けはじめます。ならば、これまでの知見を話してみるがよい。ドコがドウ穏やかでないか、ひとつ、わしが看てやろう。

〔2〕巌頭、「おまえは将来、孤高の山頂に庵をむすび、大いなる教えを挙揚《こよう》するものとばかり思うておった。だのに、まだ、そんなことを言うておるのか！」

雪峰、「しかし、ほんとうに落ち着かぬのです」

巌頭、「よろしい、ならば、おぬしの見処《けんじょ》を言うてみよ」

雪峰、「はじめ塩官《えんかん》禅師のところで〝色《しき》〟と〝空《くう》〟の話をうかがい、いささか悟るところがございました。それから洞山禅師のかの〝過水の偈〟をうかがいまして……」

巌頭、「そんなことでは、ひとさまはおろか、已れの身ひとつ救うことすらおぼつかぬぞ！」

師云、「我将謂汝他時後日向孤峰頂上盤結草庵、播揚大教、猶作這箇語話！」峰云、「実未穏在」。師云、「汝若実如此、拠汝見処道将来」。峰云、「某甲初到塩官、因説観色空義、得箇入処。又因洞山曰〝切忌随他覓　迢迢与我疎　我今独自往　処処得逢渠　渠今正是我　我今不是渠　応須与摩会　方得契如如〟」。師便喝云、「若与摩、則自救也未徹在！」

師云く、「我れ、汝《なんじ》は他時後日、孤峰頂上《こほうちょうじょう》に向《おい》て草庵《そうあん》を盤結《ばんけつ》し、大教《だいきょう》を播揚《はんよう》せんかと将謂《おも》いしに、猶《な》お這箇《かか》る語話《ごわ》を作《な》せるとは！」峰云く、「実に未《いま》だ穏《おだ》やかならざる在《なり》」。師云く、「汝若《も》し実に如此《かくのごと》くなれば、汝が見処《けんじょ》に拠《よ》りて道《い》い将来《きた》れ」。峰云く、「某甲《それがし》、初め塩官《えんかん》に到り、観色空《かんしきくう》の義《ぎ》を説《と》くに因《よ》りて、箇《こ》の入処《にっしょ》を得たり。又た洞山《とうざん》の〝切に忌む他に随いて覓むることを、迢迢《はるか》に〝我《われ》〟と疎なり。〝我《われ》〟今、独自《ひと》り往き、処処に〝渠《かれ》〟と逢うを得《う》。〝渠《かれ》〟は今、正に是れ〝我《われ》〟。〝我《われ》〟は今、〝渠《かれ》〟に不是《あら》ず。応《まさ》に須《すべか》らく与摩《かくのごと》く会《え》して、方《はじ》めて如如に契うを得ん〟と曰《い》えるに因《よ》りて……」。師便ち喝して云く、「若《も》し与摩《かくのごと》くなれば、則ち自《みずか》らを救《すく》うすら也《な》お未だ徹《てっ》せざる在《なり》！」

塩官は馬祖の法嗣の塩官斎安《えんかんさいあん》（『祖堂集』巻15）。『祖堂集』巻16黄檗章《おうばく》に、黄檗が行脚中に塩官から聞いた教えがこう記されています。「色即是空《しきそくぜくう》なれば、〝空〟の義成《な》らず。空即是色《くうそくぜしき》ならば、〝色〟の義成《な》らず」。洞山の「過水の偈」はついさきほど見たとおりです（原文では偈の全文が引かれていますが、訳文では省きました）。

いずれも高名な禅者たちのことばですが、しかし、巌頭は容赦なくそれらを斥けます。雪峰はこれまで拠りどころとしてきたものをすべて奪われ、窮します。

〔3〕雪峰、「では、このさき、どうすれば？」

巌頭、「このさき、大いなる教えを弘めようと思うなら、一つ一つ、すべてが己れの胸のうちから迸《ほとばし》り出て、天をも地をもおおい尽くすようでなければならぬ！」

雪峰はこの一言を聞いて大悟し、ただちに巌頭を礼拝した。そして立ち上がるなり、つづけざまにこう叫んだ。

「まさしく、鵝山《がさん》での成道《じょうどう》となりもうした！」

> 峰云、「他時後日作摩生？」　師云、「他時後日若欲得播揚大教去、一一箇箇従自己胸襟間流将出来、与他蓋天蓋地去摩？」　峰於此言下大悟、便礼拝、起来連声云、「便是鵝山成道也！」
>
> 峰云く、「他時後日《たじごじつ》、作摩生《いかん》？」　師云く、「他時後日、若《も》し大教《たいきょう》を播揚《はんよう》し去らんと欲得《ほっ》さば、一《いち》

一箇箇《いちここ》、自己の胸襟《きょうきん》の間より流《なが》れ将出来《いできた》り、他《かれ》が与《ため》に蓋天蓋地《がいてんがいち》し去らしめん摩《ぞ》?」峰、此《こ》の言下《ごんか》に於て大悟《たいご》し、便ち礼拝《らいはい》し、起《た》ち来《きた》りて連声《れんしょう》に云く、「便ち是れ鵝山《がさん》の成道《じょうどう》なり!」

巌頭は、塩官のことばも洞山のことばも斥けました。しかし、それらに代わって何か新たな正解を与えたわけではありません。逆に雪峰の胸のうちを堰《せ》き止めていた「正解」を決壊させ、雪峰の心から、借り物でない自分自身の真実を迸り出させてやったのでした。

ここでも、雪峰の大悟を成就させたのは、師ではなく、行脚の道づれであった師兄でした。前にみた「我れを生む者は父母、我れを成す者は朋友」、このことばは、行脚の場面にとりわけよくあてはまるのでした。

第8章　行脚のたどりつくさき

禅僧の衣服は汚い……　――百丈懐海

唐《とう》の末期に彼の地にわたって法を求め、破仏《はぶつ》の嵐にまきこまれながら苦難の旅をつづけた円仁《えんにん》は、『入唐求法巡礼行記《にっとうぐほうじゅんれいこうき》』という膨大かつ詳細な旅行記をのこしています。かのエドウィン・ライシャワー博士の研究でも知られた有名な書物ですが（田村完誓訳『円仁　唐代中国への旅――『入唐求法巡礼行記』の研究』講談社学術文庫１３７９、一九九九年）、そのなかに、五台山《ごだいさん》巡礼の途上で出逢った「禅僧」たちの印象が、次のように記されています。

城内に入り西禅院に宿す。廿余禅僧あり、心極めて閙乱〔さわがしい〕す。（開成五年〔八四〇〕四月廿二日。足立喜六訳注・塩入良道補注『入唐求法巡礼行記１』平凡社・東洋文庫１５７、一九七〇

年、頁二八五。〔 〕内は原著の補注）

禅僧五十余人ありて尽《ことごと》く是毳納《これぜいどう》〔毛織の法衣〕、錫杖《しゃくじょう》にて、各諸方より来巡せる者なり。（同、五月十七日。『入唐求法巡礼行記2』平凡社・東洋文庫442、一九八五年、頁一一二）

獣毛でつくったボロ衣を着け、ジャランジャランと錫杖を鳴らしながら大挙して諸方をのし歩く、粗野で騒々しい、ハタ迷惑な連中――そんな姿を横目でにらみ、眉をしかめながら書いた記録のように思われます。

「毳納」の「納」は衲衣《のうえ》（納衣）。ボロキレを綴りあわせた粗末な衣のことで、本来は出家者一般の姿のはずですが、唐の頃には禅僧独自の特徴的な身なりと看られていたらしく、禅僧のことを「衲僧《そう》」（納僧）「衲子《のっす》」（納子）などと称するようになりました。『行記』には次のような記録も見えます。

若し納衣して収心〔摂心《せっしん》〕すれば呼んで禅師と為し、且道者《またどうしゃ》と為す。（開成三年〔八三八〕十一月廿四日。『入唐求法巡礼行記1』頁六九）

禅の語録のなかの行脚の描写では、円仁が記しているような大人数の団体行動には見えないのですが、ただ、禅僧、とくに行脚僧の身なりが汚いという印象を、外部からもたれていたことは事実のようです。『祖堂集《そどうしゅう》』巻14百丈懐海《ひゃくじょうえかい》章に、彼がまだ一行脚僧だった頃の次のような逸話が書きとめられています。

百丈懐海禅師がまだ行脚していた時のこと、善勧寺《ぜんかんじ》を訪れ、経典の閲覧を希望した。しかし寺主《じしゅ》はそれを許可しなかった。

「禅僧というやつは、衣服がどうも清潔でない。経典を汚されては困る」

しかし、経を看たいという彼の一念があまりに切実だったので、寺主はそれを許した。懐海は経を看おわったあと、すぐに大雄山《だいゆうざん》（百丈山）の住持となった。

その後、大雄山の勧募の僧が善勧寺を訪れ、寺主と面会した。

寺主、「どちらから？」

「大雄山でござる」

「住持は、どのようなお方か？」

「うちの和尚は、行脚のおり、こちらにうかがって経典を看せていただいたようでござる」

「なに、それは、懐海どののことではあるまいか？」

「ええ、いかにも」

そこで寺主は合掌した。

「ああ、それがしはまったく凡夫でござる。かの人天《にんでん》の大善知識《だいぜんちしき》を、そうと見知ることもできなんだとは」……

師行脚時、到善勧寺、欲得看経。寺主不許、云、「禅僧衣服不得浄潔、恐怕汚却経典」。師求看経志切、寺主便許。師看経了、便去大雄山出世。出世後、供養主僧到善勧寺、相看寺主。寺主問、「離什摩処?」 対曰、「離大雄山」。寺主問、「什摩人住?」 対曰、「恰似和尚行脚時在当寺看経」。寺主曰、「莫是海上座摩?」 対曰、「是也」。寺主便合掌、「某甲実是凡夫、当時不識他人天善知識」。

……

師〔百丈〕行脚《あんぎゃ》の時、善勧寺《ぜんかんじ》に到り、経《きょう》を看《よ》まんと欲《ほっ》得す。寺主《じしゅ》許さず、云く、「禅僧は、衣服《えぶく》、浄潔《じょうけつ》なるを得ず、恐怕《おそ》らくは経典《きょうてん》を汚《けが》し却《さ》らん」。師の経を看まんことを求むる志《こころざし》切なれば、寺主便《すなわ》ち許す。師、経を看み了《おわ》るや、便ち大雄山《だいゆうざん》〔百丈山〕に去《ゆ》きて出世《しゅっせ》す。出世の後、供養主《くようしゅ》の僧、善勧寺に到り、寺主に相《あ》看《え》り。寺主問う、「什摩処《いずく》をか離れし?」 対《こた》えて曰く、「大雄山を離る」。寺主問う、「什摩人《なにびと》か住す?」 対えて曰く、「恰《あたか》も和尚《おしょう》行脚の時、当寺に在りて経を看みしが似《ごと》し」。寺主曰く、「海《かい》〔懐海〕上座に莫是《あらざ》る摩《や》?」 対えて曰く、「是也《しかり》」。寺主便ち合掌《がっしょう》すらく、「某甲《それがし》実に是れ凡夫《ぼんぷ》にして、当時、他《か》の人天《にんでん》の善知識《ぜんちしき》を識らず」。……

「寺主」は、寺院の代表者（第12章で詳しく看ます）。「供養主」は寄付を集めてまわる僧で「化主《けしゅ》」ともいいます（『禅林象器箋』第七類・職位門「供養主」条）。

右の寺主のことばから、禅僧というやつはとかく衣服が清潔でない——「禅僧は、衣服《えぶく》、浄潔《じょうけつ》なるを得ず」——そう一般的に看られていたことがうかがわれます。

このあと寺主はこの供養主の僧とともに大雄山に赴き、百丈懐海禅師と問答して敬服し、百丈の弟子となるのですが、そのさまは「便ち納《のう》を被《まと》い禅を学ぶ」と記されています。禅僧になることが、立派な法衣を捨ててボロの衲衣（納衣）をまとうことと同義だったことを示す表現です。時代はくだりますが、北宋の初め頃の禅僧、汾陽善昭《ふんようぜんしょう》が「行脚歌《あんぎゃか》」という作品のなかで「百衲《ひゃくのう》の衣《ころも》、雲水《うんすい》の襖《うわぎ》」とうたっているのも、それを行脚僧ならではの姿として描いたものだったのでしょう（『汾陽無徳禅師語録』巻下／鈴木大拙『禅堂生活』岩波文庫、頁三四参照）。また、同じく北宋初の賛寧《さんねい》撰『大宋僧史略《だいそうそうしりゃく》』は、初期の禅宗が独立の寺院をもっていなかったことを述べつつ、こう記しています。「皆な一例《ひとしなみ》に律儀《りつぎ》にして、唯だ参学者《さんがくしゃ》、或いは杜多《ずだ》〔頭陀〕を行じ、糞掃五納衣《ふんぞうごのうえ》なるを異と為す耳《のみ》」（巻上「別立禅居」条）。一般の僧侶と同じく一律に通常の戒律に従い、ただ頭陀《ずだ》行を行じたり糞掃衣《ふんぞうえ》（納衣）を身につけたりする点だけが他宗の僧とは異なっていた、と。

そんなムサくるしい姿だったからこそ、当初、寺主は、行脚僧たる百丈懐海の経典閲覧を、経巻を汚されてはかなわないと断わったのでした。しかし、そう断った寺主をして自らそのボロの納衣姿に転身させるほど、百丈との出逢いは決定的なものだったのでした。『祖堂集』は、この寺主が「第二百丈」すなわち百丈山の第二代、百丈涅槃《ひゃくじょうねはん》和尚であったと、この一段を結んでいます。

達摩は来ていない　二祖も何も伝えられてはいない——雪峰と玄沙

では、そのような姿に身をやつして行われた行脚の旅の、その行き着くさきは、いったいドコだったのでしょうか？　行脚に行かなかった玄沙師備《げんしゃしび》という人の話が、逆にその答えを教えてくれているようです。

前回、雪峰《せっぽう》がながい煩悶のすえ、師兄《すひん》の巌頭《がんとう》の助けで大悟した話を読みました。雪峰はその後、福建の閩《びん》王朝の帰依を受けて大教団を構えるに至り、門下から多数のすぐれた禅僧を輩出します。そのなかでもひときわ抜きん出ていたのが、玄沙でした。『祖堂集』巻10の玄沙章によると、その若き日の修行の姿は、次のようなものだったといいます。

〔1〕何事も人に先んじてやり、風雪もいとわず、暑さ寒さにもひるむことがなかった。衣といえば、ただ、麻切れをつづり合わせたボロの納衣だけ。専一に道に励み、言うことと言わぬことのケジメをわきまえ、今どきの連中と交わることはなかった。雪峰は玄沙のすぐれた資質と純一な姿を見て、しばしば彼と接触し、彼を「備頭陀《びずだ》」と呼んだ。かくして数年の間、玄沙は雪峰にふかく親炙した。

> 凡所施為、必先於人。不憚風霜、豈倦寒暑？　衣唯布納、道在精専。語黙有規、不参時倫。雪峰見師器質粋容、亦多相接、乃称師為備頭陀。如斯数載、陪仰親依。
>
> 凡《およ》そ施為《おこな》う所は、必ず人《ひと》に先《さき》んず。風霜《ふうそう》を憚《はばか》らず、豈《あ》に寒暑《かんしょ》に倦《う》まんや？　衣《ころも》は唯《た》だ布納《ふのう》のみにして、道《みち》は精専《せいせん》に在り。語黙《ごもく》に規《さだめ》有り、時倫《じりん》に参《まじ》わらず。雪峰《せっぽう》、師の器質粋容を見て、亦た多く相

い接し、乃ち師〔玄沙〕を称して「備頭陀《びずだ》」と為す。如斯《かくのごと》きこと数載《すうさい》、陪仰《ばいぎょう》親しく依《よ》る。

あらゆる欲望を捨て去って無一物の生活を送る修行を「頭陀行《ずだぎょう》」といい、それを行ずる人のことも「頭陀《ずだ》」といいます。玄沙は粗末な麻切れをつづり合わせたボロの納衣だけを身にまとい、身を捨てて修行に励みました。雪峰はそのような玄沙に対して畏怖の念をこめて「備頭陀」とよび、そうして数年をふる間に師弟の親密な道交が深められていったのでした。

そんな、ある日のこと、雪峰があらたまった調子で玄沙に声をかけます。

〔2〕雪峰が、ある日、呼びかけた。

「備頭陀《びずだ》よ、まだ諸方を行脚してまわっておらぬだろう。どうだ、一回りしてみては？」

このようなことが四《よ》たびもつづき、玄沙もさすがに師の懇篤に心を動かされ、言いつけにしたがい、旅支度を整えて出発した。ところが、ちょうど峠の頂上についたところで石に蹴《け》つまずき、突如、大悟《たいご》して、思わず声をあげた。

「達摩《だるま》はやって来ていない、二祖《にそ》は何も伝えられてなどいない！」

玄沙はさらに大木の上にのぼり、はるかに江西《こうぜい》のほうを望みやって言った。

「おっかさんに産んでもらったこの身ばかりは、何としてもゴマかせぬ」

そして、そのまま、さっさと雪峰山にひきあげてしまった。

雪峰はもどって来た玄沙を見て、いぶかった。

「江西に行けと申したに、なにゆえ、かくも早《はよ》うにもどってまいった？」

「いや、行ってまいりました」

「どこへ？」

玄沙はそこで、事の次第をつぶさに述べた。

雪峰はその器《うつわ》をふかく認め、重ねてひそかに奥義を語り聞かせた。玄沙はカメの水をすっかりうつすかのごとく、その蘊奥を尽くしたのであった。


雪峰一日号曰、「備頭陀未曽経歴諸方、何妨看一転乎？」如是得四度。師見和尚切、依和尚処分、装裹一切了、恰去到嶺上、踢著石頭、忽然大悟。後失声云、「達摩不過来、二祖不伝持」。又上大樹、望見江西了、云、「奈是許你婆！」便帰雪峰。雪峰見他来、問師、「教你去江西、那得与摩廻速乎？」師対云、「到了也」。峰曰、「到那裏？」師具陳前事。雪峰深異其器、重垂入室之談。師即尽領玄機、如瓶瀉水」。

雪峰、一日号《よ》びて曰く、「備頭陀《びずだ》、未《いま》だ曽《かつ》て諸方《しょほう》を経歴《けいれき》せず、何《なん》ぞ看ること一転するを妨《さまた》げん乎《や》？」如是《かくのごと》くすること四度《よたび》に得《いた》る。師〔玄沙〕、和尚〔雪峰〕の切なるを見て、和尚の処分《いいつけ》に依り、一切を装裹《したく》し了《おわ》り、恰《あた》かも去《ゆ》きて嶺上《れいじょう》に到るや、石頭《いし》に踢著《つまず》き、忽然大悟《こつねんたいご》す。後、失声《しっせい》して云く、「達《だる》摩《ま》は過《す》ぎ来《きた》らず、二祖《にそ》は伝持《でんじ》せず」。又た大樹《たいじゅ》に上《のぼ》り、江西《こうぜい》を望《のぞ》み見了《みおわ》りて、云く、「你婆《なんじかか》を奈是《いかん》許《せ》せん！」便ち雪峰に帰る。雪峰、他《かれ》〔玄沙〕の来《きた》るを見、師〔玄沙〕に問う、「你《なんじ》をして江西に去《ゆ》かしむるに、那《なん》ぞ与摩《かく》も廻《かえ》ること速《はや》きを得《う》る乎《や》?」師〔玄沙〕対《こた》えて云く、「到《いた》り了也《おわれり》」。峰〔雪峰〕曰く、「那裏《いずく》にか到れる?」師〔玄沙〕具《つぶ》さに前事を陳《の》ぶ。雪峰深《ふか》く其の器《うつわ》を異《い》とし、重《かさ》ねて入室《にっしつ》の談《だん》を垂《た》る。師〔玄沙〕即ち尽《ことごと》く玄機《げんき》を領《さと》ること、瓶《もたい》に水《みず》を瀉《そそ》ぐが如し」。

馬祖がいた江西の地は、唐代禅の事実上の発祥の地であり、禅の聖地、禅の本場と仰ぎ見られていました。いっぽう雪峰や玄沙がいた福建はその南にあり、当時はまだ禅の後進地域でした。まわりを嶺に囲まれた盆地になっていたために、福建に入ることを「嶺に入る」（閩嶺に入る）、福建を出て行脚の旅に出ることを「嶺を出る」と表現した例が禅籍にいくつか見えます（この一段も宋の大慧《だいえ》『正《しょう》法眼蔵《ぼうげんぞう》』巻二之上では「玄沙和尚、一日、諸方《しょほう》を偏歴《へんれき》して、知識《ちしき》を参尋《さんじん》せんと欲し、嚢《のう》を携《たずさ》え嶺《れい》を出《い》づ」と記されています）。

長年倦《う》むことなく頭陀行に励む玄沙に、雪峰は控えめな口調で諸方行脚を勧めます。最初はそれを断っていた玄沙でしたが、四度も重なるとさすがに師の切実な慫慂に打たれ、支度を整えて江西に旅立とうとします。ところが峠を越えようとしたところで、ガツンと石に蹴つまずき、全身を走った激痛とともに大悟しました。そこで思わず発したことばが、

——達磨《だるま》はやって来ていない、二祖《にそ》は何も伝えられてなどいない！

そして高い木の上にのぼって、行脚の旅に向かうはずだった江西の地をはるかに望み見て、こう言ったのでした。

——おっかさん、あんたのことばかりは、何としても否定しえませぬ！

つまずけば激痛を感ずる、おっかさんから産んでもらった、この活き身の己れ。これだけは、誰からどう言われようとゴマカシようがない。江西がいかに禅の本場であれ、そこで学ぶべきは、つまるところ、この身一つの活きた事実にほかならない。それは達摩が西天からもたらしたものでも、二祖が新たに授かったものでもない。まして自分がはるばる聖地に行って、あらためて手に入れてくるようなものでもない。だから、達摩は、西来していても来ていないのと同じであり、自分ははるばる江西に行くまでもなく、たどり着くべきところにすでにたどり着いていたのです。玄沙は雪峰にそうした心を告げ、雪峰のふかく認める所となったのでした（「奈是許你婆！」については、入矢義高監修・唐代語録研究班編『玄沙広録』下の注解を参照。筑摩書房・禅の語録12c、一九九九年、頁一六四）。

もしも、曹渓に行っていなかったら……――青原と石頭

大慧『正法眼蔵』巻二之上では、玄沙が峠からひきかえして来た後に雪峰と交わした、次のような問答が記されています。

峰（雪峰）一日問う、「那箇《いずれ》か是れ備頭陀《びずだ》？」（那箇是備頭陀？）
曰く、「終《つい》に敢《あえ》て人《ひと》に誑《あざむ》かれず」（終不敢誑於人）

「ドレがほんとうの〝備頭陀〟か？」「人にゴマかされるようなマネは断じていたしかねます」。

行脚の旅のたどりつくさきは、つまるところ、ゴマかしのきかぬ――アレかコレかというような、他者からの分析も規定も受けつけぬ――活きた己れ一個の身の上にほかならないのでした。

曹渓《そうけい》の六祖恵能《ろくそえのう》の没後、遺言にしたがって師兄《すひん》である青原行思《せいげんぎょうし》を訪ねて行った石頭希遷《せきとうきせん》は、初対面の際、次のような問答をのこしています。『景徳伝灯録《けいとくでんとうろく》』巻5青原章に見える記録です。


青原、「貴公、どちらからまいった？」

石頭、「曹渓です」

「曹渓で何を得てまいった？」

「曹渓に行く前から何も失ってはおりませぬ」

「ならば、わざわざ曹渓に行く必要などないではないか？」

「曹渓に行っていなかったら、どうして、何も失っていなかったことがわかったでしょう？」


師問曰、「子何方而来？」遷曰、「曹谿来」。師曰、「将得什麼来？」曰、「未到曹谿亦不失」。師曰、「恁麼用去曹谿作什麼？」曰、「若不到曹谿、争知不失？」

師〔青原〕問うて曰く、「子《そなた》、何方《いずかた》よりか来《きた》る？」遷《せん》〔石頭希遷〕曰く、「曹谿《そうけい》より来る」。師曰く、「什麼《なに》をか将得《もち》て来る？」曰く、「未《いま》だ曹谿に到らざるも亦《ま》た失わず」。師曰く、「恁麼《かく》なれば曹谿に去《ゆ》くを用いて什麼《なに》をか作《な》す？」曰く、「若《も》し曹谿に到らざれば、争《いかで》か失わざるを知らん？」

曹渓に行くまでもなく、己れは己れ以外の何者でもない。そこにはゴマかすことも、ゴマかされることもない、ただ活き身の己れ一個あるのみです。しかし、それがそうだと得心できたのは、やはり曹渓に行って六祖に出逢ったからなのでした。

禅僧たちの行脚の旅は、そもそも行脚になど行く必要のないありのままの自己に立ち返るための——たどり着いてみれば、実は、初めから<u>ここ</u>にいたのだと気づくための——時に長く、時に短い、旅だったのでした。

第9章　安居と上堂

安居と僧臘

修行僧たちは行脚《あんぎゃ》の旅のなかで然るべき師に出逢うと、許しを得てそこの僧堂に加わり（「参堂《さんどう》」）、そこで夏安居《げあんご》を過ごします。夏の三カ月の間、僧堂にとどまって一同そろって集中的に修行に励む期間です。これはインド以来の習わしですが、中国や日本では冬にも安居があります。無著道忠《むちゃくどうちゅう》の『禅林象器箋《ぜんりんしょうきせん》』第四類・節時門にいわく、「和漢《わかん》の禅林《ぜんりん》、夏安居《げあんご》の外《ほか》、冬安居《とうあんご》に坐す。即ち十月十六日を以て結《けっ》し、明年正月十五日に到る。……」。

道忠はまた冬安居の始まりを十月の十六日とすべきことを注記しつつ、栄西《えいさい》『興禅護国論《こうぜんごこくろん》』巻下・第八門の次の一段を引証しています。

> 夏冬《げとう》の安居《あんご》。謂《いわ》く四月十五日結夏《けつげ》。七月十五日解夏《げげ》。又た十月十五日受歳《じゅすい》、正月十五日解歳《げすい》。二時〔夏と冬〕の安居、并《なら》びに是れ聖制《しょうせい》なり。信行せざる可からず。我が国は此の儀絶《た》えたること久し。大宋国《だいそうこく》の比丘《びく》は、二時の安居、闕怠《けったい》すること無し。安居せずして夏臘《げろう》の二名〔夏と臘〕を称す、仏法の中には笑う可きなり。（市川白弦・入矢義高・柳田聖山『中世禅家の思想』岩波書店・日本思想大系16、一九七二年、頁一一八上／頁八三参照）

夏の安居が四月十五日から七月十五日で、その開始を「結夏《けつげ》」、終了を「解夏《げげ》」といい、いっぽう冬の安居は、十月十五日（道忠によれば十六日）から明くる年の一月十五日、その開始を「受歳《じゅすい》」、終了を「解歳《げすい》」というわけです。そして、この夏安居を経た回数で僧侶としての経歴が「〜夏《げ》」と数えられ、その年数を「僧臘《そうろう》」「法臘《ほうろう》」などといい、その数字によって僧としての目上・目下が決まるのでした（第3章の「僧夏」の項、参照）。『祖堂集《そどうしゅう》』巻14章敬懐暉《しょうけいえき》章に「僧は夏臘《げろう》に依る」と見えるのも、その意味です。安居を行わずに単に年数だけで僧の経歴を数えるのは、仏法の世界においては笑止の沙汰だと栄西禅師は難じています。

栄西禅師の右の説明は宋代の禅林の制度を記したものですが、『祖堂集』にも、仙宗《せんそう》和尚が「おぬしはこの夏安居は福州の鼓山《くざん》におったのではないのか？」（汝豈不是今夏在鼓山？）と問うたのに対して、僧が「はて、冬のことですか？　夏のことですか？」（是冬？　是夏？）と問いかえす問答が見えます（巻12仙宗和尚章）。仙宗は雪峰《せっぽう》の弟子の長慶慧稜《ちょうけいえりょう》の弟子で、福建《ふっけん》の福州《ふくしゅう》にいた人です。問答の趣旨はよく解りませんが、五代の頃にはすでに冬安居があったことを示すものかも知れません。

仏殿を立てず　法堂のみを立てる――「禅門規式」

安居の期間中、修行僧たちは法堂《はっとう》で師の説法を聴くことになります。『景徳伝灯録《けいとくでんとうろく》』巻6百丈懐海《ひゃくじょうえかい》章の末尾に附録された「禅門規式《ぜんもんきしき》」という文書に次のような一文が見えます。百丈自身の著述でないこと、また、ここに記されていることが必ずしも当時の実態でないことなどがすでに明らかになっていますが、少なくとも、唐代禅宗寺院の理念を伝える重要な資料であることは疑いありません。ここに、すべての修行者は僧衆に加わり、僧臘《そうろう》の順にしたがって関係が整えられる――「尽《ことごと》く僧中に入《い》りて夏次《げじ》に依りて安排《あんぱい》す」――と書かれているのは、つい先ほどみた「僧は夏臘《げろう》に依る」というのと同じ意味です。

道《みち》の眼《まなこ》を具え尊《とうと》い徳《とく》をもつ人を「長老《ちょうろう》」という。……寺では仏殿《ぶつでん》を建てず、ただ法堂《はっとう》のみを建てる。それは、仏祖《ぶっそ》から仏祖にじかに道が托され、それが当代の住持に授けられて尊き者となっていることを表しているのである。集まってきた修行者たちは、数の多少や出自の上下にかかわらず、みなすべて僧衆に加わり、僧《そう》臘《ろう》の順にしたがって関係が整えられる。……

一院のすべての修行者は、朝夕に集まって師に参ずる。長老は法堂にのぼり座について説法する。役職の僧も一般の修行僧も、みなきちんと整列して立ち、耳をそばだててそれを聴く。さらに師弟の間で問答応酬を行い、激しく宗師を宣揚するが、それは師が法のみを根拠として住持していることを示すものである。……

> 凡具道眼有可尊之徳者、号曰長老。……不立仏殿唯樹法堂者、表仏祖親嘱受当代為尊也。所裒学衆無多少無高下、尽入僧中依夏次安排。……其闔院大衆朝参夕聚、長老上堂陞堂、主事徒衆雁立側聆。賓主問酬激揚宗要者、示依法而住也。……
>
> 凡《およ》そ道眼《どうげん》を具《そな》え尊《とうと》ぶ可《べ》きの徳《とく》有る者、号して「長老《ちょうろう》」と曰う。……仏殿《ぶつでん》を立てず唯《た》だ法堂《はっとう》のみを樹《た》つるは、仏祖《ぶっそ》親しく嘱《しょく》し当代に受《さず》けて尊《そん》と為すを表すなり。裒《あつま》る所の学衆《がくしゅ》、多少《たしょう》無く、高下《こうげ》無く、尽《ことごと》く僧中に入《い》りて夏次《げじ》に依りて安排《あんばい》す。……其《そ》の闔院《こういん》の大衆《だいしゅ》、朝《あした》に参じ夕《ゆうべ》に聚《つど》い、長老は上堂《じょうどう》・陞堂《しんどう》し、主事《しゅじ》徒衆《としゅう》は雁立《がんりゅう》し側聆《そくれい》す。賓主問酬《ひんじゅもんしゅう》し宗要《しゅうよう》を激揚《げきよう》するは、法《ほう》に依りて住《じゅう》するを示すなり。
> ……

宋代以降の完備した禅院の構成は「七堂伽藍《しちどうがらん》」と称せられます。この呼称の典故は不明で（『禅林象器箋』第二類・殿堂門「伽藍」）、おそらく日本でできた言いかたかと思われますが、さしあたり禅院の伽藍配置を理解するには便利なことばだと思います。

理想的には、まず南北の中心線上に、南から「三門《さんもん》」（お寺の正門、「山門」とも）、「仏殿《ぶつでん》」（仏像をまつった建物）、「法堂《はっとう》」（禅師が説法する講堂）とならびます。ついで、その東側の南北線上に、北から「厨庫《ちゅうく》」（台所、「庫院《くいん》」「庫裏《くり》」とも）、「浴堂《よくどう》」（風呂場）。西側の南北線上に、北から「僧堂《そうどう》」（修行僧の生活と修行の場）、「東司《とうす》」（便所）、という配置です。

それから「七堂伽藍」という数え方には含まれていませんが、もう一つ重要なのが、「法堂」の北に位置する「方丈《ほうじょう》」です。住持が説法や弟子の指導・接客・茶礼などを行う前面の「寝堂《しんどう》」（「前方丈」）と住持の日常の起居の場である奥の間の「内方丈」から成ります。

七堂伽藍

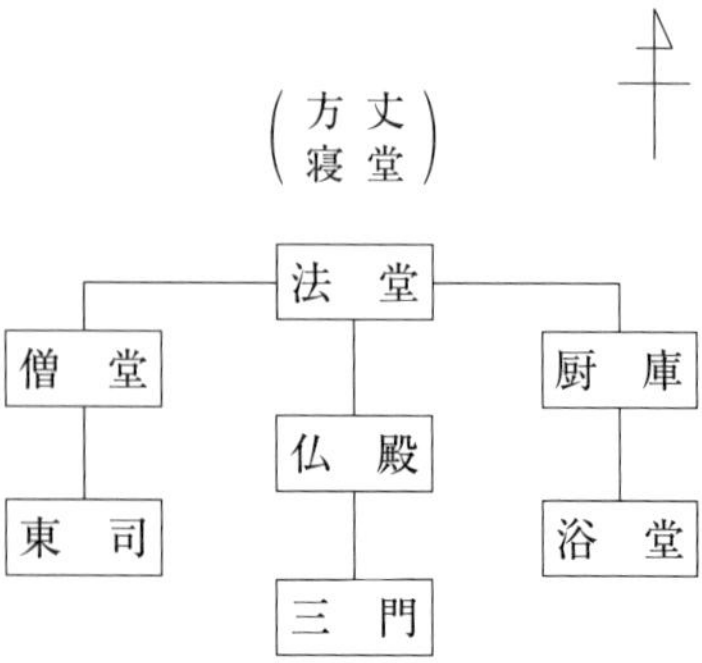

禅師は「法堂」で南向きに坐って法を説き、修行僧たちは北向きに整列して、立ったままその説法を聴きます。時代はくだって北宋の圜悟克勤《えんごこくごん》禅師が説法のなかで次のように言っているのは、このような伽藍配置とよく符合します。「法堂」で南向きに坐っての発言ですので、「左辺」といっているのは東側、「右辺」というのは西側に当たります。

上は是れ「天」、下は是れ「地」。左辺は「厨庫《ちゅうく》」、右辺は「僧堂《そうどう》」。前は是れ「仏殿《ぶつでん》」「三門《さんもん》」。後は是れ「寝堂《しんどう》」「方丈《ほうじょう》」。(『圜悟語録』巻一・上堂一、「上是天、下是地。左辺厨庫、右辺僧堂。前是仏殿三門、後是寝堂方丈」)

前は是れ「三門」「仏殿」、後は是れ「方丈」「寝堂」、左右は「厨庫」「僧堂」。(『圜悟語録』巻三・上堂三、「前是三門仏殿、後是方丈寝堂、左右厨庫僧堂」)

唐代のお寺はまだこのように統一的に規格化はされていなかったはずですが、五代のころの雲門《うんもん》禅師の語録にはすでに次のような問答が見えます。

僧に問う、「新羅《しらぎ》国と大唐《だいとう》国は是れ同じか是れ別か?」〔雲門〕代りて云く、「僧堂《そうどう》・仏殿《ぶつでん》・厨《ちゅう》庫《く》・三門《さんもん》」。(『雲門広録』巻中・垂示代語、「問僧、新羅国与大唐国是同是別? 代云、僧堂・仏殿・厨庫・三門」)

この言葉から、五代の時代の雲門のお寺にも、すでに相当整備された形で堂宇が並んでいたようすを思い浮かべることができます。むろん、これらは後代の話なので、唐の百丈禅師の頃の話にそのまま当てはめるわけにはいきませんし、唐代の話でも「仏殿」が出て来る話は少なくありませんから一般化はできませんが（例えば、第2章で看た丹霞天然《たんかてんねん》の剃髪の話）、しかし、仮りにこういう完備した構成を標準として考えてみると、法堂のみを建てて仏殿を建てないという「禅門規式」の主張がいかに革命的なものであったかが想像できます。礼拝の客体として措定された偶像でなく、代々の仏祖たちが伝えてきた法を受用し、道眼と尊徳を具えて現に活きてここにある「長老」、それこそが真の「仏」なのだという思想がここには表わされています。そして、だからこそ一院の衆僧《しゅそう》は、役職者も一般の僧侶も朝夕そろって法堂に集合し、座に陞《のぼ》って法を説く「長老」のことばを――いわば、活ける仏祖の説く活きた法のことばを――一同きちんと整列して立ったまま耳を傾け、さらには師弟の間で激烈な問答を行って宗旨を発揚するのでした。

それは「法《ほう》に依りて住《じゅう》するを示す」、すなわち、「長老」は、他のいかなる条件とも関わりなく、ただ活きた法を体現しているということの一事のみを根拠としてここに住持しているのだという事実を証明するものだと「禅門規式」は説いています。ここでは、法というものがどこかに書き記された確固不動のものでなく、活き身の禅者の活きた言葉と行動によって、一瞬一瞬、不断にかつ新たに実現され表現されつづけてゆくものだという信念が暗黙の前提とされているようです。

「久立」「珍重」——大珠慧開

では、実際の上堂はどのようなものだったのでしょうか？　ここでは、まず、内容的に解りやすく、かつ形式も標準的な大珠慧開《だいじゅえかい》禅師の上堂の例を看てみます。

大珠は馬祖の弟子のひとりで、この上堂の始めと終わりに見える「無事《ぶじ》」の語は、「平常《びょうじょう》」とともに馬祖系の禅者が多用したことばです。余計なあれこれの意味づけ理屈づけのない、ありのままの自己の状態を指すことばで、馬祖系の禅では、そのような「平常」「無事」の自己がそのまま「仏」なのであり、その外に別に「仏」を求めてはならないと考えられていました。ここでもそのことが、平明かつ明快に説かれています。

越州大珠慧開《えっしゅうだいじゅえかい》和尚が上堂して仰せられた——

諸君は幸いに申し分なき無事の人である。だのに、しゃにむに拵《こしら》えごとをし、自らにカセをはめ自分から牢獄に身を落とそうとして、何とするか！　毎日、夜になるまで駆けずり回り、あげく、おれは「禅」に参じ「道」を学び「仏法」を理解したなどと言う。そんな調子ではますます見当はずれになるばかりだ。それは所詮、己れの外の虚妄な現象を追いかけまわすことでしかない。

そんなことで、いつ安息の時があろう。

わたくしは江西《こうぜい》の馬大師《ばだいし》（馬祖）から、「汝自身の宝の蔵にすべてが具わり、自ら使い放題である。外に求めるには及ばない」と言われた。それ以来わたしはすっかり休息し、常に我が身とともにある宝の蔵を享受しておる。なんと痛快なことではないか！　取捨すべき一法もなく、一法の生滅《しょうめつ》の相も、一法の去来《こらい》の相も存在しない。この世界いっぱいに、一微塵《みじん》ほども自身の宝蔵に属さぬものは無い。己れの心をとくと観察しさえすれば、一体となった三宝が常に目の前に現れ、わずかも疑う余地が無いのである。思慮してはならぬ、捜し求めてもならぬ。己が心の本性はもともと清浄なのである。……

己れの外の現象を追い回して意識を動かし、姿かたちにとりついて観念を起すこと、それがなければ自ずと無事となるであろう。いつまでもここに立っておらんでよい。以上！

越州大珠慧海和尚上堂曰、「諸人幸自好箇無事人、苦死造作、要担枷落獄作麼？　毎日至夜奔波、道我参禅学道、解会仏法。如此転無交渉也。只是逐声色走、有何歇時？　貧道聞江西和尚道「汝自家宝蔵、一切具足、使用自在、不仮外求」。我従此一時休去、自己財宝、随身受用。可謂快活！無一法可取、無一法可捨、不見一法生滅相、不見一法去来相、偏十方界、無一微塵許不是自家財宝。但自子細観察自心、一体三宝常自現前、無可疑慮。莫尋思、莫求覓。心性本来清浄。……若不随声色動念、不逐相貌生解、自然無事去。莫久立、珍重！」（『景徳伝灯録』巻28「越州大珠慧海和尚語」／平野宗浄『頓悟要門』筑摩書房・禅の語録6、一九七〇年、頁一四三参照）

越州大珠慧海《えっしゅうだいじゅえかい》和尚、上堂《じょうどう》して曰く、「諸人《しょにん》、幸自《さいわい》に好箇《こうこ》の無事《ぶじ》の人なるに、苦死《しきり》に造作《ぞうさ》し、枷《かせ》を担《にな》いて獄《ごく》に落ちんと要《ほっ》して麽《なん》と作《す》る？　毎日夜《よる》に至るまで奔波《はせまわ》り、我れは〝禅〟に参じ〝道〟を学び、〝仏法〟を解会《げえ》すと道《い》う。如此《かくのごと》きんば転《ますま》す交渉《かかわり》無からん。只だ是れ声色《しょうしき》を逐《お》うて走るのみ、何の歇《や》む時か有らん？　貧道《それがし》、江西《こうぜい》和尚〔馬祖〕の「汝が自家《じけ》の宝蔵《ほうぞう》、一切具足《ぐそく》し、使用《もちう》ること自在、外に求むるを仮《か》らず」と道《い》うを聞く。我れ此《こ》れ従《よ》り一時に休《きゅう》し去り、自己の財宝、身に随いて受用《じゅゆう》す。快活と謂《い》う可《べ》し！　一法の取《と》る可《べ》き無く、一法の捨《す》つる可《べ》き無く、一法の生滅相《しょうめつそう》を見ず、一法の去来相《こらいそう》を見ず、偏十方界《へんじっぽうかい》に、一微塵許《ばかり》も自家の財宝に不是《あらざ》る無し。但《ただ》自子細に自心を観察せば、一体三宝《いったいさんぼう》、常《つね》自に現前し、疑慮《ぎりょ》す可き無し。尋思《じんし》する莫《なか》れ、求覓《もと》むる莫れ。心性《しんしょう》は本来清浄《しょうじょう》なり。……若《も》し声色に随いて念を動かさず、相貌《そうぼう》を逐《お》いて解《げ》を生ぜずんば、自然《おのず》と無事となり去らん。久《ひさ》しく立《た》つる莫れ、珍重《ちんちょう》！

ありのままでそのまま仏である「無事」の人、せっかくそのような身でありながら、己れの外に空しく駆けまわって、「禅」やら「道」やら「仏法」やらを得ようとする。それは、「本来清浄」なる自己を置き忘れ、虚妄な現象（「声色」「相貌」）を追いまわす愚行にほかならない。そうした思慮分別（「尋思」）や外への追求（「求覓」）をやめさえすれば（「休」「歇」）、一つとして、取る可きものも、捨てる可きものも存在しない。一微塵にいたるまで、すべては「自己の財宝」であり、それは常に受用して自在なものなのだ、大珠慧開禅師はそう説くのでした。

上堂の最後は、「久《ひさ》しく立《た》つる莫れ、珍重《ちんちょう》」、いつまでもここに立っておらんでよい、以上、と結ばれています。この言い方は後には「久立《きゅうりゅう》、珍重《ちんちょう》」という定型句にまとめられます。さきに「禅門規式」で見たように、修行僧たちは立ったまま整列して師の上堂説法を聴いていますので、師は説法の最後に、みな立ち通しでご苦労であったと労《ねぎら》うのです。その後の「珍重」は大事にするという意味の動詞で、そこからお身体お大切にという意の僧侶の別れ際の挨拶語となりました（『禅林象器箋』第二十類・言語門「珍重」）。

しかし、この日、右の上堂の後、修行僧たちは解散せず、そのままその場に立ちつづけていました。そこで大珠禅師が促します。自分はすべてを語った。だが、それでもなおお疑いがのこっておるなら、無駄に心を費やすことなく、思うさまさっさと質問するがよい。そこでその呼びかけに応じて僧たちが順次、師に疑問を呈し、いくつもの問答がつづいてゆくのでした。「禅門規式」が「賓主問酬《ひんじゅもんしゅう》し宗《しゅう》要《よう》を激揚《げきよう》するは、法《ほう》に依りて住《じゅう》するを示すなり」、そう書き記していたのは、まさにこのような状況のことだったのでしょう。

＊清規の形成および「禅門規式」については、石井修道「百丈清規の研究――「禅門規式」と『百丈古清規』」（『駒澤大学禅研究所年報』第六号・一九九五年）、参照。

第10章　吾が語を記するなかれ

からの拳と黄色い葉っぱ――仰山慧寂

前回、禅院における上堂《じょうどう》のようすを看てみました。ところが、禅宗においてきわめて重大な意義を認められている上堂説法について、当の禅僧たちの態度はきわめて消極的でした。彼らは説法というものを、やむをえざる必要悪のようなものと考えていたようなのです。たとえば、仰山慧寂《きょうざんえじゃく》禅師は、日々の上堂で次のように説いていたといいます。

〔1〕毎日、上堂しては、大衆《だいしゅ》にこう説かれた――

諸君はおのおの自らの光を反転させて自分自身を顧みよ。わしの言葉など憶えてはならぬ。お前たちは無限の過去より、明るさに背を向けて暗きに身を投じ、迷妄を追うこと根ぶかく、にわかには抜きがたい状態に陥っている。それを憐れめばこそ、わしは仮りに方便を設けて、お前たちの限りなき過去からの妄念を奪い去ろうとしているのだ。それは黄色い木の葉を金といつわって泣く子をあやすようなものにすぎず、また、あれこれの雑貨を金の宝と混ぜ、一つ店の品物として売るようなものでもある。それはただ、やって来る者の資質を計っておるだけのこと。だから、言うのだ、「石頭《せきとう》は真金《しんきん》の鋪《みせ》、わしがところは雑貨《ざっか》の鋪」と。つまり、来る者が雑貨を求めれば雑貨を与え、真金を求める者があれば真金を与えるのである。

毎日上堂、謂衆云、「汝等諸人、各自廻光返顧、莫記吾語。吾愍汝無始曠劫来、背明投暗、逐妄根深、卒難頓抜。所以仮設方便、奪汝諸人塵劫来麁識、如将黄葉止啼、亦如人将百種貨物雑渾金宝、一鋪貨売、祇擬軽重来機。所以道、石頭是真金鋪、我者裏是雑貨鋪。有人来覓雑貨鋪、則我亦拈与他。来覓真金、我亦与他」。(『祖堂集』巻18仰山章)

毎日上堂《じょうどう》し、衆《しゅ》に謂《い》いて云く、「汝等諸人《なんじらしょにん》、各自《おのおの》の光を廻《めぐ》らして返顧《かえりみ》よ、吾が語を記《おぼ》ゆる莫《なか》れ。吾れ汝が無始曠劫《むしこうごう》より来《このかた》、明《めい》に背《そむ》き暗《あん》に投じ、妄《もう》を逐《お》うこと根《ね》深く、卒《つい》に頓《とみ》には抜き難《がた》きを愍《あわれ》む。所以《ゆえ》に仮りに方便《ほうべん》を設け、汝ら諸人の塵劫《じんごう》来の麁識《そしき》を奪う、黄葉《こうよう》を将《も》って啼《な》くを止《とど》むるが如く、亦《ま》た人の百種《ひゃくしゅ》の貨物《かもつ》を将って金宝《こんぽう》に雑渾《まじ》え、一鋪《いっぽ》の貨《しな》として売るが如し、祇《た》だ来機《らいき》を軽重《はか》らんと擬《ほっ》するのみ。所以《ゆえ》に道《いわ》く、「石頭《せきとう》は是れ真金《しんきん》の鋪《みせ》、我《わ》が者裏《ところ》は是れ雑貨《ざっか》の鋪」と。人《ひと》有りて来り雑貨の鋪を覓《もと》むれば、則ち我れ亦た拈《と》りて他《かれ》に与え、来りて真金を覓むれば、我れ亦た他に与う」。

宋《そう》代には「五参上堂《ごさんじょうどう》」といって、毎月の一日・五日・十日・十五日・二十日・二十五日に上堂を行うことが定例化しますが、唐《とう》代にはまだそのような制度はありません。ここでは「毎日上堂」と書かれていますから、少なくとも仰山は――おそらく安居《あんご》の期間中のことでしょうが――毎日、上堂説法を行っていたのでしょう。むろん、他のお寺でもみなそうだったかどうかは分かりませんが、投子大同《とうすだいどう》禅師にもこんな問答が伝えられていますから、少なくとも仰山だけの事ではなかったようです。「問う、〝和尚毎日上堂するは、什麼人《なにびと》にか供養《くよう》す？〟 師云く、〝不可説《ふかせつ》、不可説《ふかせつ》〟（コトバでは言えぬ、コトバでは言えぬ）」（『古尊宿語録』巻36投子和尚語録、「問、〝和尚毎日上堂、供養什麼人？〟 師云、〝不可説、不可説〟）。

しかし、日々説法に勤めながら、仰山は「吾が語を記《おぼ》ゆる莫《なか》れ」、わしの言葉など記憶してはならぬ、そう門下の僧たちを戒めています。自分が説くのは、諸君の牢固たる偏執を抜くための仮りそめの方便にすぎぬ。そんなものより、己れの光で己れ自身を照らし返すこと、実はそれこそが肝要なのだ、と。

黄色い木の葉「黄葉《こうよう》」は、後文に出るカラの拳《こぶし》「空拳《くうけん》」とともに、子供をあやして泣きやませるための、実体なき仮りそめの手段の喩えです（前者は『涅槃経《ねはんぎょう》』、後者は『宝積経《ほうしゃくきょう》』に由来）。たとえば南泉《なんせん》の語にもこうあります。「江西《こうぜい》和尚（馬祖）の〝即心是仏《そくしんぜぶつ》〟と説《と》けるは、且《しば》らく是れ一時《いっとき》間の語、是れ外に向いて馳求《ちぐ》する病《やまい》を止《と》めんとする、空拳黄葉、止啼《してい》の詞《ことば》（子供を啼《な》き止《や》ませるための方便の語）なり」（『祖堂集』巻16南泉章、「江西和尚説〝即心即仏〟、且是一時間語、是止向外馳求病、空拳黄葉止啼之詞」）。

仰山もここで、自分の説法もそのような「空拳黄葉」の説にすぎないので、決してそれを実体視し神聖視して記憶などしてはならぬと言うのでした。仰山はさらに言います。「石頭《せきとう》は真金《しんきん》の鋪《みせ》、わしがところは雑貨《ざっか》の鋪」と。道吾円智の言葉「石頭は是れ真金鋪《しんきんぽ》、江西〔馬祖〕は是れ雑貨鋪《ざっかほ》」を借りながら（『祖堂集』巻4薬山章／第2章「石頭の路はすべりやすい」）、自分の説く言葉は相手の必要に応じてそのつど与える方便の「雑貨」にすぎないが、しかし「真金」を求める者があれば、それを与えることも可能である、と言うのです。

この言葉をうけて、一人の僧が進み出て問いかけます。

〔2〕そこで、ある者が問うた。

「ならば、雑貨のことはけっこうです。ずばり真金をお願いいたします」

仰山、「矢じりを咬《か》んだまま口を開こうとしても、とこしなえにかなうまい」（執われを握りしめたまま真実をつかもうとしても、無理である）

僧は何も言えなかった。

師はつづけていわれた。

「買いたいという者はおるが、商いの成り立つ相手がおらぬ。つまり、わしがここで禅宗の第一義を説けば、傍らには一人の伴《とも》もおらぬこととなる。五百人・七百人の門下などとはとんでもない。逆にここでアレコレのおしゃべりをすれば、みな先を争い、前のめりにその語を拾い集めようとするだろう。だが、それは所詮、空《から》の拳《こぶし》を見せながら、ほれ、イイものをあげるからと、子供をだますようなもの。そこには何の実も無い。

わしは今ここで、ハッキリ聖なる真実を述べよう。まずはそれに個我の心で取りつこうとせぬことだ。

ともかく、眼前にひろがる真実の大海のなかで如実に修行するのだ。それには何の霊験《れいげん》も神通《じんづう》も必要ない。そんなものは聖なる真実の枝葉《えだは》にすぎぬ。ただ今ここで、まずは心そのものを見きわめ、根本に達するのだ。根本さえ得られれば、末節のことは案ずるに及ばぬ。そんなものは、いずれ自然に充足される。逆に根本が得られていなければ、分別意識でいくら他のことを学んでも、およそモノにはならぬ。だから、我が潙山《いさん》禅師が言うておられるではないか、〝凡《ぼん》と聖《しょう》を分かつ意識が尽《つ》きたなら、全身の上に常住なる真心《しんじん》が顕現し、理《り》と事《じ》がひとつものとなる、それこそがありのままの仏にほかならぬのだ〟と。ご苦労、本日はこれまで！」

時有人問、「雑貨鋪則不問、請和尚真金」。師云、「齧鏃擬開口、驢年亦不会」。僧無対。又云、「索喚則有、交易則無。所以我若説禅宗旨、身辺覓一人相伴亦無、説什麼五百七百？　我若東説西説、則競頭向前採拾。如将空拳誘誑小児、都無実処。我今分明向汝説聖辺事、且莫将心湊泊、但向身前義海、如実而修。不要三明六通、此是聖末辺事。如今且要識心達本。但得其本、不愁其末。他時後日、自具足去在。若未得其本、縦饒将情学他亦不得。汝何不見潙山和尚云、〝凡聖情尽、体露真心常住、理事不二、即是如如仏矣〟。珍重！」

時に人《ひと》有りて問う、「雑貨《ざっか》の鋪《みせ》は則ち問わず、和尚に真金《しんきん》を請う」。師〔仰山〕云く、「鏃《やじり》を齧《かじ》りて口を開かんと擬《ほっ》さば、驢年《ろねん》にも亦《ま》た会《え》せざらん」。僧、対《こた》うる無し。又《ま》た云く、「索喚《さくかん》は則ち有り、什麼《なん》交易《こうえき》は則ち無し。所以《ゆえ》に我れ若《も》し禅宗《ぜんしゅう》の旨《むね》を説《と》かば、身辺に一人の相伴《とも》を覓《もと》むるも亦《ま》た無し、什麼《なん》の五百七百をか説かん？ 我れ若し東説西説《とうせつせいせつ》せば、則ち頭《さき》を競《きそ》いて前に向いて採《と》り拾《ひろ》わん。空拳《くうけん》を将《も》って小児《しょうに》を誘誑《たぶらか》すが如し、都《すべ》て実処《じっしょ》無し。我れ今、分明《ふんみょう》に汝に向いて聖辺《しょうへん》の事《じ》を説かん、且《しば》らく心を将って湊泊《そうはく》する莫《なか》れ、但《た》だ身前の義海《ぎかい》に向《おい》て、如実《にょじつ》に修せよ。三明六通《さんみょうろくつう》を要せず、此れは是れ聖末辺《しょうまつへん》の事なり。如今《にょこん》、且く心《こころ》を識り本《もと》に達するを要す。但だ其の本をさえ得なば、其の末を愁えず。他時後日《たじごじつ》、自《おのずか》ら具足《ぐそく》し去らん在《ぞ》。若し未《いま》だ其の本を得ざれば、縦饒《たと》い情《じょう》を将て他を学ぶも亦た得ざらん。汝、何ぞ潙山《いさん》和尚の云うを見ずや、〃凡聖《ぼんしょう》の情尽《つ》きなば、真心常住《しんじんじょうじゅう》を体露《たいろ》し、理《り》と事《じ》と不二《ふに》ならん、即ち是れ如如仏《にょにょぶつ》なり〃と。珍重《ちんちょう》！」

ノートのなかのことば——薬山・臨済・雲門

今日の学校なら、先生の話をせっせとノートに書きとってよく憶えるのは、間違いなくよいこととされるでしょう。しかし、禅僧たちの言いかたは逆でした。馬祖も説法のなかで明言しています、「汝等諸人《なんじらしょにん》、各《おのおの》自心《じしん》に達せよ。吾が語を記《おぼ》ゆる莫《なか》れ」（『馬祖の語録』頁一二四、「汝等諸人、各達自心。

莫記吾語」）。

禅僧たちがかくも戒めているのは、多くの僧たちがそれほど熱心に師のことばを記録し記憶しようとしていたからにほかなりません。薬山《やくさん》惟儼《いげん》禅師は言います（『景徳伝灯録』巻28薬山和尚語）。

更に一般《いっぱん》の底《もの》有り、只だ紙背《しはい》上に向《おい》て言語《ごんご》を記持《おぼ》え、多く経論《きょうろん》に惑わさる。我れ曽《かつ》て経論策子《さくす》を看ず。（更有一般底、只向紙背上記持言語、多被経論惑。我不曽看経論策子。）

さらにある種の連中は、もっぱら紙の上でコトバを憶え、まま経典・論書に惑わされておる。わしはこれまで経典・論書、ノート（「策子」）の類は看たこともない。

如今出頭《にょこんしゅっちょう》し来《きた》るは、尽《ことごと》く是れ多事《たじ》の人。箇《ひとり》の癡鈍人《ちどんにん》を覓《もと》むるも不可得《ふかとく》。只だ策子《さくす》中の言語《ごんご》を記《おぼ》えて以って自己の見知《けんち》と為し、他の解せざる者を見ては便ち軽慢《きょうまん》を生ずる莫《なか》れ。此《かか》る輩《やから》は尽く是れ闡提外道《せんだいげどう》なり。（如今出頭来、尽是多事人。覓箇癡鈍人不可得。莫只記策子中言語以為自己見知、見他不解者便生軽慢、此輩尽是闡提外道。）

今どきノコノコ出てくるのは、どれもこれも、余計な理屈ばかりの連中（「多事人」）だ。ほんとうの大バカ者（「癡鈍人」）をさがしても、一人として見つからぬ。ひたすらノート（「策子」）のなかのコトバを憶えて己《おの》が知見と思いなし、それを解さぬものを目にしては見下す、そんなことではダメなのだ。そんな連中は、仏性をもたぬ外道の輩にほかならぬ。

臨済《りんざい》禅師にも同様の語が見えます（入矢義高訳注『臨済録』岩波文庫、一九八九年、頁一二一）。

> 今時《こんじ》の学人《がくにん》の得ざるは、蓋《けだ》し名字《みょうじ》を認めて解《げ》と為《な》せるが為《ため》ならん。大策子《さくす》上に死老漢《しろうかん》の語を抄《うつ》し、三重五重に複子《ふくす》に裹《つつ》み、人をして見せしめず、是れ玄旨《げんし》なりと道《い》いて、以って保重《ほじゅう》と為す。大いに錯《あやま》れり！　瞎屢生《かつるせい》、你《なんじ》、枯骨《ここつ》上に向《おい》て什麼《なん》の汁《しる》をか覓《もと》めん？（「今時学人不得、蓋為認名字為解。大策子上抄死老漢語、三重五重複子裹、不教人見、道是玄旨、以為保重。大錯！　瞎屢生、你向枯骨上覓什麼汁？」）

今どきの修行僧がモノにならぬのは、おそらくコトバを実体視して己が見解としているためであろう。大きなノート（「策子」）に死んだ老僧のコトバを書き写し、幾重《いくえ》にも複紗《ふくさ》に包んで人にも見せず、これぞ玄妙の真理と言うて後生大事と思いなしておる。思い違いも甚だしい！　この無眼子《むがんす》の愚か者めが！　干からびた骨のなかから、どんな汁を吸い出そうというのか？

こうした禅者たちの叱責から、逆に修行僧たちが懸命に師のコトバをノートに書きとめ記憶しようとしていたさまが浮かんできます（「策子」は「冊子」とも。『祖堂集』巻19香厳章）。宋代になってからできた伝承のようですが、雲門《うんもん》禅師が説法の記録をきつく禁じていたために、弟子の香林澄遠《きょうりんちょうおん》や双泉《そうせん》師寛《しかん》が紙の衣を身につけ、師の語を耳にするたびひそかにそこに書きつけていったとも言われています（『禅林僧宝伝』巻29雲居仏印元禅師章、『林間録』）。禅僧たちは叱っていますが、今日、我々が彼らの語を読むことができるのは、まさに修行僧たちのこうした苦心の筆録の賜なのでした。（柳田聖山『語録の歴史』4語録の定義、参照。柳田聖山集第2巻、法藏館、二〇〇一年）

わしの眉毛はまだのこっておるだろうか？——翠巌令参

では、にもかかわらず、禅僧たちは、なぜ、説法をつづけていったのでしょうか？　記録や記憶がいけないなら、ハナから説法などしなければよいではありませんか？　現にそうした禅僧もありました。たとえば、さきの仰山の弟子の資福《しふく》和尚という人が、その一例です。


また、ある僧が夏安居《げあんご》のあとで言った。

「それがしは修行道場に入ったばかりで、こたび、こちらで夏安居を過ごさせていただきましたが、未だ和尚さまから何のお教えもいただいておりませぬ。やはり何かおきかしなければ」

ところがこの言葉をきいたとたん、資福は僧の胸を両手でドンと突いて外に推し出した。

「それがしはこの山に住持してより、一人の修行僧の眼《まなこ》もつぶしたことはない！」

> 又僧過夏、問師、「某甲新入叢林、在此間過夏、未曽蒙和尚指教、亦須往問」。遂至和尚所述其意、則被師攔胸托出、云、「某甲自住此山、未曽瞎却一箇師僧眼！」（『祖堂集』巻19資福章）

又た僧、夏《げ》を過《すご》し、師に問う、「某甲《それがし》、新たに叢林《そうりん》に入《い》る、此間《ここ》に在りて夏を過せるに、未《いま》だ曽《かつ》て和尚の指教《しきょう》を蒙《こうむ》らず、亦《ま》た須《すべか》らく往《ゆ》きて問うべし」。遂《かく》て和尚の所に至りて其《そ》の意《い》を述ぶるや、則ち師に胸を攔《めが》けて托出《たくしゅつ》され、云く、「某甲、此の山に住して自《よ》り、未だ曽て一箇の師僧《しそう》の眼《まなこ》をも瞎却《かっきゃく》せず！」

法堂《はっとう》に上りながら一言も語らぬまま座を下りたという話は、他にいくつも挙げることができます。しかし、それならば、なぜ、かくも多くの禅僧が、かくも多くの説法の語をのこしているのでしょうか？　仰山とともに潙山の弟子であった香厳智閑《きょうげんちかん》という人の問いかけが、その答えを示唆してくれているようです。

如《たと》えば人《ひと》、高《たか》き樹《き》の上に在りて、口《くち》に樹枝《じゅし》を銜《くわ》う。脚《あし》は樹を踏《ふ》まず、手《て》は枝を攀《よ》じず。下に人《ひと》有りて如何《いか》なるか是れ西来意《せいらいい》と問い、又《ま》た須《すべから》く伊《かれ》に向いて道《い》うべし。若《も》し道わば又た撲殺《ぼくさつ》されん、道わざれば他《かれ》の問いに違《そむ》かん。汝《なんじ》、此の時、作摩生《いかに》か他に指《しめ》さば、自ら喪身失命《そうしんしつみょう》するを免《まぬか》れん？

……（『祖堂集』巻19香厳章、「如人在高樹上、口銜樹枝、脚不踏樹、手不攀枝、下有人問〝如何是西来意？〟又須向伊道。若道又被撲殺、不道違於他問。汝此時作摩生指他、自免喪身失命？」／『無門関』第5則「香厳上樹」参照）

高い樹の上で、人が口ひとつで枝をくわえてぶら下がっている。手は枝をつかまず、脚も枝を踏まえていない。そこへ人がやって来て禅の第一義を問い、その問いには必ず答えねばならぬものとする。もし口を開いて答えれば地に叩きつけられて死んでしまう。しかし答えなければ彼の問いを裏切ることになる。さあ、ここで、どのように彼に示したら、自ら命を落とさずに済むか？……

むろん、これは喩えです。口を開いて言葉にすれば、道は失われてしまう。しかし、言葉にしなければ道を人に伝えることも、それによって人を救うこともできない。この矛盾を切り抜けながら、いかに道を損なうことなく、それを人に示し伝えるか？　それが、禅僧たちが自らに強いた、苦しく難しい課題だったのでした。

以前、雲巌《うんがん》がいまわの際にのこした一句の意を、洞山がその死後に悟ったという話にふれました（第7章「しからば、一句申せ」）。後年、人から、雲巌は生前悟っていたのだろうかと問われた際、洞山はこう言いました。悟っていなかったら、あのように言えたはずがない。しかし、もし悟っていたら、あのように言ってはくれなかっただろう、と（『祖堂集』巻5雲巌章、「洞山云、〝先師若不知有、争解与摩道？〟良久、又曰、〝若知有事、争肯与摩道？〟」）。これは決して、先師の悟りが不十分だったと言っているのではありません。師が悟りのうちに自足せず、悟りを損なうことを承知の上で敢えて言葉で説いてくれた、そのことへの深い感謝をこめた回憶でした。雲巌の師の薬山も、こう言っています。「言語《ことば》を絶却《たちき》ってはならぬ。わしは今こうして汝らの為にこの語を説くことで、語《ことば》無きものを顕《あきら》かにしているのだ」と（『景徳伝灯録』巻28薬山和尚語、「不得絶却言語。我今為汝説這箇語顕無語底」）。

禅者にとって、説法とは、人のために、自分のなかの大切な何かを切り捨てる行為にほかならないのでした。

雪峰《せっぽう》の弟子の翠巌《すいがん》禅師（翠巌令参）に、次のような一言が伝えられています。偽りの法を説いた者は、罰があたって眉毛《まゆげ》が抜け落ちるという信仰を前提にした発言です。


師はある時、上堂して言われた。

「三十年来、一日として、諸君と語りあわぬ日は無かった。さあ、わしの眉毛はまだのこっておるだろうか？」

みなは、ここで何も言えなかった。

> 師有時上堂曰、「三十年来、無有一日不共兄弟持論語話、看我眉毛還在麼？」衆無対。（『祖堂集』巻10翠巌章）
>
> 師、有る時上堂《じょうどう》して曰く、「三十年来、一日として兄弟《ひんでい》と共に持論語話《じろんごわ》せざる有る無し、看よ我が眉毛《びもう》還《な》お在《あ》り麼《や》？」衆《しゅ》、対《こた》うる無し。

「三十年」は実数ではなく、禅僧としての一生涯を象徴的に表す数字です。ですから、これは一時の感傷などではなく、晩年に至って自らの一生を振り返っての重い一言でした。自分は禅僧として、来る日も来る日も、弟子たちと道を語りあってきた。だが、それは、ひたすら道を損なう所業ではなかったか……。これは、そのような恐れを含んだ、苦しい自問の言葉だったのでした。

第11章　普請・作務

上下、力をひとしくす

前回は、師の上堂説法のようすを見てみました。しかし禅僧たちの修行の場は、法堂や僧堂のなかだけではありませんでした。

前に『景徳伝灯録《けいとくでんとうろく》』巻6百丈懐海《ひゃくじょうえかい》章の末尾に附録された「禅門規式《ぜんもんきしき》」という文献のことにふれました（第9章）。「禅門規式」のなかには、次のような一文も見えます。

行普請法、上下均力也。

「普請《ふしん》」の法を行うは、上下《じょうげ》、力《ちから》を均《ひと》しくす。

「普請」は日本語の語彙にもなっていますが、もとは禅宗のことばです。「普《あまね》く請《しょう》ず」、すなわち身分や年齢・夏臘《げろう》の上下を問わず、全員もれなく総出でやる共同作業のことです。『祖堂集《そどうしゅう》』では、一人ないし少人数でやる個別の作業は「作務《さむ》」と書かれています。

この「普請」「作務」が禅宗の「清規《しんぎ》」の顕著な特徴となっています。インド以来の「律《りつ》」の規程では、出家者は農耕などの生産労働・肉体労働が禁じられていましたが、禅宗の清規ではそれ自体が仏作仏行《ぶつさぶつぎょう》として大いに肯定されるのです。必要悪として許容されるというのではありません。禅宗においては、日常のもろもろの仕事も、みな仏道修行の不可欠の一環とされているのです。

一日働かなかったので　一日食べなかった——百丈懐海

禅門の伝承では「清規」の制定は百丈懐海《ひゃくじょうえかい》禅師に始まるとされています。それは史実ではないようですが、しかし、さすがにそう伝承されるだけあって、百丈にはこの「普請」「作務」の精神を象徴する、有名な故事が伝えられています。「一日不作《いちにちなさざれば》　一日不食《いちにちくらわず》」——一日はたらかなかったので、一日食べなかった。最も古い記録である『祖堂集』巻14百丈章では、その話が次のように記されています。

百丈禅師がふだんから厳しく高潔な志操をたもっておられたことは、喩《たと》えようもないほどであった。日々の労働では、必ず修行僧たちに先んじて励まれた。役職の僧が見るに忍びず、ひそかに作業の道具を隠し、師に休息を願うと、師はおおせられた。

「わたしには徳《とく》が無い。どうして人さまばかり働かせられよう？」

そして寺中くまなく道具をさがしたが見つからず、そのまま食事を摂ることも忘れてしまわれた。

ここから「一日作《いちにちな》さざれば、一日食《いちにちくら》わず」という言葉が生まれ、天下にひろく知られるようになったのであった。

> 師平生苦節高行、難以喩言。凡日給執労、必先於衆。主事不忍、密収作具而請息焉。師云、「吾無徳、争合労於人？」師遍求作具、既不獲、而亦忘喰。故有「一日不作、一日不食」之言流播寰宇矣。
>
> 師〔百丈〕平生《へいぜい》、苦節高行《くせつこうぎょう》、喩《たとえ》を以て言《い》い難《がた》し。凡《およ》そ日《ひび》に給し労《ろう》を執《と》るに、必ず衆《しゅ》に先んず。主《しゅ》事忍びず、密《ひそ》かに作《さ》具を収めて焉《これ》に息《やす》まんことを請《こ》う。師云く、「吾れ徳《とく》無し、争《いかで》か合《まさ》に人を労すべけん？」師遍《あまね》く作具を求むるに、既《すで》に獲《え》ずして、亦《ま》た喰《くら》うことを忘る。故《ゆえ》に「一日作《いちにちな》さざれば、一日食《いちにちくら》わず」の言《ごん》有り、寰宇《かんう》に流播《りゅうは》せり。

百丈自身が「一日作《いちにちな》さざれば、一日食《いちにちくら》わず！」と高らかに宣言し、抗議のために断固食事を拒否した、という話ではありません。農具を探すうちに食事を摂るのを忘れてしまい、そこからこの言葉が生まれて、人口に膾炙するようになった、という書き方です。

百丈が修行僧たちとともに野外で農作業に励んでいたようすは、『祖堂集』同章の次の話からもうかがわれます。

ある日の「普請」のおりのこと、昼食の時を知らせる太鼓の音が聞こえたところで、ひとりの僧が思わず大笑いし、そのままさっさと寺にひきあげてしまった。

百丈は賛嘆した。

「みごと！　これぞ〝観音入理《かんのんにゅうり》の門《もん》〟――耳にする音声《おんじょう》がそのまま道への入り口というやつだ！」

そこで寺へもどって、僧に問うた。

「して、さきほどは、如何なる道理を覚《さと》ってあのように大笑いしたのかの？」

すると僧、「はい、さきほどは太鼓の音が聞こえまして、ああ、これで帰ってメシにありつける、そう思ったら笑いがこみあげてきたのです」

百丈、「……」

有一日普請次、有一僧忽聞鼓声、失声大笑便帰寺。師曰、「俊哉！　俊哉！　此是観音入理之門」。師問其僧、「適来見什摩道理、即便大笑？」　僧対曰、「某甲適来聞鼓声動、得帰喫飯、所以大笑」。師便休。

有る一日、普請《ふしん》せる次《おり》、一僧《いちそう》有り忽《たちま》ち鼓声《くしょう》を聞くや、失声《しっしょう》し大笑《たいしょう》して便ち寺に帰る。師〔百丈〕曰く、「俊《しゅん》なる哉《かな》！ 俊なる哉！ 此《こ》れは是れ観音入理《かんのんにゅうり》の門なり」。師、其の僧に問う、「適来《せきらい》、什摩《なに》の道理《どうり》を見てか、即便《すなわ》ち大笑せる？」 僧対《こた》えて曰く、「某甲《それがし》、適来、鼓声の動るを聞き、帰りて飯《めし》を喫《くら》うを得んとて、所以《ゆえ》に大笑せり」。師便《すなわ》ち休《きゅう》す。

百丈禅師の早とちりに終わった、大らかで微笑ましい一場面でした。この話からは、住持もみなといっしょに寺の外で野良仕事に精を出していたこと、そして、そうした労働の現場がそのまま求道の現場と考えられていたことがうかがわれるでしょう。

焼き畑とヘビ――雪峰と玄沙

師弟がともに野外で畑仕事に励んでいた姿は、雪峰《せっぽう》と玄沙《げんしゃ》の次の話にも見られます（『祖堂集』巻10玄沙章）。

ある日、「普請」で、焼き畑をしていた時のこと、雪峰禅師が一匹のヘビを目にすると、もっていた杖のさきでそれを持ち上げ、みなによびかけた。

「看よ！　看よ！」

そして、持っていた刀で、そのヘビを二つに斬ってしまった。

すると、玄沙は、すぐさまそれを杖のさきにひっかけて背後に放り捨て、まったく振り向きもしなかった。

修行僧たちは、愕然とした。

雪峰いわく、「みごと！」

> 有一日普請畬田、雪峰見一条蛇、以杖撩起、召衆云、「看！　看！」以刀芟為両段。師便以杖挑抛背後、更不顧視。衆僧愕然。雪峰云、「俊哉！」
>
> 有る一日、普請《ふしん》して畬田《しゃでん》するに、雪峰《せっぽう》、一条の蛇《へび》を見、杖《つえ》を以て撩起《りょうき》し、衆《しゅ》を召《よ》びて云く、「看よ！　看よ！」刀を以て芟《き》りて両段と為す。師〔玄沙〕便ち杖を以て挑《かか》げ背後《はいご》に抛《なげう》ち、更に顧視《こし》せず。衆僧愕然《しゅそうがくぜん》たり。雪峰云く、「俊《しゅん》なる哉《かな》！」

かつて馬祖《ばそ》の弟子の南泉《なんせん》が猫を斬った話がありました（『祖堂集』巻5徳山章）。また、南泉の弟子の長沙景岑《ちょうさけいしん》や下堂《あどう》和尚には、「ミミズを二つに斬ったら、両方とも動いている。さて、ミミズの仏性はどちらにあるか？」という問答がありました（巻17岑和尚章、同下堂和尚章）。また馬祖の弟子の帰《き》宗智常《すちじょう》には、帰宗が「草《くさ》を剗《か》りし次《おり》」に蛇を斬り、それを見た「座主《ざす》」が「麁行《そぎょう》の沙門《しゃもん》」（破戒僧）と非難したという話もあります（巻15帰宗章）。

雪峰はそうした故事を、この場の問題として再演し、弟子たちを教育しようとしたのでしょうか？

しかし、玄沙は即座にその出鼻をくじき、ニべもなく話の端緒を断ち切ってしまいました。何もないところに無くもがなの問題を作り出し、ことさら平地に波瀾を起こすような真似をして何とする。ツべコべ言うておる間に、さあ、さっさとこの畑仕事を片づけてしまおうではないか。

置き去りにされた雪峰は、弟子たちの手前、ただ、ただ、その俊敏の機を称賛して見せるほかありませんでした。

まるで虫が木を食うておるような……　——百丈と潙山

はじめに述べたように、一山総出の共同作業を「普請」というのに対し、一人ないし数人でやる個別の作業のことは「作務」と記されます。ひとくちに「作務」といっても、いろいろな仕事がありました。たとえば、『祖堂集』巻14石鞏《しゃっきょう》章に見える馬祖《ばそ》とのある問答は、「因《ちな》みに一日《いちじつ》、厨《ちゅう》に在りて作《さ》務《む》せる次《おり》」と書き出されています。庫院《くいん》で台所仕事をしていた時の話だったのでしょう。また、『祖堂集』同巻の百丈章には、潙山霊祐《いさんれいゆう》が若き日に百丈の下で修行していた時のこととして、次のような話が記されています。やりとりから推して、師弟そろって、山中で薪ひろいの「作務」をしていた時の話と想像されます。宋《そう》代に編まれた『宗門統要集《しゅうもんとうようしゅう》』の巻6潙山は、同じ話を録しつつ、それを「山に入りて作務」していた時と記しています。

百丈禅師が潙山と「作務」していた時のこと。

百丈、「火が有るか？」

潙山、「ございます」

「どこに？」

潙山は一枝《ひとえだ》の木を手にとって、フー、フー、フーと吹き、それを百丈に手わたした。

百丈いわく、「虫が木を食うておるようじゃな」

> 師与潙山作務次、師問、「有火也無？」対云、「有」。師云、「在什麼処？」潙山把一枝木、吹両三下、過与師。師云、「如虫喰木」。
>
> 師〔百丈〕潙山と作務《さむ》せる次《おり》、師問う、「火《ひ》有り也《や》無？」対《こた》えて云く、「有り」。師云く、「什麼処《いずく》にか在る？」潙山、一枝《いっし》の木を把《と》りて、吹《ふ》くこと両三下《りょうさんげ》し、師に過《わた》す。師云く、「虫《むし》の木《き》を喰《くら》うが如し」。

口で「火」と言っても口は焼けない、という言葉があります（『雲門広録』上、「〝火〟と道《い》うも口を焼く能わず――道火不能焼口」）。「火」なるものも、所詮は観念の産物。ならば逆に、心のはたらき一つでここに「火」が「有る」ことにもできる。潙山はそう示そうとしたのでしょうか？　しかし、百丈はそれをからかって、すんなり日常の世界にこの場をもどしてしまったのでした。

茶つみの「体」と「用」――潙山と仰山

潙山が禅師となった後の作務の話としては、潙山自ら左官屋さんのように「泥壁《かべぬり》」をしていた時の問答が伝えられています（『祖堂集』巻7巌頭章、巻16潙山章。「泥壁」の話は帰宗にも見られます。巻15帰宗章。のちに第19章でふれます）。

また禅院では茶の栽培も行われており、潙山とその弟子仰山慧寂《きょうざんえじゃく》との茶畑での問答も見られます（巻16潙山章）。同じ話を録する『景徳伝灯録《けいとくでんとうろく》』巻9潙山章では、これを「普請して茶を摘《つ》」んでいた時のことと明記しています。


仰山と話していた時のこと。

潙山禅師、「おぬしの声が聞こえるだけで、その身が見えぬ。出て来て顔を見せてみよ！」

仰山は、茶の樹をゆすってこれに応じた。

潙山、「〝用《ゆう》〟（作用・はたらき）が示されただけで、〝体《たい》〟（本体）を示し得ておらぬ」

そこで仰山が逆に問い返した。

「それがしは、こうでございますが、ならば、和尚さまはどうなのでしょうか？」

潙山は、しばしの沈黙――「良久《りょうきゅう》」――を示した。

仰山、「和尚さまは〝体《たい》〟を示されただけで、〝用《ゆう》〟を示し得ておられませぬ」

潙山、「その申しようでは、二十棒の厳罰ものじゃな」

師与仰山語話次、師云、「只聞汝声、不見子身。出来！　要見！」仰山便把茶樹搖対。師云、「只得其用、不得其体」。仰山却問、「某甲則任摩、和尚如何？」師良久。仰山云、「和尚只得其体、未得其用」。師云、「子与摩道、放你二十棒！」

師〔潙山〕仰山《きょうざん》と語《かた》れる次《おり》、師云く、「只《た》だ汝《なんじ》の声を聞くのみ、子《そなた》の身を見ず。出来《いでき》れ！　見んと要す！」仰山便《すなわ》ち茶樹《さじゅ》を搖《ゆら》して対《こた》う。師云く、「只《た》だ其《そ》の〝用《ゆう》〟を得たるのみ、其の〝体《たい》〟を得ず」。仰山却《かえ》って問う、「某甲《それがし》は則ち任摩《かくのごと》し、和尚は如何《いかん》？」師、良久《りょうきゅう》す。仰山云く、「和尚は只だ其の〝体〟を得たるのみ、未《いま》だ其の〝用〟を得ず」。師云く、「子、与摩《かくのごと》く道《い》う、你《なんじ》に二十棒を放《ゆる》す！」

「良久」はもともと「しばしの間」という名詞ですが、禅籍では「しばしの間沈黙する」という動詞に用いられます。答えに窮してやむなく黙り込んでしまう場合を「無語」「無対」、言葉によって分節される以前の何ものかを暗示するために沈黙する場合を「良久」と記します。

不動なる唯一の本体「体《たい》」と、そこから発揮される可変的で多様なはたらき「用《ゆう》」――その両者をどう関係づけるかが禅の思想史の展開の軸になります。この話には、茶の樹をゆらすという「用」を示す仰山と、「良久」によって「体」を示す潙山という対比が示されていますが、いずれが是でいずれが非かという話にはなっていません。「体」と「用」とは互いに不可分で、一方無くしてはもう一方も存在し得ないからです。しかし、両者の不可分を前提とした上で、「体」と「用」のいずれに比重をかけるかによって唐代の禅僧たちの立場が分かれていきました。一概には割り切れませんが、ごく大雑把にいえば、馬祖《ばそ》系統の禅者が形而下の「用」のほうに重点を置く（「用」をそのまま「体」と看る）のに対し、石頭《せきとう》系統の禅者は形而上の「体」のほうに注目する（「用」とは別次元に「体」を見出そうとする）という傾向がありました。ここでは、法系とは関係なく、潙山が後者の、仰山が前者の考えを代表しているようです。

気力ある者——神山と洞山

石頭系の禅者にも「普請」「作務」の際の問答がいろいろのこされていますが、そこにもそのような傾向が表れています。前に洞山良价《とうざんりょうかい》が師兄《すひん》（あに弟子）の神山僧密《しんざんそうみつ》と旅していた時の話を読みましたが（第7章の「しからば、一句申せ」）、その二人が茶畑をクワで耕していた時の次のような話も伝わっています（『祖堂集』巻6神山章）。

神山が洞山と茶畑を耕していた時のこと。洞山がクワを放り捨てていった。

「やれ、今日はくたぶれた。もう、わずかの気力もござらぬ」

神山、「気力が無いなら、なんでそのように口がきけるのだ」

洞山、「気力有る者がよいと思うておいでですな」

師与洞山鋤茶次、洞山抛却钁頭、云、「我今日困、一点気力也無」。師曰、「若無気力、争解与摩道得？」洞山云、「将謂有気力底是」。

師〔神山僧密〕洞山《とうざん》と茶を鋤《す》く次《おり》、洞山、钁頭《くわ》を抛却《なげうち》て、云く、「我れ今日困《つか》れたり、一点の気《き》力《りょく》すら也《な》お無《な》し」。師曰く、「若《も》し気力無くんば、争《いかで》か解《よ》く与摩《かくのごと》く道得《いいえ》ん？」洞山云く、「気力有《あ》る底是《ものよ》きかと将謂《おも》えり」。

石頭系の禅者の問答には、いかにも深遠で難解な感じのものが多く見られます。それは彼らが、日常の営みの上に、「用」を発揮する現実の活《い》き身《み》の自己とは別次元の、いわば「体」としての本来の自己を暗示しようとするからに外なりません。

右の問答で、ほんとうに精根尽きはてておったらそんな弱音を吐く元気すら無いはずだとたしなめる神山に、兄弟子どのは「気力有る」者のことしかご存じない、と洞山が切り返しています。洞山は、「気力有る」者で現実態の自己（用）を指し、いっぽう「気力無き」者によって、そうした営為（用）に一切関与することのない本来の自己（体）を暗示しようとしているのでした。彼らの師の雲巌《うんがん》にも、ショウガ畑を耕していた時（「薑《きょう》を鋤《す》ける次《おり》」、『祖堂集』巻5雲巌章）、水を運んでいた時（「水《みず》を担《にな》う」、巻4薬山章）、「掃箒《ほうき》」で掃《は》き掃除《そうじ》をしていた時（「地《ち》を掃《は》ける次《おり》」、雲巌章・巻12荷玉章）、茶をたてていた時（「茶《ちゃ》を煎《せん》ずる次《おり》」、雲巌章）などの問答が伝えられていますが、みな同じ趣旨を表しています（小川『語録のことば』二十「幸有専甲在」参照。禅文化研究所、二〇〇七年）。

＊禅宗の普請・作務の歴史的意義については、吉川忠夫「一日作さざれば一日食らわず——仏教と労働の問題」参照。『六朝隋唐文史哲論集Ⅱ——宗教の諸相』第十四章（法蔵館、二〇二〇年）。

第12章　いろいろな職務（1）――主事・院主・寺主

主事

ここ数回、「禅門規式《ぜんもんきしき》」（『景徳伝灯録』巻6百丈懐海章）という文献を手がかりとして、唐代の禅院の修行生活の様相をうかがっています。前々回に看た住持の上堂に関するその記述のなかに、次のようにありました。「其《そ》の闔院《こういん》の大衆《だいしゅ》、朝《あした》に参じ夕《ゆうべ》に聚《つど》い、長老〔住持〕は上堂《じょうどう》・陞堂《しんどう》し、〝主事《しゅじ》〟〝徒《と》衆《しゅう》〟は雁立《がんりつ》し側聆《そくれい》す〔整列して立ち、それをよく聴く〕」（第9章）。

ここで「徒衆」すなわち一般の修行僧たちと区別して〝主事〟と言われているのは、役職者・管理職の僧のことです。無著道忠《むちゃくどうちゅう》禅師の『禅林象器箋《ぜんりんしょうきせん》』第七類・職位門〝主事〟の条は、「禅門規式」の右の一文を引いた後、さらに『釈氏要覧《しゃくしようらん》』（巻下・住持「主事四員」条）に基づいて「主事四員《しゅじしいん》、一監《かん》寺《す》、二維那《いの》、三典座《てんぞ》、四直歳《しっすい》なり」と書いています。簡単にいうと、「監寺」は禅院の運営実務の総責任者、「維那」は禅院の綱紀を維持する職、「典座」は食事の責任者、「直歳」は建物・設備・物品・田畑等々を管理・保全する職務です。しかし、これらは宋代になって禅院の機構が組織的に整備されてからの職務体制であって、唐代にどこまでそのような整った体制があったのか、よく解りません。

右に見える〝主事〟という呼称は、これまで読んできた話の中にも、すでに何度か出て来ていました。「師〔薬山〕便ち伊《かれ》をして参衆《さんしゅ》し去《さ》らしむ。其《そ》の沙弥《しゃみ》〔石室高沙弥〕、庫頭《くじゅう》〔庫院、厨庫〕に去《ゆ》き、〝主事〟に相看《まみ》ゆる次《おり》、……」（『祖堂集』巻4薬山章／第4章）。「師〔巌頭〕因《よ》りて便ち 階《きざはし》を下りて坐具を収め、〝主事〟に相看《まみ》えて、参堂《さんどう》す。……」（『祖堂集』巻7巌頭章／第6章）。いずれも、僧堂に入る――「参衆」「参堂」する――ために、事務局（「庫頭」）にいる〝主事〟を訪ねていって挨拶ないし手続きをしたという記述です。

また、百丈懐海《ひゃくじょうえかい》禅師の「一日不作《いちにちなさざれば》 一日不食《いちにちくらわず》」の故事の書き出しには、次のようにありました。「師〔百丈〕……凡《およ》そ日《ひび》に給し労《ろう》を執《と》るに、必ず衆《しゅ》に先んず。〝主事〟忍びず、密《ひそ》かに作具《さぐ》を収めて焉《これ》に息《やす》まんことを請《こ》う」（『祖堂集』巻14百丈章／第11章）。若者たちの先頭に立って「普請《ふしん》」「作務《さむ》」に励む高齢の老師の姿を看るに忍びず、〝主事〟がその作業道具を隠して休息を乞うたという話でした。

これらの記述から〝主事〟の職掌を具体的に知ることはできません。ただ、さきの『釈氏要覧』が挙げる「主事四院」のうち「直歳」以外は『祖堂集《そどうしゅう》』のなかに個別に見えていますので、宋代以降のように、すでにそれら管理職の総称だった可能性は充分考えられます（ただし「監寺」のことは『祖堂集』では「院主」といっています）。

なお、宋代ではそうした各種の役職者・管理職を「知事《ちじ》」と総称することがふつうになりますが、『祖堂集』でも巻6洞山良价《とうざんりょうかい》章に一度だけ「知事」の語が見えます。そして、その一例から「知事」と〝主事〟とが同義語であったことが知られます。

洞山禅師が、次のような故事を話された――

むかし塩官《えんかん》禅師の門下にひとりの僧がいた。真の仏法の存在をちゃんと心得てはいたが、「知事」を務める身であったため、未だ修行することができずにいた。寿命の尽きる時が来て、あの世の使者が迎えに来た。

僧、「それがしは〝主事〟の身であるために、未だ修行ができておりませぬ。どうか、さしあたり七日の猶予を願えますまいか？」

使者、「では、もどって冥府の王にきいてまいる。もしお許しが出れば、七日たってからまいろう。ダメなら、ただちに迎えにまいる」

使者は七日たってから、やって来た。

だが、今度は、かの僧を見つけることができなかった。

以上の話を聞いたある人が、洞山禅師におたずねした、「そのような使者がまいりましたら、どのように応じたらよろしいのでしょう？」

洞山、「ほれ、もう使者に見つかってしもうたぞ」

師挙、塩官法会有一僧、知有仏法、身為知事、未得修行。大限将至、見鬼使来取僧。僧云、「某甲身為主事、未得修行、且乞七日、得不?」鬼使云、「待某甲去白王。王若許、得七日後方始来。若不許、須臾便到」。鬼使七日後方来、覓僧不得。有人問、「他若来時、如何祇対他?」師曰、「被他覓得也」。

師挙《こ》す、塩官《えんかん》の法会《ほうえ》に一僧有り、仏法《ぶっぽう》有るを知るも、身〝知事《ちじ》〟為《た》りて、未だ修行《しゅぎょう》するを得ず。大限将《まさ》に至らんとし、鬼使《きし》の来《きた》りて僧を取らんとするを見る。僧云く、「某甲《それがし》、身〝主事《しゅじ》〟為りて、未だ修行するを得ず、且《しばら》く七日を乞う、得《よ》き不《や》?」鬼使云く、「待て某甲去《ゆ》きて王に白《もう》さん。王若《も》し許さば、七日を得て後《へ》方始《はじ》めて来らん。若し許さざれば、須臾《しゅゆ》にして便ち到らん」。鬼使七日の後に方《はじ》めて来るに、僧を覓《もと》め不得《えず》。人有りて問う、「他《かれ》若し来る時、如何《いか》にか他に祇対《こた》えん?」師曰く、「他に覓《もと》め得《え》られたり」。

「塩官」は馬祖《ばそ》の弟子の塩官斎安《えんかんさいあん》。馬祖にも、同種の話が伝えられていて、冥界の「鬼使」が「講経講論の座主」を捉えに来たが、座主が馬祖の身辺に逃れたら、鬼使からはその姿が見えなくなった、とされています(『祖堂集』巻14馬祖章/第18章で詳しく読みます)。話の筋も字句もよく似ていますが、馬祖の話のほうが格段に詳しいのに対し、逆に洞山が引く右の話では、七日の間に塩官と僧の間で何があったのかという肝心の要素が抜けています。こちらは、馬祖の話の簡略化された異伝だったと考えるのが自然でしょう。

馬祖の話を参照しつつ簡単に結論だけ言えば、僧は塩官の導きによって「生死《しょうじ》」を実体視する意識を忘れ去ることができた、だから鬼使からはその姿が見えなくなった、という趣旨だったと推測できます。しかし、その話を聞いて洞山に質問した右の僧は、その趣旨に気づかず、「生死」を実体視する意識を前提にしたまま、そこから逃れる方法を問うている――逆から言えば、そこから逃れる方法を問うということが、まさに「生死」を実体視し、それに執われていることを表していた――だからこそ、洞山から「ほれ、もうあの世の使者にみつかってしまったぞ」と、たしなめられなければならなかったのでした。ともあれ、この話から「知事」と〝主事〟が同義であったこと、そして、そうした役職を務めていると修行する間が無いと考えられていたことがうかがわれます。

院主

禅院の実務面・行政面の総責任者を唐代には〝院主《いんじゅ》〟といいました。宋代にはこれが「監寺《かんす》」「監院《かんにん》」と呼ばれるようになります（『祖堂集』でも、巻6石霜慶諸《せきそうけいしょ》章で、のちに雪峰が挙した話のなかに一度だけ「監院」の語が見えます）。

さきに引いた『釈氏要覧』の「主事四員」の条の「監寺」の箇所には「寺院主《じいんじゅ》と称せざる所以《ゆえん》は、蓋《けだ》し長老《ちょうろう》を推尊《すいそん》すればならん」と見えます。〝院主〟というとまるで一寺の主《あるじ》みたいで、真の主である「長老」（住持）に対して失礼だ、だから「院主」とは呼ばなくなったのだろうという推定です。ちなみに南宋の頃になると、寺院の運営業務の複雑多様化にともなって、「監寺」の上にさらに全体的な統括者としての「都寺《つうす》」、「監寺」の下に補佐役としての「副寺《ふうす》」が置かれ、「都寺」―「監寺」―「副寺」という体制となりました。

さて、さきほどもちょっとふれた『祖堂集』巻4薬山《やくさん》章の石室高沙弥《せきしつこうしゃみ》の話では、受戒のために都《みやこ》に向かっていた高沙弥が、薬山のふもと近くで出逢った老人から「這裏《ここ》に肉身《にくしん》の菩薩《ぼさつ》有りて出世《しゅっせ》し、兼《かね》て是れ羅漢僧《らかんそう》〝院主〟と造《な》る」、そう教えられて薬山に上ったと記されていました（第4章）。老人のいう「羅漢僧」たる〝院主〟というのは、薬山章の初めのほうに記された次の人のことでした。

薬山に住した当初、村の長老に乞うて牛小屋をもらいうけ、僧堂《そうどう》とした。ほどなく、二十人ほどの修行僧が集まった。そこへふと一人の僧が現れたので、頼んで〝院主〟になってもらった。そこからまた、しだいに四五十人ばかりの僧が集まった。手狭《てぜま》になってきたので、師にお願いして山の上に移って落ち着いていただいた。すると和尚のいる山の上のほうにも、また、しだいに修行僧たちが定住するようになっていった。……

> 師初住時、就村公乞牛欄為僧堂。住未得多時、近有二十来人。忽然有一僧来請他為院主、漸漸近有四五十人。所在迮俠〔狹〕、就後山上起小屋、請和尚去上頭安下。和尚上頭又転転師僧王〔住〕。
> ……
> 師〔薬山〕初め住せし時、村公《そんこう》に就《つ》きて牛欄《ぎゅうらん》を乞いて僧堂《そうどう》と為す。住して未《いま》だ多時を得《へ》ざるに、

> 近《ほとん》ど二十来人有り。忽然《こつねん》、一僧有りて来り、他《かれ》に請いて〝院主〟と為すに、漸漸《しだいしだい》に近ど四五十人有り。在る所迮狭《せま》ければ、後山上に就きて小屋《しょうおく》を起て、和尚に請いて上頭《うえ》に去《ゆ》きて安下《あんげ》せしむ。和尚が上頭も又た転転《しだいしだい》に師僧《しそう》住す。……

〝院主〟の名前も素性も記されていませんが、当初は牛小屋を譲り受けて造っただけだったオンボロ僧堂がその後どんどん発展していった、そこには、この〝院主〟の手腕が大いに与って力あったと言っているようです。

しかし、禅院の維持や発展のためにかくも重要な役割でありながら、なぜか、禅の語録の中では〝院主〟というと、禅が解っていない人という役回りで描かれるのが通例です。たとえば『祖堂集』巻6洞山章に見える次の問答などもその一例です。


〝院主〟が裏山の洞窟に行って来たのを見て、雲巌《うんがん》禅師がおっしゃった。

「おぬし、洞窟の中へ入って、ただ、そのままで帰ってまいったのだな？」

〝院主〟は何も答えられなかった。

そのやりとりを見て、洞山が言った。

「そこはもう他の者に占拠されておったのです」

雲巌、「それなら、行くまでもないではないか？」

洞山、「いえ、浮世の義理まで断ち切るわけにはまいりませぬ」

因雲巌問院主遊石室云、「汝去入石室裏許、莫只与摩便廻来？」院主無対。師云、「彼中已有人占了也」。巌云、「汝更去作什摩？」師云、「不可人情断絶去也」。

因《ちな》みに雲巌《うんがん》、〝院主〟の石室《せきしつ》に遊ぶに問うて云く、「汝、去《ゆ》きて石室の裏許《うち》に入る、只《た》だ与摩《かくのごと》く便ち廻《かえ》り来《きた》るに莫《あら》ずや？」〝院主〟無対《むたい》。師〔洞山〕云く、「彼中《かしこ》、已《すで》に人《ひと》有りて占《し》め了也《おわれり》」。巌〔雲巌〕云く、「汝更《さら》に去きて什摩《なに》をか作《な》す？」師云く、「人情断絶《にんじょうだんぜつ》し去《さ》る可《べ》からざるなり」。

〝院主〟が洞窟で何をしていたのか解りません。何か疾《やま》しいところのある〝院主〟を雲巌が咎めているようにも見えます。しかし、洞山はそんなことにはおかまいなく、例によって、そこに、洞窟の中の人（形而下の作用に関与せぬ形而上の本来の自己）とそこに出入りする人（作用する形而下の現実の自己）という問題を読みこもうとしています。むろん両者は不即不離の関係にある――「人情断絶」というわけにはいかない――のですが、いずれにしても、当の〝院主〟本人は、そうした禅の問題の蚊帳の外でした。

なお、前に、洞山が出家した時の因縁を読んだことがありましたが、そこには次のように記されていました。「初め村院《そんいん》の〝院主〟の処に投じて出家す。其の〝院主〟持《じ》するに任《た》えざるも、師〔洞山〕並《すべ》て欺嫌《ぎけん》の心《こころ》無し。……」（『祖堂集』巻6洞山章／第1章）。ここにいう「院主」はあくまでも「村院」

の主、すなわち田舎の小院の和尚の意で、のちに「監寺」と呼ばれるかの院主のことではありません（小庵の主を「庵主」というのと同じです）。『祖堂集』の段階では、まだ呼称や用語が充分統一されていなかったようです。

寺主

以前、百丈懐海《ひゃくじょうえかい》禅師が行脚僧《あんぎゃ》だった時、善勧寺《ぜんかんじ》というお寺に行ってお経を見せてもらおうとした話を読みました。最初、そこの〝寺主《じしゅ》〟から「禅僧は、衣服《えぶく》、浄潔《じょうけつ》なるを得ず、恐《お》らくは経典《きょうてん》を汚《けが》し却《さ》らん」、そう言ってことわられたという話でした（『祖堂集』巻14百丈章／第8章）。その〝寺主〟が後に大雄山《だいゆうざん》（百丈山）を訪ねてきて、問答のすえ、百丈懐海禅師に弟子入りし、「第二百丈」こと百丈涅槃《ひゃくじょうねはん》和尚となったというお話でしたが、では〝寺主〟とはどのような役目の人だったのでしょうか？

宋の『祖庭事苑《そていじえん》』巻8雑誌「監寺」の条は〝寺主〟とは今の「監寺」のこととし（『禅林象器箋』第七類・職位門「監寺」条）、その記述は元の『敕修百丈清規《ちょくしゅうひゃくじょうしんぎ》』巻4東序《とうじょ》・知事「都監寺《つかんす》」の条にも引き継がれています。〝寺主〟を「監寺」（「院主」）のこととするこの説明は『祖堂集』巻5雲巌章の次の問答などには、ひとまず、あてはまりそうです。

住持の雲巌が掃きそうじをしているのを見て〝寺主〟がいう。

「何も老師おん自ら、そうアクセクなさらずとも」

雲巌、「いや、ちゃんと一人、アクセクせぬ者がおるよ」

〝寺主〟「どこに、そのような、もう一つの月がございましょう」

そこで雲巌はもっていた箒《ほうき》をサッと立てて問うた。

「しからば、これは幾つめの月か？」

〝寺主〟は何も答えられなかった。

> 師掃地次、叫〔叶〕寺主問師、「何得自駈駈？」師曰、「有一人不駈駈」。寺主曰、「何処有第二月？」師竪起掃帚云、「這箇是第幾月？」寺主無対。
>
> 師〔雲巌〕地《ち》を掃《は》く次《おり》、叶《きょう》〝寺主〟師に問う、「何《なん》ぞ自ら駈駈《くく》たるを得ん？」師曰く、「一人《いちにん》有りて駈駈たらず」。寺主曰く、「何処《いずく》にか第二月《だいにげつ》有る？」師、掃箒《ほうき》を竪起《たて》て云く、「這箇《これ》は是れ第幾《だいいく》月《げつ》ぞ？」〝寺主〟無対《むたい》。

雲巌のいう「一人《いちにん》」は、くだんの本来の自己（「渠」）を暗示しています。現実の生身の自己（「我」）はこうして掃きそうじをしている。だが、そこには、そうした形而下の作用とは連動せぬ形而上の本来の自己（「渠」）が同時に存在している、というのです。それに対して〝寺主〟がいった「第二月」は、ほんものの月のほかに見える、もう一つの月の幻影という譬喩で（『円覚経』『首楞厳経』。『夢中問答集』下［六七］参照）、いま一人の自己などとは虚妄な観念の所産に過ぎぬという反論です。そこで雲巌が、持っていた箒をサッと立て、さあ、このわしは本物の月か、もう一つの月か――二にして一、一にして二、という両者の不即不離の関係をどう看て取るか――と詰問し返したら〝寺主〟はグウの音も無かった、というわけです。

同じ問答が巻12荷玉《かぎょく》和尚章にも収録されていますが、そこでは寺主の名が「協寺主」と書かれています（「協」と「叶」は音義ともに通ず）。他の文献で〝寺主〟が何か別の職名で書かれていれば手がかりになるかも知れないのですが、後世、この問答の相手は、「潙山」（『景徳伝灯録』巻14雲巌章）または「道吾」（『雲門広録』中、大慧『正法眼蔵』巻3上、『従容録』第21則ほか）と、固有名で記されるようになります。結局〝寺主〟がどういう人であるのか、ここからは判断できません。しかし、これを〝院主〟のことと解しても、特に違和感は無いでしょう。

しかし、さきほどふれた馬祖と「鬼使」の話は、こう書き出されています。「洪州《こうしゅう》の城《まち》の大安〝寺主〟有り、経を講じ論を講ず。〝座主《ざす》〟只観《ひたす》ら馬祖を誹謗《ひぼう》す……」。このあと、その話のなかで、この人のことはずっと〝寺主〟と書かれてゆくのですが、この一文が書き間違いでなければ、〝寺主〟は経論を講ずる〝座主〟が務めていたことになります（第18章、参照）。確かに百丈の話でも、善勧寺の〝寺主〟（のちの百丈涅槃和尚）が百丈禅師の弟子となった経緯は次のようなものでした（第8章）。

訪ねて来た〝寺主〟に、百丈は一つご教示を仰ぎたき問題があると言って無理に「座」に昇らせます。そして、問いました。「正に講ずる時は作摩生《いかん》？」 さらにこうも問いました。「経典にいわく〝了了《りょうりょう》として仏性《ぶっしょう》を見れば、猶《なお》お文殊《もんじゅ》の如《ごと》くに等《ひと》し〟（『大般涅槃経集解』巻44）。了了と仏性を見れば仏と等しいはずなのに、なにゆえ文殊と等しいとされるのか？」

これらの問題に答えられず〝寺主〟は改宗して百丈の弟子となったという話でしたが、「座」に昇って「講ずる」ことの意義を問われ、さらに経典の句についての論難を受けるというこのやりとりは、〝寺主〟が〝院主〟でなく、講座で経論の講義をする高位の学僧のことだと考えなければ、ひじょうに不自然なものとなってしまいます。そもそも、その〝寺主〟は、当初、禅僧は衣服が汚いから経典を見せたくないと言った人でした。

按ずるに、唐代以前の中世の仏教界では、寺院の指導・統轄は「三綱《さんこう》」と呼ばれる首脳部三者の集団指導体制によって行われていました。「三綱」の内訳についてはいくつか説がありますが、「上座《じょうざ》」「寺主《じしゅ》」「都維那《つぃな》」を挙げるのが一般的で、いずれも学徳兼備の高僧が選ばれてその任に当たっていました。それぞれの職掌は、ごく大まかにいって、「上座」はその寺全体の代表者・指導者、「寺主」は主に対外面・行政面の責任者、「都維那」は寺内の実務の責任者といったところだったようですが、実際には時代や寺院によってかなり違いがあったようです（詳しくは、道端良秀『唐代仏教史の研究』第一章・第四節「一、寺院僧尼の統制機関（一）三綱」参照。法蔵館、一九五七年、頁九五）。いっぽう、唐代に興起した禅宗では、「禅門規式」に見られたように、一人の住持（「長老」）が一元的に寺院を統轄する「住持」制が採られ、宋代以降、近世の仏教界では、こちらの体制が主流になっていきます（謝重光・白文固『中国僧官制度史』青海人民出版社、一九九〇年、頁一七五）。『祖堂集』の断片的な記述だけでは何とも言えませんが、少なくとも、ここで看た二つの話の〝寺主〟が、禅宗独自の「住持」制下における〝寺主〟（＝「院主」「監寺」）よりも、むしろ伝統的な「三綱」制のなかの〝寺主〟を指すと看るほうが自然であることは確かでしょう。さきの「院主」の場合もそうでしたが、『祖堂集』では用語や呼称の不統一が少なくなく、それが解読の障礙の一つになっており、しかし、それとひきかえに、中世の仏教から近世の仏教への過渡的な様相をとどめていることが『祖堂集』の貴重な点ともなっているのでした。

第13章　いろいろな職務（2）——維那

修行僧の罪と罰——徳山・紫胡

前章では、「主事《しゅじ》」という役職のことを看てみました。『祖堂集《そどうしゅう》』の例から、それが上位の役職者の総称であり、「知事《ちじ》」と同義語であることは確かめられました。しかし、その内実は明らかではありませんでした。宋《そう》代の『釈氏要覧《しゃくしようらん》』（巻下・住持「主事四員」条）では、「主事」の内訳として、一「監寺《かんす》」、二「維那《いの》」、三「典座《てんぞ》」、四「直歳《しっすい》」という四種の役職が挙げられていますが、『祖堂集』の段階でもすでにこうだったかどうかは解りません。

ただ、宋代のように組織だっていたか否かは別として、「直歳」以外の三職は『祖堂集』にも個別には見えています。「監寺」は「監院《かんにん》」ともいい、寺院運営の実務面・行政面の総責任者で、唐代には「院主《いんじゅ》」と呼ばれていました。これは前章で看たとおりです。

次の〝維那〟は、綱紀を維持する職。時代ははるかに下りますが、元《げん》の『敕修百丈清規《ちょくしゅうひゃくじょうしんぎ》』両序《りょうじょ》章・維那条にこうあります。「衆僧《しゅそう》を綱維《こうい》し、曲《つぶ》さに調摂《ちょうせつ》を尽《つ》くす。堂僧《どうそう》の掛搭《かとう》には、度牒《どちょう》の真偽《しんぎ》を弁《べん》じ、衆《しゅ》に争競《そうきょう》・遺失《いしつ》有らば、為《ため》に弁析《べんしゃく》して和会《わえ》す。……」。修行僧たちの規律を保ち、事細かに院内の調和をはかる。新到の僧の入門に当たっては僧としての身分証をあらため、僧たちの間に争いや過失があれば、事を分けて是非を正し調停する、と。〝維那〟が新到僧の加入――「参衆《さんしゅ》」「参堂《さんどう》」――の実務を所管していたことは、『祖堂集』巻5徳山《とくさん》章の次の問答からもうかがわれます。

徳山、「〝維那〟よ、今日は新到が何人まいった？」
維那、「八人です」
徳山、「よし、みな一度につれてまいれ！　わしがその罪過を確かめてやろう」

> 師問曰、「維那、今日幾箇新到？」　対曰、「有八箇」。師曰、「一時令来、生案過却」。
> 師〔徳山〕問うて曰く、「維那、今日、幾箇《いくたり》の新到ぞ？」　対《こた》えて曰く、「八箇有り」。師曰く、「一時に来らしめよ、生案過却せん」。

〝維那〟が新到僧の受け入れを管理し、また僧の不正を取り締まる役目でもあったことを前提とした問答です。「生案過却」の字義はよく解りませんが、『景徳伝灯録《けいとくでんとうろく》』巻15徳山章では最後の一句が「将《ひ》き来《きた》れ！　一時に生案著せん」と記されており、禅文化研究所『景徳伝灯録五』の注はこれを「罪過を立件する」意と推定しています（頁四五五）。ここもおそらくそうだと思われますが、さて、そうだとすると、ただ行脚して来ただけの新到僧たちに何の罪が有ったというのでしょうか？

『祖堂集』巻18紫胡《しこ》和尚章にも、〝維那〟の語が出てくる次のような問答が見えます。


紫胡和尚が夜中に叫びだした。

「ドロボウだ！　ドロボウだ！」

その声を聞いて、修行僧たちが駆け出てきた。

紫胡は僧堂の裏手で鉢合わせた一人の僧の胸倉を締め上げながら、さらに叫ぶ。

「つかまえたぞ！　つかまえたぞ！　さあ〝維那〟を呼んでまいれ！」

僧、「ドロボウではありません。それがしです」

紫胡、「いや、おまえこそ正にドロボウだ。自分でそれを認めておらぬだけだ」


師於半夜時叫喚、「賊也！　賊也！」大衆皆走。師於僧堂後遇一僧、攔胸把住、叫云、「捉得也！　捉得也！　喚維那来！」僧云、「不是賊、某甲」。師云、「你正是賊。只是你不肯承当」。

師〔紫胡〕半夜《はんや》の時に於て叫喚《きょうかん》す、「賊《ぞく》なり！　賊《ぞく》なり！」大衆《だいしゅ》皆な走る。師、僧堂の後に於て一僧に遇うや、攔胸《らんきょう》に把住《はじゅう》して、叫びて云く、「捉得《とらえた》り！　捉得《とらえた》り！　維那を喚《よ》び来《きた》れ！」僧云く、

「賊《ぞく》に不是《あら》ず、某甲《それがし》なり」。師云く、「你《なんじ》正に是れ賊なり。只《ただ》だ是《こ》れ你承当《じょうとう》するを肯《がえん》ぜざるのみ」。

ここにも〝維那〟が罪過を取り締まる役目であったことが反映されています。ドロボウを捕まえたら、まっさきに呼ぶべき人が〝維那〟だったのです。

しかし、罪過を犯した者を〝維那〟が取り締まるのは当然のこととして、さきほどの徳山門下の八人の新到僧や、右の話でたまたま紫胡和尚と出くわしただけのこの僧に、いったい何の罪過が有ったというのでしょう？　あまりにも理不尽な言いがかりではないでしょうか？

忙忙たる業識――仰山慧寂

結論から言えば、本来仏である活き身の自己を自覚することなく、ぼーっと生きている、そこに彼らの罪があったのでした。『祖堂集』巻18仰山《きょうざん》章に、師の潙山《いさん》との次のような問答が見えます。

潙山が問う、「〝一切衆生《いっさいしゅじょう》には、茫々《ぼうぼう》たる業識《ごっしき》のみ有って、拠《よ》るべき根本が無い〟。この事について人から問われたら、お前はどう答えるか？」

すると仰山は、いきなり、近くにいた僧の名を呼んだ。

僧、「ハイ」

仰山、「何だ？」

僧、「わかりません」

仰山、「おまえにも拠るべき根本が無い。茫々たる業識だけでの話ではない」

潙山はこれを聞いて感嘆した。「うむ、師子《しし》の乳《ちち》一滴でロバの乳六斛《ろっこく》を吹き飛ばすとは、正にこのことだ！」

> 潙山又云、「忽有人問〝一切衆生、但有忙忙業識、無本可拠〟汝云何答？」仰山〈云〉驀呼於学人名、学人応諾。仰山問、「是什摩物？」学人答云、「不会」。仰云、「汝亦無本可拠、非但忙忙業識」。潙山云、「此是師子一滴乳、六斛驢乳一時迸散」。
>
> 潙山又た云く、「忽《も》し人有り〝一切衆生は但《た》だ忙忙《ぼうぼう》〔茫々〕たる業識《ごっしき》のみ有りて、本《もと》の拠《よ》る可《べ》き無《な》し〟と問わば、汝、云何《いか》にか答えん？」仰山、驀《だしぬけ》に学人《がくにん》の名を呼ぶ。学人応諾《おうだく》す。仰山問く、「是れ什摩物《なにもの》ぞ？」学人答えて云く、「会《え》せず」。仰云く、「汝亦《ま》た本の拠る可き無し、但《ただ》に忙忙たる業識のみに非ず」。潙山云く、「此は是れ師子《しし》の一滴の乳にて、六斛《こく》の乳、一時に迸散《とびち》れるなり」。

「一切衆生は但《た》だ忙忙《ぼうぼう》〔茫々〕たる業識《ごっしき》のみ有りて、本《もと》の拠《よ》る可《べ》き無《な》し」。同様の句は『祖堂集』南陽慧忠《なんようえちゅう》章や『景徳伝灯録』玄沙《げんしゃ》章にも見えます。「すべての衆生は埒《らち》もなく広がる迷妄の意識におおわれて、依拠すべき根本をもっていない」、人からこの問題について問われたら、お前はそれをどう検証するか？　師の潙山からそう問われた仰山は、たまたま近くにいた僧の名をだしぬけに呼びました。「ナニナニ！」僧はとっさに「ハイ！」と応えます。そこで仰山は問いました。「是れ什麽物《なにもの》ぞ？」今こうしてハイと応えた物は何なのか？

一見、唐突で不可解なやりとりですが、実は唐《とう》の馬祖《ばそ》系の禅者によってしばしばなされた問答です。いきなり呼ばれて、思わずハイと応える（応諾）、あるいは思わずふりかえる（廻首）、その活きたはたらきに仏性があまさず全現している、そこに自ら気づけ、という趣旨です。見やすい例を一つだけ挙げておきましょう。馬祖の弟子紫玉《しぎょく》和尚と政府の高官であった于迪《うてき》という在俗の参禅者との問答です。


又た問う、「如何《いか》なるか是れ仏？」

師〔紫玉〕「于迪」と喚《よ》ぶ。

相公《しょうこう》〔于迪〕応諾す。

師云く、「更《さら》に別《べつ》に求《もと》むる莫《なか》れ」。

相公言下《ごんか》に大悟《たいご》し、便ち礼《らい》して師と為す。

（『祖堂集』巻14紫玉和尚章、「又問、〝如何是仏？〟師喚〝于迪〟、相公応諾。師云、〝更莫別求〟。相公言下大悟、便礼為師」）


名を呼ばれて、とっさに「応諾」、ハイと応える。その活きたはたらきこそが「仏」である。それ以外のところに「仏」を求めてはなりませぬ。そう言われて于迪が悟ったという話です。ただし、後にこの話を伝え聞いた薬山《やくさん》は、これを批判して言いました。そこで紫玉は「是《こ》れ什摩《なん》ぞ？」そう問うべきであったのだ、と（『祖堂集』巻4薬山章）。「別に求めてはなりませぬ」という紫玉の語では、すでに過ぎ去ったものへの後追いの説明になっている。「ハイ」と応える活きたはたらき、それをその瞬間、活きたまま本人に体感させねばならぬ、というのでしょう。同様の問答は他にも枚挙にいとまありません（小川『語録のことば』八「呼時歴歴応」参照）。

仰山の話にもどります。仰山もハイと応えた僧に「是れ什摩物《なにもの》ぞ？」と鋭く切り込みました。しかし、僧にはその趣旨がわかりません。そこで仰山はこれこそが「但だ忙忙（茫々）たる業識のみ有りて、本の拠る可き無」き衆生の姿だと言い、潙山がそれに舌を巻いたという話です。「獅子の乳はただ一滴で、六斛の（驢馬の）乳を吹き飛ばす」、潙山が語ったこの感嘆の語は、わずか一滴の菩提心《ぼだいしん》が大海のごとき無量劫の業煩悩《ごうぼんのう》を一変せしめるという喩えで、『華厳経《けごんきょう》』に基づいています（禅文化研究所『景徳伝灯録三』頁一八七注、参照）。

この話で仰山は「忙忙（茫々）たる業識」の他に別に「拠る可き本」が有るのではない、有るのは衆生自身の活きた身心のはたらき——たとえば「応諾」——のみであり、それを仏性として自覚すれば「拠る可き本」であり、自覚しなければ「忙忙（茫々）たる業識」に過ぎぬ、というのでしょう。その趣旨を、かつて馬祖が次のように説いています。「即心是仏《そくしんぜぶつ》」の意味が「了《わか》らない」と訴えた汾州無業《ふんしゅうむごう》への説示です。

即《ほかなら》ぬ汝《なんじ》の了《りょう》ぜざる所の心〔了《わか》らないというこの「心」〕こそ即ち是れ〔＝「仏」〕なり、更に別《べつ》の物《もの》無し。了ぜざる時は即ち是れ迷い、了ぜる時は即ち是れ悟り。迷わば即ち是れ衆生、悟れば即ち是れ仏道《ぶつどう》なり。衆生を離れて別に更に仏《ほとけ》有るにはあらざるなり。亦た手《て》の拳《こぶし》と作《な》り、拳の手と作るが如し。(『祖堂集』巻15汾州章、「即汝所不了心即是、更無別物。不了時即是迷、了時即是悟。迷即是衆生、悟即是仏道。不離衆生別更有仏也。亦如手作拳、拳作手也」)

ほかならぬ、その了《わか》らぬという心、それがまさしく仏なのだ。その他に何かが有るのではない。了らぬのが迷い、了るのが悟り。迷えば衆生、悟れば仏である。衆生を離れて別に仏が有るのではない。それはまた、手が拳となり、拳が手となるようなものでもある。

見成公案――睦州道蹤

ここから翻って考えれば、徳山門下の八人の新到僧、僧堂の裏で紫胡和尚と鉢合わせした僧、いずれも本来「仏」である活き身の自己を自覚することなく「業識忙忙〔茫々〕」のまま生きている――仏性を盗むドロボウ同然でありながら、自らそれを認めていない――そんな衆生の実例として、師に告発されたのでした。むろん徳山も紫胡も、彼らにほんとうに濡れ衣を着せて罰しようとしたわけではありません。仰山に名を呼ばれた僧と同様、彼らはただ、たまたまその場に居合わせたというだけで、みなに自覚を迫るためのいわば戯画的な反面教材にされてしまったのでした。

陳尊宿《ちんそんしゅく》こと睦州道蹤《ぼくじゅうどうしょう》の有名な「見成《げんじょう》〔現成〕公案《こうあん》」の問答も、以上の例とあわせて考えることができそうです。『景徳伝灯録』巻12陳尊宿に見える次のような話です（禅文化研究所『景徳伝灯録四』頁三七三、参照）。

睦州禅師は新到の僧がやって来たのを目にしていました。

「〝見成公案〟、三十棒の厳罰ものだ！」

僧、「それがしは、ただ、ありのままにしておるだけです」

睦州、「ならば、なぜ三門《さんもん》の金剛力士《こんごうりきし》像は拳《こぶし》を振り上げておる？」

「金剛力士とて、ありのままにしておるまでです」

睦州はすかさず僧を打ちすえた。

> 師見僧来云、「見成公案、放汝三十棒！」僧云、「某甲如是」。師云、「三門金剛為什麼挙拳？」僧云、「金剛尚乃如是」。師便打。
>
> 師〔睦州〕僧の来《きた》るを見て云く、「見成公案《げんじょうこうあん》、汝《なんじ》に三十棒を放《ゆる》す！」僧云く、「某甲《それがし》は如是《かくのごと》くなり」。師云く、「三門《さんもん》の金剛《こんごう》、為什麼《なにゆえ》にか拳《こぶし》を挙《あ》ぐ？」僧云く、「金剛すら尚乃《な》お如是し」。師便ち打つ。

睦州は黄檗《おうばく》禅師の法嗣《はっす》（馬祖―百丈―黄檗―睦州）。俗姓にちなんで「陳尊宿」と称され、また草鞋を作ってひそかに道行く人々に供養したという故事から「陳蒲鞋《ちんほあい》」とも呼ばれた人です。

その睦州が、ある日、新しい行脚僧の到来を目にとめるや、だしぬけに決めつけました。――

見成公案《げんじょうこうあん》、汝《なんじ》に三十棒を放《ゆる》す！

「見成公案」は「現成公案」とも書かれます。この語は往々、書物に書かれたいわゆる公案（古則公案、話頭）でなく、目前の現実こそが参究すべき真の公案、現実の諸相こそがかくれもなき真実の現前にほかならぬ、そんな意に解されています。しかし、この解釈は宋代禅で多用されるようになった禅語としての「公案」の語義をあてはめたものであって、それが唐の睦州の問答に該当するか甚だ疑問です。

「公案」の語は、もともと役所の公文書（この用語法は唐代にもすでに例があります）、あるいはその文書に書かれた決着すべき事件・事案・案件のことで（譚燿炬『三言二拍語言研究』巴蜀書社、二〇〇五年、頁一二四）、それが一般の語彙としては頭の痛い難題の意、宋代の禅語としては、参究の課題として修行者に与えられる先人の問答の記録の意に転用されていったのでした。

ここで手がかりとしようとするのは、さらに大きく時代が下った明代《みん》の例ですが、「陳御史巧勘金《ちんぎょしこうかんきん》釵細《ささい》（陳御史、巧《たく》みに金《きん》の釵細《かんざし》を勘《とりさば》くこと）」という小説に、次のような句が見えます。「公案見成せば翻《くつがえ》る者少《まれ》なり、盆《ぼん》を覆《ふ》すれば何処《いずれのところ》にか冤《ぬれぎぬ》を含まざる。――公案見成翻者少、覆盆何処不冤含」（『喩世明言』巻2、『今古奇観』巻24／『三言二拍語言研究』頁一二四、参照）。裁判に関する物語のなかの詩の一句で、いったん判決が定まればくつがえることは稀であり、真実が覆われたところでは常に冤罪が避け難い、という意味です（駒田信二・立間祥介『今古奇観・下』の訳は「一度きまれば動かしがたく、晴らせぬ濡れ衣くやしかろ」。平凡社・中国古典文学大系38、一九七三年、頁五二下)。

ここから推せば「見成〔現成〕公案」の「公案」は、公文書、具体的には犯罪に対する調書や判決文のようなもののことであり、それが「見《げん》に成《できあ》がっている」とは、罪状確定・判決確定の意と推測できます。あまりにも後代の例であり、しかも例証を一つしか挙げられないところが不安ですが、しかし、こう考えれば、睦州の右の問答はさきに見たいくつかの問答と同じ趣旨に解することができそうです。

新到の行脚僧は、何の罪を犯したわけでもない。ただ、てくてくと行脚の歩みを進めて、ここに辿り着いただけです。僧自身に言わせれば、それは「如是《ありのまま》」の自然な姿に過ぎず、むしろそのまま肯われるべきものでしょう。しかし、睦州からすれば、僧はそのように歩いておりながら、現に歩いている当の我が身のはたらきをまるで自覚していない、その姿がそのまま「三十棒」に処すべき現行犯――「見成公案」――にほかならぬ、というのです。「汝《なんじ》に三十棒を放《ゆる》す――放汝三十棒」は、実際に打つことは免じてやるが、本来なら罰棒三十に当たる大罪だという、激しく厳しい叱責です。しかし、僧は自らの身の上のことばかりか、金剛力士の姿までをもただの「如是《ありのまま》」に過ぎぬとかたづけて、睦州に容赦なく打たれてしまったのでした。

『景徳伝灯録』同章には、これと同様、睦州が行脚僧を唐突に――僧の側からすれば、言われもなく――ただちに断罪するという問答が多数見られます。ここには〝維那〟の語が見える一例のみ挙げますが、他のものもほぼ同趣旨に解せると思います(禅文化研究所『景徳伝灯録四』頁三六五、参照)。

「わしがここに住持してから、真に〝無事《ありのまま》〟でいる者が一人もやって来たことがない。おぬしら、近前《ちこうよ》らぬか」

そこで一人の僧がツッと近前《すすみで》たところへ、師はいきなり、

「〝維那〟が不在じゃ。自分で自分を三門の外へ引っ立てて、二十棒を下せ！」

「それがしのドコが、それほどの罪だったのでしょうか？」

「やれやれ、首枷《くびかせ》の上に手枷《てかせ》まではめておる」

> 師又曰、「老僧在此住持、不曽見箇無事人到来。汝等何不近前？」時有一僧方近前、師云、「維那不在、汝自領出去三門外与二十棒！」僧云、「某甲過在什麼処？」師云、「枷上更著杻」。
>
> 師又た曰く、「老僧《われ》、此《ここ》に住持してより、曽《かつ》て箇《ひとり》の無事《ぶじ》の人の到来するを見ず。汝等《なんじら》、何《なん》ぞ近前《きんぜん》せざる？」時に一僧《いっそう》有り方《まさ》に近前せるに、師云く、「維那《いのう》不在なり、汝自《みずか》ら領《ひ》きて三門外に去《ゆ》き、二十棒を与えよ」。僧云く、「某甲《それがし》、過《とが》、什麼処《いずく》にか在る？」師云く、「枷《くびかせ》の上に更に杻《てかせ》を著《つ》く」。

「近前」（呼ばれて前に進む）は、さきほどふれた「応諾」（呼ばれてとっさにハイと応える）や「廻首」（呼ばれてハッとふりむく）などとともに、仏性の活きたはたらきの代表とされるものです。たとえば、馬祖と泐潭法会《ろくたんほうえ》の次のような問答が伝わっています。

泐潭法会《ろくたんほうえ》禅師、馬祖に問うて云く、「如何《いか》なるか是れ西来《せいらい》の祖師《そし》の意《い》？」
祖曰く、「低声《ていせい》！ 近前し来れ」。
師〔法会〕便ち近前するや、祖打つこと一摑《いっかく》し、云く、「六耳 謀《はかりごと》を同《とも》にせず、来日《あす》来れ」。
……

（『景徳伝灯録』巻6泐潭法会章、「洪州泐潭法会禅師問馬祖、〝如何是西来祖師意？〟祖曰、〝低声！近前来〟。師便近前、祖打一摑、云〝六耳不同謀。来日来〟。……」。『馬祖の語録』頁五七、参照）

話はまだつづきますが、今は省きます。「祖師西来意《そしせいらいい》」（達摩が西からやって来た意味）を問う法会に、馬祖は秘密めかして言います。「しーっ！ 声が高い。もっとこちらへ（近前来）」。そこで法会がツッと近づくと（近前）、馬祖は正面からいきなりガツンとゲンコツを喰らわせました。「六つの耳で密談をなしてはならぬ。明日、出直して来い」。三人でやれば必ず洩れる、秘密は二人だけで守らねばならぬ、というのです。

「近前来」と聞けば、思わず体がスッと前に出る。そこには己れの仏性が活き活きとはたらき出ている。祖師達摩が西来したのは、その事実を直指《じきし》するために外ならぬ。それは隠れもない事実でありながら、第三者とは共有不可能な、自ら知り自ら受用するほかないもの、いわば汝と達摩二人だけの秘密である。馬祖の強烈なゲンコツは、そのことを我が身に徹してしかと痛感せよとの示唆でした（小川『語録のことば』九「近前来」参照）。

睦州が言おうとしているのも、同じ事です。「近前れ《ちこうよ》」と言われてスッと体が前に出る、それに自、ら気づかぬでは、まさに「一切衆生は但《た》だ忙忙《ぼうぼう》〔茫々〕たる業識《ごっしき》のみ有りて、本《もと》の拠《よ》る可《べ》き無《な》し」と言うほかない。本来なら「維那」の手で二十棒の罰を与えられるべき「見成公案」の現行犯だが、あいにく「維那」は不在である。「維那」に代って、せいぜい自分で自分をしたたかに打ち据えて罰するがよい。

一見、謂れのない叱責のようですが、しかし、そこには、今の「近前」のはたらきを自覚することこそが真の「無事《ありのまま》」なのだという示唆が含意されています。しかし、僧はそのことに気づかぬまま、なおも他人事のように、ドコが悪かったのかなどと問います。これでは己れのせっかくの活きたはたらきを二重に無視する罪を犯している——首枷の上に手枷までハメている——ことになるではないか、睦州はため息まじりに、そうたしなめているのでした。

第14章　いろいろな職務（3）——典座・十務

典座

禅院の行政面の管理職である「院主《いんじゅ》」（のちの「監寺《かんす》」「監院《かんいん》」）や「維那《いの》」について看てきました。今回はつづけて「典座《てんぞ》」の話を看てみます。「典座」は「典座の職は大衆《だいしゅ》の斎粥《さいしゅく》を主《つかさど》る」（『禅苑清規』巻3）と定義されるように、僧たちの食事を所管する役目です。『祖堂集《そどうしゅう》』にも「典座」が出てくる問答がいくつかありますが、ここでは一例だけ挙げてみます。百丈《ひゃくじょう》が若き日に馬祖《ばそ》の下で典座を務めていた時の、ちょっと不思議なお話です。巻14馬祖章に記録されています（『馬祖の語録』頁一三〇）。

ある日、昼食ののち、ひとりの僧がふらりとやって来た。

彼は威儀《いぎ》を整えるとすぐ法堂《はっとう》に上り、馬祖に相見《しょうけん》の礼をなした。

馬祖、「昨晩は、どちらにおった?」

僧、「この山のふもとにおりました」

「飯は食うたのか?」

「いえ、まだ食べておりません」

「庫裏《くり》に行って、何か食わせてもらえ」

僧はハイと答えると庫裏に行った。

その時、百丈が典座を務めていた。百丈は自分の飯を分けて彼に供養《くよう》してやった。

彼は食い終わると、そのままどこかへ去っていった。

百丈が法堂に上ると、馬祖が問うた。

「さきほど、まだ飯を食うておらぬという僧がおったが、供養してやったのか?」

「はい、供養いたしました」

「うむ、おぬしは将来、たいそうな福徳の人となるであろう」

「なぜでございましょう?」

「あの僧が辟支仏《びゃくしぶつ》であったからだ」

「ならば、ふつうの人間である和尚さまが、なぜ、聖者である辟支仏の礼拝を受けられたのでしょうか?」

馬祖は言った。

「神通変化《じんづうへんげ》は確かにできよう。だが、一句でも〝仏法〟を説くとなれば、彼はこのわしに及ばぬのだ」

有一日斎後、忽然有一箇僧来、具威儀、便上法堂参師。師問、「昨夜在什摩処?」対曰、「在山下」。師曰、「喫飯也未?」対曰、「未喫飯」。師曰、「去庫頭、覓喫飯」。其僧応喏、便去庫頭。当時百丈造典座、却自箇分飯与他供養。其僧喫飯了、便去。百丈上法堂、師問、「適来有一箇僧未得喫飯、汝供養得摩?」対曰、「供養了」。師曰、「汝向後無量大福徳人」。対曰、「和尚作摩生与摩説?」師曰、「此是辟支弗〔仏〕僧、所以与摩説」。進問、「和尚是凡人、作摩生受他辟支弗〔仏〕礼?」師云、「神通変化則得、若是説一句仏法、他不如老僧」。

有る一日、斎後《さいご》、忽然《ふ》と一箇《ひとり》の僧《そう》有りて来り、威儀《いぎ》を具《そな》え、便ち法堂《はっとう》に上《のぼ》り師〔馬祖〕に参ず。師問う、「昨夜、什摩《いず》処《く》にか在りし?」対《こた》えて曰く、「山《やま》の下《ふもと》に在り」。師曰く、「飯《めし》を喫《くら》えり也《や》未?」対えて曰く、「未《いま》だ飯を喫わず」。師曰く、「庫頭《くとう》に去《ゆ》き、飯を喫うを覓《もと》めよ」。其の僧応《おう》喏《だく》し、便ち庫頭に去く。当時、百丈《ひゃくじょう》、典座《てんぞ》と造《な》るも、却って自《みずか》ら飯を分ちて他《かれ》に供養《くよう》す。其の僧、飯を喫い了《おわ》るや、便ち去る。百丈、法堂に上るに、師問う、「適来《さきほど》、一箇の僧有り、未だ飯を喫うを得ず、汝《なんじ》、供養し得たる摩《や》?」対えて曰く、「供養し了れり」。師曰く、「汝、向後《こののち》、無量《むりょう》の大福《だいふく》徳《とく》の人ならん」。対えて曰く、「和尚、作摩生《いかで》か与摩《かくのごと》く説《い》う?」師曰く、「此れは是れ辟支仏《びゃくしぶつ》の僧、所以《ゆえ》に与摩《かくのごと》く説《い》えり」。進みて問う、「和尚は是れ凡人《ぼんじん》なるに、作摩生か他《か》の辟支仏の礼を受く?」

師云く、「神通変化《じんづうへんげ》は則ち得たるも、若《も》是し一句の仏法を説かば、他《かれ》は老僧《わし》に如《し》かざるなり」。

どこからともなく現れ、どこへともなく去って行った謎の僧。その正体は実は「辟支仏」（縁覚・独覚）、すなわち無師独悟で道を悟り、それを人に伝えることなく一人で道を享受する聖者だったのでした。そうとも知らず百丈は、自分の分の食事を譲って、その僧に供養しました。原文では「当時、百丈《ひゃくじょう》、典座《てんぞ》と造《な》るも、却って自箇《みずか》ら飯を分ちて他《かれ》に供養《くよう》す」と記されています。典座ならば当然、職権によって公共の食物のなかから一人分ぐらいは都合することもできたであろうに、そうはせず「却って」自分の分の食事を僧に供養した、ということでしょう。そうした無私の心で聖なる「辟支仏」を供養した百丈は、はからずも大いに功徳を積んだわけですが、馬祖からその正体を告げられた百丈には、また新たな疑問が生じました。ならば、聖なる「辟支仏」が、どうしてふつうの生身の人間——「凡人」——であるウチの和尚など礼拝したのか？　馬祖は言いました、彼は神通変化ならお手のものであろう。だが、ただ一句なりとも真実の「仏法」を説くとなれば、かの「辟支仏」もこのわしに及ばぬのだ、と。

この話には大事な趣旨が二つ含まれています。一つは禅が超越的・神秘的なものを目指す宗教でなく、あくまでも生身のふつうの人間——「凡人」——を離れないということ。前の方で百丈幼少期の出家の因縁を読んだことがありました。寺で初めて仏像を見、母親にこれが仏さまというものだよと教えられた幼き百丈は、こう言って出家し、のち馬祖の弟子となったのでした、「形容《すがたかたち》人に似《に》、我れに異《こと》ならず。後亦《ま》た当《まさ》に焉《これ》に作《な》るべし」と（『祖堂集』巻14百丈章／第1章）。

この話のもう一つの大事な趣旨は、禅が自ら道を得て終るものではなく、必ずそれを一言なりとも他者に説き伝えるべきものだということです。「辟支仏」（縁覚・独覚）は自らが聖なる道を得るだけで、それを人に伝えようとはしません。「若是《も》し一句の仏法を説かば、他《かれ》は老僧《わし》に如《し》かざるなり」、馬祖のこの言葉は、自分の得ている「仏法」がかの「辟支仏」より上だと言っているのではなく、それを一句なりとも他者に「説く」という一点において、自分は彼に勝ると言っているのでした。

十務

ここまで看てきた「院主《いんじゅ》」「維那《いの》」「典座《てんぞ》」などの要職を総称して「主事《しゅじ》」「知事《ちじ》」と言ったのではないかと思われますが、これら上位の管理職のほかにも、禅院にはさらに種々の役位・職務がありました。この間、たびたび参照してきた「禅門規式《ぜんもんきしき》」（『景徳伝灯録』巻6百丈章）に、次のように見えます。

寺内に十の部署「十務《じゅうむ》」を設けてそれを「寮舎《りょうしゃ》」とよぶ。それぞれに責任者を一人置き、大勢の仕事を管理し、それぞれの係を主管させる（たとえば飯を主管する者を「飯頭《はんじゅう》」、おかずを主管する者を「菜頭《さいじゅう》」という如くで、他はみなこの例にしたがう）。

> 置十務謂之寮舎。毎用首領一人管多人営事、令各司其局也（主飯者目為飯頭。主菜者目為菜頭。

他皆倣此)。

「十務《じゅうむ》」を置きて之を「寮舎《りょうしゃ》」と謂う。毎《ことごと》に首領一人《しゅりょういちにん》を用いて多人《たにん》の営事《えいじ》を管し、各《おのお》の其《そ》の局《きょく》を司《つかさど》らしむるなり(飯《はん》を主《つかさど》る者は目《なづ》けて「飯頭《はんじゅう》」と為し、菜《さい》を主る者は目けて「菜頭《さいじゅう》」と為す。他は皆な此れに倣《なら》う)。

無著道忠《むちゃくどうちゅう》禅師が「十務は未だ一一の目を稽せず」と言っておられるように(『禅林象器箋』第七類・職位門「十務」条)、「十務」として具体的にどのような部署が設置されていたのかは分かりません。ここには「典座」の名は見えず、かわりにその配下に属すると思われる、ご飯係「飯頭《はんじゅう》」とおかず係「菜頭《さいじゅう》」の名が例として挙げられています。ここでいう「首領」は、「主事」の下に属する、個別業務の現場責任者のようなものだったのではないかと想像されます。

蔵主

「十務」との対応関係は解りませんが、『祖堂集』に出てくる禅院の種々の職位には「~主《す》」と称されるものと「~頭《じゅう》」と呼ばれるものがあります。まず「~主」の一例として、『祖堂集』巻7雪峰《せっぽう》章に見える「蔵主《ぞうす》」の話を看てみます。「蔵主」は経蔵《きょうぞう》の責任者で、今の学校で言えば、図書館長とでもいったところでしょうか。

雪峰禅師は西院《さいいん》に遠出された。

雪峰山にもどって来て、泯《みん》典座にたずねられた。

「三世《さんぜ》の諸仏《しょぶつ》は、いずこにおわす?」

典座は何も答えられなかった。

そこで雪峰は、蔵主《ぞうす》に同じことを問われた。蔵主いわく、

「今、この場を離れずして、常に寂静のうちにございます」。

雪峰は聞くなり、ツバを吐き捨てた。

雪峰、「同じことをわしに問え、わしが答えてやる」

蔵主、「しからば、三世の諸仏は、いずこにおわす?」

すると、そこへいきなり、一頭の野豚が山上から駆け下りて来て、ピタリと雪峰の前に止まった。

雪峰は、すかさずそれを指さした。

「この豚の背の上におわす」


師遊西院了、帰山次、問泯典座、「三世諸仏在什麼処?」典座無対。又問蔵主、蔵主対云、「不離当処常堪〔湛〕然」。師便唾之。師云、「你問我、我与你道」。蔵主便問、「三世諸仏在什麼処?」師忽然見有箇猪母子従山上走下来、恰到師面前。師便指云、「在猪母背上」。

師〔雪峰〕西院《さいいん》に遊《たび》し了《おわ》り、山に帰れる次《おり》、泯《みん》典座に問う、「三世諸仏《さんぜしょぶつ》、什麼処《いずく》にか在《いま》す？」典座、対《こた》うる無し。又た蔵主《ぞうす》に問う。蔵主対えて云く、「当処《とうじょ》を離れずして常に湛然《たんねん》たり」。師便《すなわ》ち之に唾《つばき》す。師云く、「你《なんじ》、我れに問え、我れ你が与《ため》に道《い》わん」。蔵主便ち問う、「三世諸仏、什麼処にか在す？」師、忽然《こつねん》と箇《こ》の猪母子《ちょぼす》有りて山上より走《はし》り下《お》り来《きた》り、恰《あた》かも師の面前に到るを見る。師便ち指《さ》して云く、「猪母の背の上に在す」。

「野豚」の原語は「猪母子《ちょぼす》」。「猪」は漢語ではイノシシでなくブタのことですが、ここは山の上からいきなり駆け下りて来たというのですから、野生の豚なのでしょう。「猪母子」は、一見、豚の母子のようですが、そうではなく、メスの豚のことだそうです（「子」は接尾辞。「箇」は一頭の意。雷漢卿『禅籍方俗詞研究』巴蜀書社、二〇一〇年、頁一八四）。

三世の諸仏はどこにいるのかという問いに、典座は一言も答えられませんでした。いっぽう、日ごろ経論によく接している蔵主は、さすがにサッと答えました。「当処《とうじょ》を離れずして常に湛然《たんねん》たり」。今、この場がそのまま寂静の世界、すなわち三世諸仏のおわす処にほかなりませぬ、と。

教理的には、おそらく文句なしの模範解答でしょう。しかし、雪峰は、その答えを文字どおり唾棄しました。そして同じ問いを、今度は蔵主のほうから自分に向かって問わせました。すると、その時、突如、山上から一頭の野豚が駆け下りて来て、ちょうど雪峰の前で止まりました。雪峰は、すかさずそれを指さして言いました、「三世の諸仏はまさにこの野豚の背の上におわす」。

雪峰は、蔵主と違うことを言っているのではありません。しかし、蔵主が答えたのは、あくまでも、頭のなかで考えられた——実際には、今、この場からは乖離した——観念としての「当処」に過ぎませんでした。それに対して雪峰は、今まさに眼前で展開し躍動しているこの一瞬の現実を、寸分のスキもなく、即座に諸仏の居処として直指したのでした。

『祖堂集』のなかで「～主」と呼ばれる職位としては、ほかに、仏殿を管理する「殿主《でんす》」（巻16黄檗章の保福の拈提）、寺の荘園である「荘頭《しょうとう》」を管理する「荘主《しょうしゅ》」（巻4薬山章）、重病人を収容し看護する施設で、しばしば僧が息を引き取る場でもある「涅槃堂《ねはんどう》」の管理者「涅槃堂主《ねはんどうす》」（巻16南泉章）などが有ります。「～主」と称されるのは、みな独立の施設を所管する職位のようで、ただ、勧募の僧を「供養主《くようしゅ》」（巻14百丈章）というのがその例外です。

飯頭・園頭

いっぽう「～頭《じゅう》」と呼ばれる職名もありますが、こちらは独立の施設の主ではなく、個別の業務・作業の責任者のようです。たとえば、「禅門規式」に見えていた「飯頭《はんじゅう》」について、『祖堂集』巻4薬山《やくさん》章に、次のような話が見えています（禅文化研究所『景徳伝灯録五』頁二九二、参照）。

ある僧が薬山の下で修行して三年がたち、飯頭となった。

薬山、「おぬし、うちへ来て、どれぐらいになる？」

「三年です」

「わしはまったく、おぬしの事を知らぬが……」

僧は薬山の真意を解さず、恨みながら去っていった。

> 有僧在薬山三年、作飯頭。師問、「汝在此間多少時?」対曰、「三年」。師曰、「我総不識汝」。其僧不会、恨而発去。
>
> 僧《そう》有り、薬山《やくさん》に在ること三年、飯頭《はんじゅう》と作る。師〔薬山〕問う、「汝《なんじ》、此間《ここ》に在ること多少《たしょう》の時《とき》ぞ?」対《こた》えて曰く、「三年なり」。師曰く、「我れ総《すべ》て汝を識《し》らず」。其の僧会《え》せず、恨《うら》みて発《た》ち去《さ》れり。

自分の下で三年も修行し、「飯頭」を務めている僧。それを住持の薬山が見知らぬはずはありません。にもかかわらず、こう言ったのは、おそらく、汝は真の汝自身を自らしかと見知っておるのか、そう問いかけているのでしょう。「其の僧会《え》せず、恨《うら》みて発《た》ち去《さ》れり」という記述は、薬山の語が文字どおりの意味でなく、そこに深い意図がこめられていたことを裏書きしています。この僧は、その後、どうなったのでしょうか……

『祖堂集』薬山章には、ほかに「園頭《えんじゅう》」という職位も見えます。菜園を管理し、野菜を育てる仕事です（禅文化研究所『景徳伝灯録五』頁二七七、参照)。

薬山禅師が園頭に問うた。

「何をやっておった？」

園頭、「はい、野菜を植えておりました」

「植えるのを止めはせぬが、根を生やさせてはならぬ」

「根を生やさせぬなら、修行僧たちは何を食えばよろしいのです？」

「おぬしには口が有るか？」

> 師問園頭、「作什摩来？」対曰、「栽菜来」。師曰、「栽則不障你、莫教根生」。園頭曰、「既不教根生、大衆喫箇什摩？」師曰、「你還有口摩？」
>
> 師〔薬山〕園頭《えんじゅう》に問う、「什摩《なに》をか作《な》し来《きた》れる？」対《こた》えて曰く、「菜《さい》を栽《う》え来る」。師曰く、「栽うるは則ち你《なんじ》を障《さ》えざるも、根を生ぜしむる莫《なか》れ」。園頭曰く、「既に根を生ぜしめざれば、大衆《だいしゅ》、箇の什摩をか喫《くら》う？」師曰く、「你還《は》た口《くち》有り摩《や》？」

野菜に根を生やさせるなというのは、むろん、譬喩にほかなりません。ここで薬山は、手で野菜を植え、口でそれを食らう、そんな個別の行為・動作に分節される以前の、普遍的で無限定な真実を問題にしています。それは、たとえば馬祖が「纏《けがれ》に在りては〝如来蔵《にょらいぞう》〟と名づけ、纏を出《いで》ては〝浄法身《じょうほっしん》〟と名づく。〝法身《ほっしん》〟は窮《きわま》り無し、体《たい》に増減《ぞうげん》無く、能《よ》く大となり能く小となり、能く方《しかく》となり能く円《まる》となり、物《もの》に応《おう》じて形《かたち》を現《あらわ》すこと、水中の月の如く、滔滔《とうとう》と運用して、根栽《こんさい》〔根や芽〕を立てず」と説いているようなもののことです（『馬祖の語録』頁四二）。

薬山は、いわば現実の差別相の次元に根を下ろすことのない──「根栽」を立てざる──「法身」を、園頭に直観させようとしているのでしょう。「你還《は》た口《くち》有り摩《や》？」という一句も、口で野菜を食べるという個々の作用の次元を超えた「法身」の次元に目を向けさせようとしたものにほかなりません。そのような次元を体現した人のことを、たとえば黄檗は次のように語っています。薬山が園頭に期待したのも、おそらく、このような人となることだったのでしょう。

但《た》だ終日飯《めし》を喫《くら》えど未だ曾て一粒の米をも咬著《かま》ず、終日行《あゆ》めど未だ曾て一片の地をも踏著《ふま》ず。与麼《か》る時、人我《にんが》等の相《そう》無く、終日、一切の事を離れず、諸《もろもろ》の境《きょう》に惑わされず、かくて方《はじ》めて〝自在の人〟と名づく。（『伝心法要』、「但終日喫飯未曽咬著一粒米、終日行未曽踏著一片地。与麼時、無人我等相、終日不離一切事、不被諸境惑、方名自在人」。入矢義高『伝心法要・宛陵録』筑摩書房・禅の語録8、一九六九年、頁九〇）

一日中飯《めし》を食っていながら、一粒の米も歯に当たっていない。一日中歩《ある》いていながら、一片の地面も足に触れてはいない。そのような時、自他の相を見ることも無く、一日中、すべての物事を離れぬまま、いかなる物事にも惑わされない。そのような人をこそ〝自在の人〟というのである。

『祖堂集』に見える「〜頭」という職名としては、ほかに「茶頭」《さじゅう》（巻6石霜章）、「書状頭」《しょじょうじゅう》（巻7雪峰章)、「灯頭《とうじゅう》」(巻10長生章)が有ります。それぞれ茶湯、文書、灯火を所管する係のことです。宋代ほど組織だったものではなかったかも知れませんが、唐代の禅院にも、実にいろいろな仕事があり、様々な分業によって一院が運営されていたのでした。

第15章　山　居

「即心是仏」と「非心非仏」——馬祖・法常・塩官

ほかならぬ汝の心こそが……

ここ数回、唐代の禅院の役職・職務について看てきましたが、その一方、そうした寺院組織に属さず、山のなかで人知れず道を守りながら過ごした人もありました。

今回は、その一例として、馬祖《ばそ》の弟子の一人、大梅法常《だいばいほうじょう》という人の話を読んでみます。最も古い記録である『祖堂集《そどうしゅう》』巻15・大梅章の話を、仮りに三段にくぎって読むことにします（『馬祖の語録』頁一四六、参照）。

〔1〕とある日のこと、法常は馬祖に問うた。

「〝仏〟とは如何なるものにございましょう?」

馬祖、「ほかならぬ汝の心がそれ(仏)である」

「それを、どう我が物とすればよろしいのでしょう?」

「よく護持してまいれ(現にある心がそうなのだから、ともかく、それをよく守ってゆくがよい)」

法常は、また、たずねた。

「〝法〟とは如何なるものにございましょう?」

馬祖、「やはり汝自身の心がそれ(法)である」

「〝祖師西来の意〟とは如何なるものにございましょう」

「ほかならぬ汝の心がそれ(祖師西来意)である」

「では、祖師にはなんの〝意〟も無かったのでしょうか? (自分の心が〝祖師意〟だというなら、祖師達摩が伝えたものなど、何も無かったということなのでしょうか?)」

「汝自心の心にはすべての法が備わっている、ともかく、そのことだけをよく看て取るがよい」

法常はこの一言の下、ただちに玄妙の理を悟り、かくて錫杖《しゃくじょう》をついて旅に出、俗塵の外の地をたずね求めた。たまたま大梅山《だいばいさん》のふもとに至ったところで、隠棲の心をいだき、そこで、わずかな穀物の種を手に入れて山の奥深くに入り、その後、二度と山を出ることがなかったのであった。


因一日問、「如何是仏?」 馬師云、「即汝心是」。師進云、「如何保任?」 〔馬〕師云、「汝善護持」。又問、「如何是法?」 〔馬〕師云、「亦汝心是」。又問、「如何是祖意?」 馬師云、「即汝心是」。

師進云、「祖無意耶？」馬師云、「汝但識取汝心無法不備」。師於言下頓領玄旨、遂杖錫而望雲山。因至大梅山下、便有棲心之意、乃求小許種糧、一入深幽、更不再出。

因《ちな》みに一日問う、「如何《いか》なるか是れ〝仏〟？」馬師《ばし》〔馬祖〕云く、「即《まさ》に汝が心こそ是れなり」。師〔法常〕進《かさ》ねて云く、「如何《いか》にか保任《ほうにん》せん？」〔馬〕師云く、「汝善《よ》く護持《ごじ》せよ」。又た問う、「如何なるか是れ〝法〟？」〔馬〕師云く、「亦《やは》り汝が心、是れなり」。又た問う、「如何なるか是れ〝祖意〟？」馬師云く、「即《まさ》に汝が心こそ是れなり」。師進ねて云く、「祖には〝意〟無きや？」馬師云く、「汝、但《た》だ汝が心の、法として備わらざる無きを識取せよ」。師、言下に於て頓《とみ》に玄旨を領《さと》り、遂《かく》て錫を杖《つ》きて雲山を望む。因《よ》りて大梅山下に至りて、便ち棲心の意有り、乃ち小許《わずか》の種糧を求め、一《ひと》たび深幽に入るや、更に再びは出《い》でず。

「仏」とは？「法」とは？「祖師西来意」とは？法常は重ねて馬祖にたずねました。しかし、それに対する馬祖の答えは、ただ一つ。「即《まさ》に（亦《やは》り）汝が心こそ是れなり」。ほかでもない、汝の心、それこそがまさにそれ——「仏」「法」「祖師西来意」——にほかならぬ。

「仏」というも、「法」というも、「祖師西来意」というも、すべて己れの「心」のこと。あらゆる法はみな己が心にもとから具わっており、新たに獲得したり完成させたりするものではない。現にある己がその「心」を、ただ「識取」し「護持」してゆくのみである。馬祖はそう明言したのでした。

ここでは「仏」「法」「祖師西来意」の三つの質問にともに「即《まさ》に（亦《やは》り）汝が心こそ是れなり」と

答えたことになっていますが、このやりとりは『景徳伝灯録《けいとくでんとうろく》』巻7大梅章はじめ、宋《そう》代以降の記録では、次のような一つの問答にまとめられます（禅文化研究所『景徳伝灯録三』頁六三。『馬祖の語録』頁六八、参照）。

初め大寂《だいじゃく》〔馬祖〕に参じ、問う、「如何《いか》なるか是れ〝仏〟？」
大寂云く、「即心是仏《そくしんぜぶつ》」。師〔大梅〕即ち大悟す。
（初参大寂、問、「如何是仏？」 大寂云、「即心是仏」。師即大悟）

馬祖の三度の答えを一句に集約すれば「即心是仏――即《ほか》ぬこの心こそ是れ仏なり」となるわけで、現に次の一段でも、三十年後に人から馬祖の下で悟ったものは何かと問われた大梅は、ただ、ひとこと「即心是仏」と答えています。大梅が馬祖の下で悟ったことは、己れのこの活きた心、それがそのまま「仏」にほかならぬ、その一事に尽きるのでした。

四方の山々が青くなっては黄色くなり、青くなってはまた黄色くなり

馬祖との問答で頓悟した法常は、ひとり大梅山の奥深くに入って隠棲し、二度と人里に出てくることはありませんでした。その事を誰ひとり知る者も無いまま、やがて三十年ほどの歳月が流れました。その頃、おなじく馬祖の法嗣《はっす》である塩官斉安《えんかんさいあん》という人がひとかどの禅師となり、一院の住持として世に立つこととなりました。

〔2〕その後、塩官和尚が住持として世に立つこととなった。門下の僧のひとりが、塩官の拄《しゅ》杖《じょう》にするための木を捜し求めるうち、大梅山に迷い込んだ。すると、山中でひとりの人に出くわした。見れば、草の葉を身にまとい、長髪を束《たば》ね、木膚《こはだ》ぶきの小屋に住んでいる。その人は僧の姿を認めると、自分の方から「不審《ふしん》」と言った（「不審」は僧侶の挨拶の語）。しかし、その言葉はつかえがちであり、とぎれがちであった。僧がわけを問い詰めてゆくと、その人は言った。

「かつて、馬祖にお会いもうした」

「では、ここにどれほどの間お住まいで？」

「どれほどと言われても、分りませぬ……。四方の山々が青くなっては黄色くなり、青くなってはまた黄色くなり、と、ただ、そのさまを眺めてまいっただけでござる。そうしたことが、かれこれ、三十度あまりにはなりもうそうか……」

「しからば、馬祖のもとで、如何なる旨をお悟りになられたので？」

すると法常は、ただ、ひとこと、

——即心是仏《そくしんぜぶつ》。

僧が山から出る路をたずねると、その人は流れに随ってゆけと指さした。

後因塩官和尚出世、有僧尋柱杖〔拄杖〕迷山、見其一人草衣結髪、居小皮舎、見僧先言不審、而言語謇澀。僧窮其由、師云、「見馬大師」。僧問、「居此多少年也？」　師云、「亦不知多少年。只見四山青了又黄、青了又黄。如是可計三十余度」。僧問師、「於馬祖処、得何意旨？」　師云、「即心是仏」。其僧問出山路。師指随流而去。

後、塩官《えんかん》和尚の出世せるに因み、僧有り拄杖《しゅじょう》を尋ねて山に迷い、其の一人の草衣結髪《そうえけっぱつ》し、小皮舎《しょうひしゃ》に居《す》まうを見る。僧を見るや先に「不審《ふしん》」と言うも、而《しか》れど言語は謇澀《けんじゅう》たり。僧、其の由《ゆえ》を窮《きわ》むるに、師〔法常〕云く、「馬大師《ばだいし》に見《まみ》えたり」。僧問う、「此《ここ》に居《す》いて多少の年となれる？」　師云く、「亦《ま》た多少の年なるかを知らず。只だ四《よも》の山の青了《あおみて》は又た黄となり、青了は又た黄となるを見しのみ。如是《かくのごと》くして可《ほぼ》三十余度《たび》を計《かぞ》う」。僧、師に問う、「馬祖の処に於て、何の意旨をか得たる？」　師云く、「即心是仏《そくしんぜぶつ》」。其の僧、出山の路を問うに、師、流れに随いて去《ゆ》けと指《しめ》せり。

「馬《ば》大師の下《もと》に八十八人有りて道場《どうじょう》に坐す」（『祖堂集』巻16黄檗章／第6章）とか「馬祖より八十四人の善知識出《い》づ」（『景徳伝灯録』巻17雲居道膺章ほか）などという言いかたがあるように、馬祖の門下からは多数のすぐれた禅者が輩出しました。そのため初期の弟子と後期の弟子の間に大きな歳の差があったり、兄弟弟子どうしが互いによく識らぬということもあったのでしょう。

　大梅山の奥ふかくに姿を消した法常のことを知らぬまま、師弟《すてい》（おとうと弟子）にあたる塩官斎安《えんかんさいあん》が一かどの禅師として世に立つ日がやってきました。禅師にふさわしい杖にするために、門下の僧のひとりが、立派な枝をさがして山に分け入るうち、大梅山の奥に迷いこんでしまいました。まさか人がいようとは思いもよらぬ深い山奥。謎の老人と出くわした僧は、さぞかしギョッとしたことでしょう。草を身にまとい、ざんばら髪を束ね、木の皮でつくった小屋に住む老人。何者かと思いきや、なんと老人のほうから、「不審」と、僧侶としての挨拶をしてきたではありませんか。しかし、長年、人と話したことのなかった老人は、その後の言葉がなかなか出てきません。言葉につまる老人から少しずつ訳を聴き出してゆくと、昔、馬祖に参じたという。では、いったいどれほどの間、ここにこうしておいでかとたずねれば、何年になるかは解らない、ただ周囲の山々が、青から黄に、青から黄にと、遷り変るさまを眺めてまいっただけ。さて、そんなことが三十度くらいはありましたろうか……。暦《こよみ》という人為的に分節され管理された時間の枠組みは、山中の隠者には無縁のものだったのです。『寒山詩《かんざんし》』に次のような一首が見えます。

重巌我卜居
鳥道絶人迹
庭際何所有
白雲抱幽石
住茲凡幾年
屡見春冬易
寄語鍾鼎家
虚名定無益

重巌《ちょうがん》に　我れ卜居《ぼっきょ》し
鳥道《ちょうどう》　人迹《じんせき》を絶す
庭際《ていさい》　何の有る所ぞ
白雲《はくうん》　幽石《ゆうせき》を抱く
茲《ここ》に住みて　凡《およ》そ幾年《いくねん》
屡《しばし》ば　春冬《しゅんとう》の易《かわ》るを見る
語《ご》を寄《よ》す　鍾鼎《しょうてい》の家
虚名《きょめい》　定めて益《えき》無しと

折り重なる巌《いわお》のうちに居を定めた。そこには鳥の通うみちのみあって人の足跡はない。そんなわが庭に、何があるかと問われれば、ただ、白き雲が、ほのぐらき石を抱くのみ。ここに住まいて幾年《いくとせ》かと問わるれば、ただ幾《いく》たびも、春と冬とを目にしてきただけ。謹んで富貴《ふうき》のかたがたに申しあげる、虚しき名声には、けっして何の意味もござらぬと。（入矢義高『寒山』岩波書店・中国詩人選集5、頁一一二、参照）

「白雲《はくうん》　幽石《ゆうせき》を抱く」は、六朝《りくちょう》時代の宋《そう》の謝霊運《しゃれいうん》の詩（「過始寧墅」）の一句を借りたもの。また第三句と第四句は同じく六朝時代の道士陶弘景《とうこうけい》が高帝《こうてい》の下問に詩で答え、「山中、何の有る所ぞ？　嶺上《れいじょう》、白雲《はくうん》多し」と詠んだという故事をふまえています（『太平広記』巻二〇二・陶弘景条引『談藪』）。唐の太上隠者《たいじょういんじゃ》の「答人」という詩に詠われているのも、右の寒山の詩と同様の心境でしょう。

偶来松樹下　偶《たま》ま松樹《しょうじゅ》の下《もと》に来《きた》り
高枕石頭眠　枕《まくら》を石頭《いし》に高くして眠る
山中無暦日　山中《さんちゅう》　暦日《れきじつ》無し
寒尽不知年　寒《さむ》さ尽《つ》くれど年を知らず
（『全唐詩』巻七八四、『唐詩選』）

たまたま一本の松の樹の下に歩きつき、そこで石を枕に心おきなく眠る。山の中には暦など無い。寒い時節が終わっても、今が何年なのかはわからない。

法常の暮らしぶりも、これらの詩に詠われたのと同じようなものでした。世を忘れ、人を忘れ、暦を忘れ、ひとり山中で約三十年の歳月を過ごしてきた法常に、僧はあらためて問いました。では、馬祖の下で何を悟って、この暮らしに入られたのか？　すると法常の答えは、ただ、ひとこと、

——即心是仏。

この一事を悟ったことで、自分の生涯の意義は十分に尽くされた、というのでしょう。

最後に山から出る途をたずねた僧にたいし、法常は谷川のせせらぎを指さしながら、この流れに沿ってゆけと教えました。これが、川の流れに沿ってゆけば里に出られるという意であることは、間違いありません。現に僧はこの後、この言葉にしたがって塩官のもとに帰り着きます。しかし、法常の言葉には、それだけでなく、第二十二祖摩拏羅《まぬら》尊者の次の偈をふまえたもう一層の意味が含まれています（『祖堂集』巻2）。

心随万境転　心《こころ》は万境《ばんきょう》に随《したが》いて転《てん》ず
転処実能幽　転《てん》ずる処《ところ》　実《じつ》に能《よ》く幽《ゆう》なり
随流認得性　流《なが》れに随《したが》いて性《しょう》を認得《にんとく》せば
無喜復無憂　喜《き》も無《な》く復《ま》た憂《ゆう》も無《な》し

ここで第三句の「流れ」は、外界に反応して転変する表層的な意識の流れ、すなわち第二句にいう「転処」を指し、「性」は本性・仏性を指しています。一首の意は「流れ」を排除するのでなく、「流れ」に即してこそ「性」は悟られる、ということで、ここには活きたナマの心の全体を仏と等置する、

馬祖禅の思想が反映されています。この僧は気づいていないようですが、「流れに随いて去《ゆ》け」という法常の一言は、実は「即心是仏」の語とひそかに共鳴しあっているのでした。

しました。

梅の実は熟した

かくして僧は、大梅山を下り、塩官禅師のもとにもどって、山中での不思議な出逢いについて報告しました。

〔3〕その僧は塩官のもとに帰り着き、ことの次第を詳しく報告した。塩官は言う。
「そういえば、江西の馬大師のもとで修行しておったころ、ひとりの僧が大師に〝仏〟とは、〝法〟とは、〝祖意〟とは、と問うた。馬大師のお答えはどれも〝ほかならぬ汝の心がまさにそれだ〟というものであった。それから、もう三十年余り、その僧の行方をとんと聞かぬが、まさにそのお人ではあるまいか」。

そこで門下の数人に、もとの路をたどり、山路を切り開いてその人をさがすよう命じた。そして、もし出逢えたならば、そのお人に「馬大師は近頃では〝非心非仏《ひしんひぶつ》〟と説いておられます」、そう問うてみよと言い含めた。

命ぜられた者たちがようやく法常を探し出し、塩官が教えたとおりに問うと、法常は言った。

——師が〝非心非仏〟であろうがなかろうが、わしはただ〝即心即仏〟であるのみです。

報告を聞いた塩官は嘆息した。

「西の山で、梅の実がみごとに熟れておる。みな、出かけていって、思うさまそれを摘み取ってくるがよい」。

かくしてわずか二、三年を経ぬうちに、参ずる僧が何百人にもなった。法常は、修行者の機根と状況に応じ、流れるがごとく接化《せっけ》の語を説くようになっていた。

　其僧帰到塩官処、具陳上事。塩官云、「吾憶在江西時、曽見一僧問馬大師仏法祖意、馬大師皆言〝即汝心是〟。自三十余年、更不知其僧所在。莫是此人不?」遂令数人教依旧路斫山尋覓。如見云、「馬師近日道〝非心非仏〟」。其数人依塩官教問。師云、「任你非心非仏、我只管即心即仏」。塩官聞而嘆曰、「西山梅子熟也。汝曹可往彼随意採摘去」。如是不足二三年間、衆上数百。凡応機接物、対答如流。

　其の僧、帰りて塩官《えんかん》の処に到り、具《つぶ》さに上事を陳《の》ぶ。塩官云く、「吾れ憶《おぼ》ゆるに、江西《こうぜい》に在りし時、曽て一僧の馬大師《ばだいし》に〝仏〟〝法〟〝祖意〟を問えるに、馬大師皆な〝即《まさ》に汝が心こそ是れなり〟と言えるを見たり。自《それよ》り三十余年、更《たえ》て其の僧の所在を知らず。此の人に莫是《あらざ》る不《や》?」遂《かく》て数人をして旧路に依り、山を斫《き》りて尋覓《たず》ねしむ。如《も》し見《あ》わば、云え、「馬師、近日は〝非心非仏《ひしんひぶつ》〟と道《い》う」と。其の数人、塩官の教えに依りて問う。師云く、「任你《たと》い〝非心非仏〟なるも、我れは只管《ただ》〝即心即仏〟なるのみ」。塩官聞きて嘆じて曰く、「西山に梅子《うめのみ》熟せり。汝曹《なんじら》、彼《かしこ》に往《ゆ》き意の随《まま》に採《つみ》摘《と》り去る可《べ》し」。如是《かくのごと》くして、二三年に足らざる間に、衆《しゅ》、数百に上《のぼ》る。凡《およ》そ応機接物《おうきせつもつ》、対答《こた》うること流《なが》るるが如し。

「非心非仏」は、ごく簡単にいえば、最も本質的なものは「心」でもなく「仏」でもない、ということで、要は「即心是仏」の語を反転したものです。しかし、馬祖の教えがそうした逆の説に変わったと聞かされても、法常には何の動揺も不安もありませんでした。「即心是仏」は馬祖から授かった正解ではなく、法常がわが身の上に実感した活きた事実だったからにほかなりません。

法常のことばを伝え聞いた塩官は、これはほんものだと確信し、賛嘆しました。「西山に梅子《うめのみ》熟せり。汝曹《なんじら》、彼《かしこ》に往《ゆ》き意の随《まま》に採摘《つみと》り去る可《べ》し」。

これを機に、やがて法常の下に何百もの修行僧が集まるようになり、三十年、山中にあって言葉を話すのを忘れていた法常も、いつしか「流るるが如く」よどみなく、自在な接化《せっけ》を行うようになっていたのでした。

第16章　遊　山

生死の中に仏有れば……――夾山と定山

新たな師との出逢いを求め、「撥草瞻風《はっそうせんぷう》」しながらはるばる歩いてゆく行脚《あんぎゃ》の旅。あるいは、日常の散歩や外出、それに山歩き……。唐代の禅僧たちは、実によく歩きました。そして、歩きながら、しばしば重要な問答を交わしました。

前回、人知れず大梅山《だいばいさん》の奥深くに籠ること三十年であった、大梅法常《だいばいほうじょう》の話を読みました。塩官《えんかん》の弟子によって偶然発見された彼の下に、その後、何百もの修行僧が集まるようになったと『祖堂集《そどうしゅう》』巻15大梅章は記しています。同章はその話につづけて、さらに次のような話を録しています。夾山《かっさん》と定山《じょうざん》という二人の僧が大梅山を目指してゆくという話です。

夾山と定山が大梅山に向かっていた。

旅の途中、定山が言った。

「生死《しょうじ》の迷いの中に仏《ほとけ》が無かったら、それはもはや生死ではない」

夾山はこのことばを認めず、こう言った。

「生死の中に仏が有れば、生死に迷うことはない」

両者は互いに譲らなかった。

大梅山にたどり着くと、夾山は問うた。

「両者の申し分、いずれが最も道にかのうておりましょう？」

大梅、「一方はかのうており、一方は外《はず》れておる」

夾山、「では、かなっているのは、どちらでしょう？」

切迫した問いようを見て、大梅はおもむろに言った。

「まあ、とりあえず下がって、明日、もういちど来るがよい」

明くる日、夾山がやって来た。

「昨日はお教えにあずかりませんでした。して、生死の一事にかのうておりますのは、いったい、どちらでございましょう？」

そこで、大梅いわく、

「問う者はかなわない。かなう者は問わない」

因夾山与定山去大梅山。路上行次、定山云、「生死中無仏、則非生死」。夾山不肯、自云、「生死中有仏、則不迷生死」。二人相不肯。去到大梅山、夾山自問、「此二人道、阿那箇最親？」師云、「一親一疎」。夾山云、「阿那箇是親？」師見苦問、乃云、「且去、明日来」。夾山明日来、問、「昨日未蒙和尚垂慈、未審阿那箇是親？」師云、「問者不親、親者不問」。

因《ちなみ》に夾山《かっさん》と定山《じょうさん》、大梅山《だいばいさん》に去《ゆ》く。路上に行《あゆ》める次《おり》、定山云く、「生死《しょうじ》の中に仏《ほとけ》無ければ、則ち生死に非ず」。夾山肯《うけが》わず、自ら云く、「生死の中に仏有れば、則ち生死に迷わず」。二人相《あ》い肯わず。大梅山に到るや、夾山自ら問う、「此の二人の道《い》える、阿那箇《いずれ》か最も親《ちか》し？」師云く、「一は親《ちか》く、一は疎《とお》し」。夾山云く、「阿那箇か是れ親き？」師、苦《ねんご》ろに問えるを見て、乃ち云く、「且《ま》ず去れ、明日《あす》来れ」。夾山、明日《あくるひ》来りて、問う、「昨日は未《いま》だ和尚が垂慈《すいじ》を蒙《こうむ》らず、未審《しら》ず、阿那箇か是れ親き？」師云く、「問う者は親からず、親き者は問わず」。

大梅の評判を聞いた夾山と定山の二人は、大梅山を目指して旅をしています。その途上、定山が言いました。

——生死《しょうじ》の中に仏《ほとけ》無ければ、則ち生死に非ず。

「仏」が有るから、その対極に「生死《まよい》」ができる。「仏」が無ければ、「生死」というものも存在しない。悟りも迷いも、実は一切空であり、本来《ほんらい》無《む》一物《いちもつ》である。

この見解を否定して、定山は言いました。

――生死の中に仏有れば、則ち生死に迷わず。

いや、生死の現実は、厳然として存在する。それを無しとするのでなく、そこに透徹した悟りの眼を具えることによって、生死に迷わされぬことこそが肝要なのだ。

夾山と定山の見解の対比は、前回の話の「非心非仏《ひしんひぶつ》」と「即心是仏《そくしんぜぶつ》」（即心即仏）に対応しているようです。それは、また、有名なかの「百丈野狐《ひゃくじょうやこ》」の話（『無門関』第2則ほか）の「不落因果《ふらくいんが》」と「不昧因果《ふまいいんが》」の対比とも通じているように思われます。いずれにせよ、両者は互いに相手の言い分を認めません。大梅山に着くなり、夾山が法常禅師に詰め寄って裁定を求めました。すると、法常は言いました。

――一は親《ちか》く、一は疎《とお》し。

一方は生死の一事に親密であり、一方はそれと疎遠である、と。

こう言われれば、誰だって、では、どちらが、ときかずにはおれません。現に夾山もそう迫りました。すると法常禅師は、とりあえず今日は下がって、明日あらためて来るようにと言いました。翌日、夾山が重ねてその事を問いただすと、法常禅師は、ただ、ひとこと、

――問う者は親《ちか》からず、親き者は問わず。

生死の一事に親密・切実である者は、それをあらためて問題とはしない。それを問題として問うたとたん、生死は客体として自己の対面に措定されたものになる。生死を問題として立てた者は、已れと生死の事実とがすでに二つに分かれてしまっているのである。

「一は親《ちか》く、一は疎《とお》し」と言った時、法常はおそらく夾山の見解と定山の見解を二つ並べて、一方が

正解、一方が誤答、と取捨したわけではなかったでしょう。生死の一事には、本来、その両面がある。だが、その両者の正誤にこだわり、生死を一箇の対象物として執拗に問い続けたことで、夾山は抜き差しならぬ生死の一事から、自らを疎外してしまった。法常はそこを戒めたのでした。『景徳伝灯録《けいとくでんとうろく》』巻7大梅章では、この一段の話の後に、次の注が加えられています。夾山が後にひとかどの住持となって後、この時のことを回顧した言葉です。

――夾山、住して後、自ら云く、「当時、一隻眼《いっせきげん》を失えり」（当時失一隻眼）

ああ、あの時は、片方の眼を失っていた。自分は物事の半面しか見えていなかったのだ（禅文化研究所『景徳伝灯録三』頁六七）。

谷川の流れと大いなる涅槃――丹霞と麻谷

右は行脚の途上で始まった問答でしたが、唐代の禅僧たちは、ほかに、しばしば「遊山《ゆさん》」、すなわち山歩きをしたようです。前に読んだ石室善道《せきしつぜんどう》の若き日の話でも、はるばる訪ねて来た善道を、石頭《せきとう》禅師が翌朝、山歩きに連れて出るという話がありました（『祖堂集』巻5長髭章／第3章）。

その話でもそうでしたが、「遊山」には、しばしば、余人を交えず、二人だけで折り入って深い話をするという趣がありました。馬祖の法嗣となる麻谷宝徹《まよくほうてつ》と石頭の法嗣となる丹霞天然《たんかてんねん》、この両者の「遊山」の話にもそんな趣が感じられます。まず『祖堂集』巻4の丹霞章のほうに、次のようにあります。

丹霞が麻谷と〝遊山〟していた時のこと。

谷川のそばまで歩きついたところで、二人は話をしている。

麻谷、「大いなる涅槃《ねはん》とは如何《いか》なるものか?」

丹霞はふりむいて言った、「急《きゅう》!」

「何を急ぐのだ?」

「いや、谷川の流れのことだ」


師与麻浴〔麻谷〕遊山、到澗辺語話次、麻浴問、「如何是大涅槃?」 師廻頭云、「急!」 浴曰、「急箇什麼?」 師云、「澗水」。

師〔丹霞〕、麻浴《まよく》〔麻谷〕と遊山し、澗辺《かんぺん》に到りて語話《ごわ》せる次《おり》、麻浴問う、「如何《いか》なるか是れ大涅《だいね》槃《はん》?」 師廻頭《ふりかえ》りて云く、「急《きゅう》!」 浴〔麻谷〕曰く、「箇《こ》の什麼《なに》をか急《いそ》ぐ?」 師云く、「澗水《かんすい》」。


〝遊山〟の際、谷川の流れを眺めながら、麻谷が丹霞にたずねました。「大涅槃」とは如何なるものか? 「大涅槃」といえば、無常《むじょう》なる生死の流れが完全に休止した寂静《じゃくじょう》の境地のことでしょう。ところが丹霞は、その問いを聞くなり、麻谷の方を振り向いて言いました。

——急《きゅう》!

中国語には語形変化がありませんので、この一字だけでは「急ぐ」「急げ」という動詞の意味にも、また「急速である」「切迫している」という形容詞の意味にもなり得ます。麻谷はこれを動詞の意味にとりました。「箇《こ》の什麼《なに》をか急《いそ》ぐ?」 いったい、何を急げというのか? すると、丹霞は言いました。

いや、谷川の流れのことだ。

——澗水《かんすい》

しかし、これは、「大涅槃」ではなく谷川のことを言っただけだ、というのではないでしょう。前章で参照した第二十二祖摩拏羅《まぬら》尊者の偈を、ここでもう一度、思い出してみてください(『祖堂集』巻2)。

心随万境転　心《こころ》は万境《ばんきょう》に随《したが》いて転《てん》ず
転処実能幽　転《てん》ずる処《ところ》　実《じつ》に能《よ》く幽《ゆう》なり
随流認得性　流《なが》れに随《したが》いて性《しょう》を認得《にんとく》せば
無喜復無憂　喜《き》も無《な》く復《ま》た憂《ゆう》も無《な》し

心は外界の無数の状況に応じて転変する。だが、その転変しているところこそが実は幽玄で寂静なのだ。その転変の流れに即して仏性《ぶっしょう》を見て取れば、そこには喜びも憂いも無い。

表層の「流れ」を排除して、深層の動かぬ真実を取り出すのではない。真実は急激・急速な「流れ」に即してこそ悟られねばならぬ、そう詠んだ一首ですが、右の丹霞の意もこれと通じているように思われます。無常迅速の生死の外《そと》に、別に涅槃があるのではない。その生死の急流を如実に直視すること、それがすなわち涅槃なのだ、と。

この話は『景徳伝灯録』巻7麻谷章にも録されていますが、そこでは馬祖と麻谷の問答とされており、最後の言葉が「澗水」でなく「看水。――水を看よ！」となっています。生死の急流を如実に直視せよ、という趣旨が、より明示的に表現されたものと言えるでしょう（禅文化研究所『景徳伝灯録三』頁四四）。

天然――麻谷と丹霞

いっぽう『祖堂集』の巻15麻谷章には、両者の次のような問答が録されています。これは『景徳伝灯録』麻谷章でも、麻谷と丹霞の問答とされています（『景徳伝灯録三』頁四五）。

麻谷は丹霞とともに〝遊山〟していて、川のなかの魚を目にした。

麻谷は丹霞を指さした。丹霞いわく、

「天然《てんねん》」

明くる日、麻谷は問うた。

「昨日のは、どういう意味だったのだ？」

丹霞は黙って、ごろりと横になった。
麻谷、「ああ、天よ！　ああ、天よ！」

> 師与丹霞遊山、見水中魚。師以手指丹霞。丹霞云、「天然」。師至明日却問、「昨日意作摩生？」丹霞便作臥勢。師曰、「蒼天！　蒼天！」
>
> 師〔麻谷〕丹霞《たんか》と遊山《ゆさん》し、水中の魚を見る。師、手を以て丹霞を指《さ》す。丹霞云く、「天然《てんねん》」。師、明日《あくるひ》に至って却って問う、「昨日の意、作摩生《いかん》？」丹霞便《すなわ》ち臥《ふ》する勢《さま》を作《な》す。師曰く、「蒼天《そうてん》！　蒼天《そうてん》！」

麻谷が丹霞と〝遊山〟していた。川のなかを泳ぐ魚の姿が目にはいったところで、麻谷は丹霞を指さした。丹霞はひとこと、「天然」と言った。

「天然」は丹霞の名前です（『祖堂集』巻4第2章「仏殿の前の草」）。と同時に、これが天然自然の意であることは、言うまでもありません。麻谷が水中の魚を見て丹霞を指さしたのは、どういう意味でしょう？　お前はこの活き活きとした魚の姿をどう捉えるか、というのでしょうか？　それとも、この魚の姿を見る汝自身は何者か、というのでしょうか？

丹霞の「天然」のひとことは、その双方の問いに同時に答えるものとなっています。「澗底《かんてい》の遊魚《ゆうぎょ》忙《せわ》しきこと不徹《はなは》だし――澗底遊魚忙不徹」という句もあるように（『景徳伝灯録』巻14道吾章、禅文化研究所『景徳伝灯録五』頁三五六）、澄んだ谷川の急流を泳ぐ魚の姿は、活き活きと躍動する天地の生命の象徴でもあり、それと同時に俊敏で自在な禅者の姿を連想させるものでもありました。「天然」の語は一語で魚の姿を活写するものであるとともに、それをまざまざと見る丹霞自身のことでもあったのでした（『景徳伝灯録』のこの問答の記録では、麻谷が「水中の魚を見て、手を以て之を（魚を）指す」と記されています。これだと、もっぱら水中の魚のことを問われたのに対し、丹霞が看る者と看られる者の双方を答えた、という話になります）。

その意を知ってか知らずか、翌日になって麻谷が問いました。「昨日の意、作摩生《いかん》？」昨日の貴公の言葉、どういう意味であったのか？　丹霞はその問いを聞くと、何も言わず、そのままごろりと横になって見せました。「天然」の一語は、昨日、あの場での活きた一瞬を捉えたもの。今日になって後智慧で問われても、「天然」なるあの魚は、とうに死んだ魚になっておる。

しかし、麻谷も負けていません。その姿を見るなり、いいました。

——蒼天《そうてん》！　蒼天《そうてん》！

ああ、天よ！　やれ、哀しや！

「蒼天！」は人の死を悼むときの常套句です。人が亡くなった時、両の拳で胸を叩きながら、「ああ、天よ！　ああ、天よ！」と、天を仰いで嘆き、哀しみを訴えるのです。

ここで麻谷のほうも芝居がかったおおげさな所作で、目の前の死んだ魚を悼んで見せました。ああ、やれ、哀しや！　貴公のいう「天然」なる生命は、あの場かぎりの、かくもはかなく、かくもあっけないものでしかなかったのか！

お山の老師の教えや、いかに――長慶と保福

「遊山」はふつう、二人づれで行われることが多いようですが、そうでない場合もありました。雪峰《せっぽう》禅師の門下の長慶慧稜《ちょうけいえりょう》が、同門の師弟《すてい》（おとうと弟子）保福《ほふく》と安国《あんこく》をつれて、三人で「遊山」に行った時の話が『祖堂集』巻11保福章に見えます（原文中の「招慶《しょうけい》」は長慶慧稜のこと）。

長慶が清源《せいげん》の招慶院《しょうけいいん》の住持に迎えられることになった。

そこで出発に臨み、安国と保福に命じて、ともに〝遊山〟に出た。

招慶、「それがしも、雪峰老師の門下で行ったり来たりすること、はや二十八年。このたび住持の地を得て、心中それなりに満足だ」

保福、「その二十八年の間、お山の老師（雪峰禅師）には、どのような肝要のお教えが有りましたでしょう。家財を損なうことなく、一つ二つ、お示しくだされ」

招慶、「方便として手中にしたものが、一つ有る」

保福、「如何《いか》ような？」

招慶は頭を挙げ、振り向いて保福をジッと視た。

保福、「これは方便として手に入れられたもの。禅門の血すじにおける第一義については、如何《いかが》か？」

招慶は、今度はしばしの沈黙――「良久《りょうきゅう》」――を示した。
保福、「これは何者に伝えられるものでしょう?」
招慶、「貴公、またもかくなる醜態をさらして、何とする!」

> 招慶臨赴清源請時、遂命安国与師同遊山行次、招慶云、「某甲来去山門、已経二十八年。此廻住、心中也足」。師問、「於二十八年中、山中和尚有什麼枢要処、請和尚不費家才、挙一両則」。云、「有一則、某甲収為方便」。師云、「什麼処?」 招慶挙首顧視。師云、「這箇則収為方便、只如宗脈中事作麼生?」 良久。師云、「教什麼人委?」 招慶云、「闍梨又与摩泥猪疥狗作什麼!」
>
> 招慶《しょうけい》〔長慶慧稜〕清源《せいげん》の請《しょう》に赴《おもむ》くに臨《のぞ》みし時、遂《かく》て安国《あんこく》と師〔保福〕に命じて同《とも》に遊山《ゆさん》せしめて行く次《おり》、招慶云く、「某甲《それがし》、山門《さんもん》に来去《らいこ》すること、已《すで》に二十八年を経《へ》たり。此廻《こたび》住して、心中也《ま》た足《た》れり」。師問う、「二十八年中に於て、山中和尚《さんちゅうおしょう》に什麼《なん》の枢要《すうよう》の処か有る、請う和尚、家才《かざい》〔家財〕を費やさずして、一両則を挙《こ》せ」。云く、「一則有り、某甲、収めて方便《ほうべん》と為す」。師云く、「什麼《なん》の処ぞ?」 招慶、首を挙《あ》げて顧視《こし》す。師云く、「這箇《これ》は則ち収《おさ》めて方便《ほうべん》と為す、宗脈《しゅうみゃく》中の事《じ》の只如《ごと》きは作麼生《いかん》?」 良久《りょうきゅう》す。師云く、「什麼人《なにびと》をしてか委《し》らしむ?」 招慶云く、「闍梨《じゃり》又た与摩《かく》も泥猪《でいちょ》・疥狗《かいく》たりて什麼《なに》をか作《な》す!」

「山中和尚」こと雪峰門下に往来すること二十八年、その間に得た究極の事を一つ二つなりともお示し願いたい。余人を交えぬ山中での対話だからこその問いです。

そう求める保福に対し、招慶は黙って頭を挙げ、振り返ってその顔をジッと視ました。これは、おそらく、形而下の身心の動き・はたらきをすべて仏性の活きた現れとする馬祖系の禅の思想の体現でしょう。しかし、保福はさらに、そのような「方便」でなく、第一義をお示し願いたいと乞いました。そこで招慶は、今度は「良久」、しばしの沈黙を示します。これは、おそらく、石頭系の禅をひきつぎつつ、活き身の動き・はたらきとは別次元の、形而上の本来の自己を暗示したものでしょう（第11章で読んだ、潙山と仰山の「茶つみ」の話を思い出してください）。

馬祖系の禅への反措定として形成された石頭系の禅でしたが、両者はやがて、二者択一のものではなく、適宜に使い分けたり組み合わせたりするべきものと考えられるようになっていきました。招慶はその両方を示して見せましたが、しかし、そのいずれに対しても、保福は我が身の事としては実感せず、どこか遠くの見識らぬ誰かの話のように質問をつづけ、招慶から厳しく叱咤されてしまったのでした。「闍梨《じゃり》又た与摩《かく》も泥猪《でいちょ》・疥狗《かいく》たりて什摩《なに》をか作《な》す！」貴公、またしてもかように、泥にまれた豚や皮膚病に犯された犬のような、醜くブザマな体たらくで、いったい、どうするつもりだ！

第17章　遊　山（続）

カラスのお供え──潙山と仰山

唐代の禅僧たちは、余人を交えず踏み込んだ話をしようとする時、二人（まれに三人）で連れ立って、「遊山《ゆさん》」すなわち山歩きに出かけました。前回そんな話をいくつか読みましたが、唐の潙山霊祐《いさんれいゆう》とその弟子仰山慧寂《きょうざんえじゃく》の間にも、重要な問題の語りあわれた、印象的な「遊山」の話が伝えられています。まず『祖堂集《そどうしゅう》』巻16潙山章の、次の話から看てみましょう。

潙山禅師が仰山とともに〝遊山〟した。二人いっしょに腰を下ろしたところ、一羽のカラスが、よく熟れた真っ赤な柿をくわえて来て、禅師の前に置いた。
禅師はそれを取り上げると、手で割って一欠《ひとか》けを仰山に与えた。

だが、仰山は受け取らなかった。

「これは和尚さまのお徳に感応して、もたらされたものにございます」

潙山、「そうではあるが、理が通じておれば、形も同じでなければならぬ」

仰山は恭《うやうや》しく両手で受け取り、礼拝《らいはい》し、感謝してそれを食べた。

> 師与仰山遊山、一処坐。老鴉銜紅柿子来、放師面前。師以手拈来、分破一片与仰山。仰山不受、云、「此是和尚感得底物」。師云、「雖然如此、理通同規」。仰山危手接得了、便礼謝喫。
>
> 師〔潙山〕、仰山《きょうざん》と遊山《ゆさん》し、一処《いっしょ》に坐す。老鴉《からす》、紅《あか》き柿子《かき》を銜《くわ》え来《きた》りて、師の面前《めんぜん》に放《お》く。師、手《て》を以て拈《と》り来り、一片《いっぺん》を分破《ぶんぱ》して仰山に与《あた》う。仰山受《う》けず、云く、「此れは是れ和尚《おしょう》の感得《かんとく》せる底《てい》の物なり」。師云く、「如此《かくのごと》しと雖然《いえど》も、理《り》通ずれば規《き》を同じくす」。仰山、危手《きしゅ》して接得《うけと》り了《おわ》るや、便ち礼謝《らいしゃ》して喫《くら》えり。

たまたまカラスがくわえて来たうまそうな赤い柿、それを師弟が仲良く分けあって食べた。そんな微笑ましい情景のように、一見、見えます。しかし、実は、そうではありません。カラスから柿を供えられた時、潙山の脳裏にあったのは、きっと、南泉の次の問答だったに違いありません（南泉は潙山より一世代上の人。系譜でいうと「馬祖─百丈─潙山─仰山」「馬祖─南泉─趙州」となります）。

問う、「牛頭《ごず》未だ四祖《しそ》に見《まみ》えず、百鳥《ひゃくちょう》花を銜《くわ》え供養《くよう》せる時は如何《いかん》？」

師〔南泉〕云く、「只《た》だ歩歩《ほほ》仏階を踏《ふ》めるが為のみ」。

「見《まみ》えし後《のち》は為什摩《なにゆえ》にか来《きた》らざる？」

師云く、「直饒《たと》い来らざるも、猶《な》お王老師《われ》に較《おと》ること一線道在《なり》」。

（『祖堂集』巻16南泉章、「問、〝牛頭未見四祖、百鳥銜花供養時如何？〟　師云、〝只為歩歩踏仏階〟。〝見後為什摩不来？〟　師云、〝直饒不来、猶較王老師一線道在〟。）

「牛頭がまだ四祖に逢っていなかった時、多くの鳥たちが花をくわえて供養にやって来た、それは、どういうことでございましょう？」　南泉、「一歩一歩、仏への階段を登っていただけのことだ」。「では、四祖に逢うた後、鳥たちが供養に来なくなったのは、なぜでしょう？」「来なくなったところで、なお、このわしには糸ひとすじぶん及ばぬ」。

山中でひとり坐禅し無師独悟していた牛頭法融のもとを、四祖が訪れ、法を伝えた――『祖堂集』巻3牛頭章にはそのように記されています。その伝承から、右のように、まだ四祖に逢っていなかった時、牛頭のもとには百鳥が花をくわえて供養に来た、それが四祖と出逢って後にはパッタリ来なくなった、それは何故か？　そんな問答が唐代の禅僧たちの間で行われるようになりました。その最初の例が右の南泉の問答なのですが、今、詳細を省いて結論だけ言えば、四祖に逢う前、牛頭は悟っていた。だから、その悟りに感応して鳥たちが花を供えに来た。しかし、牛頭は、四祖との出逢いで、ついにその悟りを忘れ去ることができた。それで鳥が供養に来ることも無くなったのだ、ということです。『祖堂集』巻9九峰《きゅうほう》和尚の次の問答が、その趣旨を示す恰好の注脚となっています。

問う、「一切処《いっさいしょ》に覓《もと》め得《え》ざる、豈《あ》に〝聖《しょう》〟に不是《あらざ》るや？」

師〔九峰〕云く、「是れ〝聖〟なり」。

「牛頭《ごず》の未《いま》だ四《し》祖《そ》に見《まみ》えざるは、豈《あ》に〝聖《しょう》〟に不是《あらざ》るや？」

師云く、「是也《しかり》。〝聖境《しょうきょう》〟未《いま》だ亡ぜざるなり」。……

（問、「一切処覓不得、豈不是聖？」師云、「是聖也」。「牛頭未見四祖、豈不是聖？」師云、「是也。聖境未亡」。……）

「いかなる処にも求めえぬ者、それが〝聖〟なる者ではございませぬか？」九峰、「うむ、それが〝聖〟だ」。「では、牛頭が未だ四祖に逢っていなかった時、それは〝聖〟だったのではございませぬか？」「うむ、〝聖〟だ。〝聖〟なる境地を未だ忘れられずにおったのだ」。……

「凡」なる迷いを克服して「聖」なる悟りに至る、というのは、唐代禅の主題ではありません。唐代の禅僧たちが追究したのは、「聖」なる悟りを得た後、いかにそれを忘れ去ってふつうに生きるか、という問題でした。「聖」なる悟りを抱えつづけ、その輝きに感応して百鳥が供養に来るようではマダマダなのです。南泉が最後に言った、「直饒《たと》い来らざるも、猶《な》お王老師《われ》に較《おと》ること一線道在《なり》」、この言葉は、さりとて鳥が供養に来なくなったところを究極と思いなしてはならぬ――「聖」の忘却を新たな「聖境」としてはならぬ――という含みでしょう。

カラスから柿の供養を受けてしまった時、潙山が思い至ったのもこの問題だったに相違ありません。そこでその柿を手で割って、半分を弟子の仰山に与えようとしました。しかし、仰山は、そんな巻き添えはごめんです。「いえいえ、これは、和尚さまのお徳に感応してもたらされたものでございます」。「聖」なる悟りをひきずっておられるのは和尚さまであって、決してそれがしではございませぬ。潙山は――たぶん憮然としながら――言いました。それはそうだが、「理《り》通ずれば規《き》を同じくす」、本質が通じあっている以上、その現われも同じでなければならぬ。他に用例が無く、語義を詰め切れませんが、要するに、お前だけ何も無しというわけにはまいらぬと言いたいのでしょう（『景徳伝灯録』巻11仰山章では「汝《なんじ》も也《ま》た空然《くうねん》たるを得ず」）。そこで仰山はいかにも礼儀正しく恭しい所作で、柿をいただきました。しかし、それは、決して、謙虚さや行儀の良さの現れではありません。逆に、この柿が本来自分のものでなく、あくまでも師からの下されものと主張する、無言の――しかし、少々、嫌みな――抵抗なのでした（この話については、小川『中国禅宗史――「禅の語録」導読』第1章、参照。ちくま学芸文庫、二〇二〇年、頁四二）。

色を見るは心を見る――潙山と仰山

「遊山」とは書かれていませんが、『祖堂集』潙山章には、潙山と仰山がつれだって外を歩いていた時の次のような話も伝えられています。

潙山禅師が仰山と歩いていた時のこと、禅師は枯れ木を指さして言った。

「前に見えるのは何だ?」

仰山、「ただの枯れ木でございます」

潙山は背後の田植えの農夫を指さした。

「ふむ、このおやじどのも、将来は五百人の門下を擁する大善知識《だいぜんちしき》となろうて」


師与仰山行次、師指枯樹子云、「前頭是什摩?」仰山云、「只是箇枯樹子」。師指背後挿田公云、「這箇公向後亦有五百衆」。

師〔潙山〕仰山《きょうざん》と行《あゆ》める次《おり》、師、枯樹子《こじゅし》を指《さ》して云く、「前頭《まえ》なるは是れ什摩《なん》ぞ?」仰山云く、「只《た》だ是れ箇の枯樹子なるのみ」。師、背後の挿田公《そうでんこう》を指して云く、「這箇《こ》の公も向後《のち》には亦た五百《ごひゃく》衆《しゅ》有らん」。


あれがただの枯れ木に見える——その答えで合格なら、あの田植えのおやじどのも将来はたいした大善知識となるであろう。言うまでもなく、お前の見解はあの田吾作どんと大差ないという皮肉です。では、前方の枯れ木が、何に見えればよかったというのでしょうか?

ここで『祖堂集』巻18の仰山章のほうに録された次の「遊山」の問答を見ると、彼らの間で何が問題とされていたのかが解ります。そして、右の話でも、仰山が潙山の語にすなおに恐れ入ったはずはないということが想像できます。

ある時、潙山は、仰山と〝遊山〟しながらこう言った。

「〝色《しき》〟を見るは便ち〝心《こころ》〟を見るなり」（「色」すなわち、諸々の事物・事象を見ることは、そのまま己れの「心」を見ることにほかならぬ）

そこで仰山いわく、「和尚さまは、〝色〟を見るは便ち〝心〟を見ると仰せられました。木は〝色〟にございましょう。しからば、この木の上に見える和尚さまの〝心〟はどこにございますか？」

潙山、「もし〝心〟そのものが見えたら、〝色〟が見えるはずはない。〝色〟を見ていることが、そのまま〝心〟を見ていることなのだ」

仰山、「もし、そうなら、先ず〝心〟を見て然る後に〝色〟を見る、としか言えぬでしょう。〝色〟を見たら〝心〟が見えるというのは、如何なる道理でしょう？」

潙山、「わしは、今、この木と語りおうておる。お前にはそれが聞こえるか？」

仰山、「和尚が木と語りおうておられるなら、それは、あくまでも、木と語りおうておられるだけのこと。それがしに聞こえるか否かを問うて、どうなさいます？」

潙山、「なら、わしは、今、現にこうして君と語りおうておる。それが君に聞こえるか？」

仰山、「和尚がそれがしと語りおうておられるなら、それは、あくまでもそれがしと語りおうておられるだけのこと。その上、それがしに聞こえるか否かを問うて、どうなさいます？　それがしに聞こえるか否かを問うぐらいなら、いっそ、木に、聞こえるかどうかを問われるべきでしょう」。

因潙山与師遊山説話次、云、「見色便見心」。仰山云、「承和尚有言〝見色便見心〟、樹子是色、阿那箇是和尚色上見底心？」　潙山云、「汝若見心、云何見色？　見色即是汝心」。仰山云、「若与摩、但言先見心、然後見色。云何見色了見心？」　潙山云、「我今共樹子語、汝還聞不？」　仰山云、「和尚若共樹子語、但共樹子語。又問某甲聞与不聞作什麼？」　潙山云、「我今亦共子語、子還聞不？」仰山云、「和尚若共某甲語、但共某甲語。又問某甲聞与不聞作什麼？　若問某甲聞与不聞、問取樹子聞与不聞始得了也」。

因《ちな》みに潙山《いさん》、師〔仰山〕と〝遊山《ゆさん》〟して説話《かた》れる次《おり》、云く、「〝色《しき》〟を見るは便ち〝心《しん》〟を見るなり」。仰山云く、「承《きくなら》く和尚《おしょう》言うこと有り〝色を見るは便ち心を見るなり〟と。樹子《じゅし》は是れ〝色〟、阿那箇《いずれ》か是れ和尚が〝色〟上に見る底の〝心〟？」　潙山云く、「汝若《も》し〝心〟を見れば、云何《いか》んが〝色〟を見ん？　〝色〟を見るこそ即ち是れ汝が〝心〟なり」。仰山云く、「若し与摩《かく》なれば、但《た》だ先に〝心〟を見て然《しか》る後《のち》に〝色〟を見ると言わん。云何《いか》んが〝色〟を見了《みおわ》りて〝心〟を見る？」　潙山云く、「我れ、今、樹子と語るに、汝還《は》た聞《きこ》ゆ不《や》？」　仰山云く、「和尚若《も》し樹子と語らば、但だ樹子と語るのみ。又た某甲《それがし》の聞ゆると聞えざるとを問うて什麼《なに》をか作《な》さん？」　潙山云く、「我れ、今、亦た子《そなた》とも語る、子還《は》た聞《きこ》ゆ不《や》？」　仰山云く、「和尚若《も》し某甲《それがし》と語らば、但《た》だ某甲と語るのみ。

又た某甲の聞ゆると聞えざるとを問うて什摩《なに》をか作《な》さん？　若し某甲の聞ゆると聞えざるとを問わば、樹子に聞ゆると聞えざるとを問取《もんしゅ》して始めて得《よ》か了也《ららん》」。

馬祖《ばそ》はかつて説きました。「自性《じしょう》無きが故に、三界唯心《さんがいゆいしん》。〝森羅万像《しんらまんぞう》は、一法《いっぽう》の所印《しょいん》〟（『法句経』）。凡《およ》そ見る所の〝色《しき》〟は皆な是れ〝心《しん》〟を見るなり。……」と（『祖堂集』巻14馬祖章。『馬祖の語録』頁一九〇―一九七、および頁一七―二三、参照）。

潙山もこの説を引きついで、「色」はすべて己が「心」の現れ、「色」を見ることは実は己が「心」を見ていることにほかならない――「〝色《しき》〟を見るは便ち〝心《しん》〟を見るなり」――と考えました。さきの田植えの農夫の話も、潙山はこの考えに立ちつつ、前方に見えているのはただの枯れ木ではない、実は己れの「心」の現れなのだ、そう示そうとしていたのでしょう。

しかし、それをすんなり受けいれる仰山ではありませんでした。右のやりとりは、議論がうまく噛みあっていないようですし、仰山が潙山の揚げ足をとりながらひたすらゴネているようにさえ見えます。ここで仰山は、おそらく、「〝色《しき》〟を見るは便ち〝心《しん》〟を見るなり」という潙山の説では、まず「心」が実在し、その二次的な投影として個々の事物・事象が存在していることになる。つまり、目前にありありと存在している個々の事物が、一様に「心」の影に過ぎないものになってしまう。そう感じて、それを執拗なまでに拒もうとしているのでしょう。木を見ながら、それが木でなく「心」に見える、それはおかしい。木はあくまでも木そのものであって、「心」の代役ではない。仰山は、事物の背後に形而上的な何者かを想定することに反対です。潙山の「理事無礙《りじむげ》」に仰山が「事事無礙《じじむげ》」

で抵抗している、そう喩えてもよいでしょう（第11章、潙山と仰山の「茶つみ」の話でもそうでした）。一心の普遍性・全一性と個々の事物の個々の存在意義、その両者をどう関係づけるかは、潙山・仰山の師弟にとどまらず、この後、唐末《とうまつ》五代《ごだい》の禅宗の重要な主題の一つになってゆきます。

白い雪と雪の白さ——潙山と仰山

このように考えてくると、『祖堂集』巻18仰山章の、一見、意味不明な次の問答も、同様の主題をめぐる応酬として理解できそうに思われます。


仰山が潙山にいた時のこと。

雪がふった日、仰山が質問した。

「この白い〝色《いろ》〟のほかに、べつに〝色《しき》〟というものがございますか？」

潙山、「有るとも」

仰山、「どのような？」

潙山は雪を指さした。

仰山、「それがしは、そう思いませぬ」

潙山、「よろしい。では、理のあるほうに従うとしよう。この〝色《しき》〟のほかに、べつに〝色《いろ》〟というものがあるか？」

「ございます」

「どのような?」

仰山も雪を指さした。

> 師在潙山時、雪下之日、仰山置問、「除却這箇色、還更有色也無?」潙山云、「有」。師云、「如何是色?」潙山指雪。仰山云、「某甲則不与摩」。潙山云、「是也。理長則就。除却這箇色、還更有色也無?」仰山云、「有」。潙山云、「如何是色?」仰山却指雪。
>
> 師〔仰山〕潙山に在りし時、雪下《ふ》るの日、仰山、問いを置く、「這箇《こ》の〝色《いろ》〟を除却《のぞ》きて、還《は》た更に〝色《しき》〟有り也無《や》?」潙山云く、「有り」。師云く、「如何《いか》なるか是れ〝色《しき》〟?」潙山、雪を指《さ》す。仰山云く、「某甲《それがし》は則ち与摩《かくのごと》くならず」。潙山云く、「是也《しかり》。理《り》長ずれば則ち就《つ》かん。這箇《こ》の〝色《いろ》〟を除却《のぞ》きて、還《は》た更に〝色《しき》〟有り也無《や》?」仰山云く、「有り」。潙山云く、「如何《いか》なるか是れ〝色《しき》〟?」仰山却《かえ》って雪を指す。

日本語では仏教語としての「色《しき》」（事物・事象）と、色彩という意味の「色《いろ》」とを、音読みと訓読みで言い分けますが、漢語ではいずれも「色（sè）」としか言えません。それがこの話の、難解さと面白さの理由になっています。

仰山は、白一色の雪景色を見ながら問いました。今、現に見えているこの白い「色《いろ》」のほかに、仏教語でいう「色《しき》」というものが存在するでしょうか？　そこで潙山は「有る」と答えて、目前の雪を指さしました。ここにこうして白い雪として見えているもの、それは実は、己れの「心」の現れとしての「色《しき》」にほかならない、と。しかし、仰山はそれに不服です。自分はそうは思わぬと言いながら、しかし、同じ問いに、やはり目前の雪を指さしました。師が仰せの「色《しき》」の裏づけを待つまでもなく、ここに、ほれ、こうして現に真っ白い「色《いろ》」の雪が、かくもありありと、かくも鮮やかに見えているではございませぬか。

――美しい「花」がある。「花」の美しさといふ様なものはない。（小林秀雄「当麻」）

第18章　鬼神は敬して之を遠ざく？

淫祀――石頭希遷

禅僧たちの周辺にも、いろいろな民間信仰がありました。『祖堂集《そどうしゅう》』巻4の石頭《せきとう》和尚章によると、石頭が生まれた時、家中に光明が満ちたので、不思議に思った両親が「巫祝《ふしゅく》」（シャーマン）に訳をたずねたところ、「斯《こ》れ吉祥《きちじょう》の徵《しるし》なり」と答えたといいます。

石頭は幼き頃、お寺参りに連れていかれ、母親にいわれて仏像を拝みました。これが仏様だよと教えられた石頭は、しげしげとそれを仰ぎ見ていいました、「これはたぶん人でしょう。姿かたちも、手足のようすも、人と違わない。これが仏さまなら、ぼくもきっとこれになる。――此《こ》れ蓋《けだ》し人《ひと》なり。形儀《ぎょうぎ》・手足《しゅそく》、人《ひと》と奚《なに》か異《こと》ならん？　苟《も》し此《こ》れ是れ仏《ほとけ》ならば、余《よ》、当《まさ》に焉《これ》に作《な》るべし」（第1章）。

そんな石頭でしたが、しかし、一族のなかには「淫祀《いんし》」――正統な礼の体系に属さない俗信――を行う者が多く、みな「犢《こうし》」を生け贄にして福を祈っていました。幼き石頭はそのつど、祠《ほこら》に行っては祭器を叩き壊し、牛を奪って帰って行ったのでした。そんなことが年に何十度にも及び、やがて一族の人々も仏教を修めるようになっていったといいます。

カマドの神さま――破竈堕和尚

民間の祭祀については、こんな話も伝わっています。北地に竈《かまど》の祭祀に長《た》けた一人の「禅師」がいて、しばしば「竈神《そうしん》」――カマドの神さま――を現出させていました（「竈神」については、窪徳忠『道教の神々』講談社学術文庫、一九九六年、頁二五二、参照）。土地の人々はそれを仏像以上に崇《あが》めていましたが、そこへ一人の和尚がやって来て、「竈神」に仏法を説きました。すると「竈神」が姿を現し、自分もこれであらためて「生天《しょうてん》」し「天府《てんぷ》」に帰ることができると礼を述べました。すると、その言葉が終わらぬうちに「竈神」の姿がスッと消え、同時に竈がガラガラと崩れ落ちて跡形も無くなってしまったのでした。これ以来、この和尚は人々から「破竈堕和尚《はそうだ》」と呼ばれるようになりました（『祖堂集』巻3破竈堕和尚章）。

土地神さま（一）――百丈懐海

「竈神」とともに、中国の庶民にとって最も卑近・卑俗な神さまの一人が「土地神《とちしん》」です（『道教の神々』頁二五七、参照)。日本の禅門では「どじしん」と読み習わされています。土地神については、『祖堂集』巻14の百丈懐海《ひゃくじょうえかい》章にこんな話が載っています。


ある日、夜も更けて、百丈禅師は眠っていた。

ところが、ふと目がさめて、白湯《さゆ》が飲みたくなった。

だが、侍者《じしゃ》もよく眠っており、呼ぶわけにいかない。

すると、ほどなく、誰かが戸をたたいて侍者を呼んだ。

「これ、和尚さまが白湯をご所望じゃ！」

侍者は慌てて起き上がると、湯をわかして禅師のところにお持ちした。

禅師は驚いた。

「誰が湯をわかせと？」

侍者が事の次第を詳しく述べると、禅師はパチンと指を鳴らして言った。

「ああ、わしはまったく修行ができておらぬ。修行ができておる者なら、人にも鬼神にも気取られぬはず。今日、土地神などに心の内をうかがい見られ、かくなる始末となろうとは……」。


師有一日夜深睡次、忽然便覚、欲得喫湯。然侍者亦是睡、喚不得。非久之間、有人敲門喚侍者、云、「和尚要喫湯！」侍者便起煎湯、来和尚処。和尚便驚問、「阿誰教你与摩煎湯来？」侍者具陳前事、師便弾指云、「老僧終不解修行。若是解修行人、人不覚、鬼不知。今日之下、被土地覷見我心識、造与摩次第」。

師〔百丈〕一日《いちじつ》有り、夜深《よふ》けて睡《ねむ》れる次《おり》、忽然《たちま》ち便ち覚《さ》め、湯《ゆ》を喫《の》まんことを欲得《ほっ》す。然《しか》れど侍《じ》者《しゃ》も亦是《ま》た睡《ねむ》り、喚《よ》び不得《えず》。久しからざるの間、人《ひと》有り門《もん》を敲《たた》きて侍者を喚び、云く、「和尚、湯を喫まんと要《ほっ》す！」侍者便《すなわ》ち起きて湯を煎じ、和尚の処に来《きた》る。和尚便ち驚きて問う、「阿誰《たれ》か你《なんじ》をして与摩《かくのごと》く湯を煎じ来らしむ？」侍者具《つぶ》さに前事《ぜんじ》を陳《の》ぶるや、師便ち弾指《たんじ》して云く、「老僧《われ》、終《つい》に修行する解《あた》わず。若《も》し是れ解《よ》く修行するの人ならば、人《ひと》も覚《さと》らず、鬼《き》も知《し》らざらん。今日《こんにち》の下《もと》、土地《とち》に我が心識《しんしき》を覷見《うかがいみ》られ、与摩《かく》なる次第《しだい》を造《な》せるとは」。

前章で、牛頭法融に関する問答にふれました。牛頭が四祖に出逢う前には百鳥が花をくわえて供養に来ていた。しかし、四祖に出逢った後はそれがふっつり絶えた、という話です。前章で挙げたのは、この種の問答の最も早い例である南泉《なんせん》の問答でした。

問う、「牛頭《ごず》未だ四祖《しそ》に見《まみ》えず、百鳥《ひゃくちょう》花を銜《くわ》え供養《くよう》せる時は如何《いかん》？」
師〔南泉〕云く、「只《た》だ歩歩《ほほ》仏階を踏《ふ》めるが為のみ」。
「見《まみ》えし後《のち》は為什摩《なにゆえ》にか来《きた》らざる？」
師云く、「直饒《たと》い来らざるも、猶《な》お王老師《われ》に較《おと》ること一線道在《なり》」。（『祖堂集』巻16南泉章）

一歩一歩、聖性への階段を登っていた牛頭も、四祖に出逢うことでその聖なるものを忘れ去ることができた。だが、南泉に言わせれば、それもまだ今一歩です。聖性の忘却を究極とし、そこに止まってはならぬからです。

禅宗以前の高僧伝《こうそうでん》の世界では、鳥獣から供養を受けることは禅定力《ぜんじょうりき》を具えた高僧であることの証でした。しかし、唐代の禅僧たちの考えは逆です。鳥獣に感知されるような聖なる気象を発しているようでは、まだまだ本物でないのです。鬼神についてもまた然り。修行ができていれば「人《ひと》も覚《さと》らず、鬼《き》も知《し》らず」、人はおろか鬼神にさえ心中をうかがい見られることはない。鬼神に心の内を読まれ恩恵を与えられるのは、修行ができていない証拠なのです。それで百丈は「弾指《たんじ》」して汚《けが》れを払い、自分の至らなさを痛く嘆かざるを得なかったのでした。

あの世のお迎え――馬祖と「寺主」

百丈や南泉の師であった馬祖《ばそ》は、さすがに「人《ひと》も覚《さと》らず、鬼《き》も知《し》らず」でした。『祖堂集』巻14馬祖章に次のような話が伝えられています（『馬祖の語録』頁一二〇参照。第12章の「主事」の項で一度ふれたことがあり、この話の異伝と考えられる塩官の話もそこで読みました。「寺主」という位についても同章で考察しました）。

〔1〕馬祖がいた洪州《こうしゅう》（江西省）の街に「大安寺主《だいあんじしゅ》」という僧があり、経典《きょうてん》・論書《ろんじょ》を講じていた。

彼はひたすら馬祖を誹謗していた。

ある日の深夜、「鬼使《きし》」（あの世からの迎えの使者）がやって来て門を叩いた。

寺主、「何者か？」

「鬼使である。寺主を捉えにまいった」

「謹んで鬼使どのに申し上げます。それがしは今年六十七歳。これまで四十年間経論《きょうろん》を講じ、衆僧《しゅそう》の育成に努めてまいりました。しかし、論争に明け暮れて、まだ修行ができておりませぬ。どうか何卒、一日一夜のご猶予を願えますまいか？」

「四十年間、経論の講義にふけり、修行ができておらぬと。それなら、今さら修行などして、どうなる？　喉が渇いてからやおら井戸を掘る、そのようなマネに何の意味が有る？　……」

有洪州城大安寺主、講経講論。座主只観〔只管〕誹謗馬祖。有一日、夜三更時、鬼使来搥門。寺主云、「是什麼人？」対云、「鬼使。来取寺主」。寺主云、「啓鬼使、某甲今年得六十七歳、四十年講経講論、為衆成持、只観〔只管〕貪諍論、未得修行。且乞一日一夜、還得也無？」鬼使云、「四十年来貪講経論、不得修行、如今更修行作什麼？　臨渇掘井、有什麼交渉？　……」

洪州《こうしゅう》城の大安寺主《だいあんじしゅ》なる有り、経《きょう》を講じ論《ろん》を講ず。座主《ざす》只観《ひたす》ら馬祖《ばそ》を誹謗《ひぼう》す。一日有り、夜三更《さんこう》の時、鬼使《きし》来《きた》りて門《もん》を搥《う》つ。寺主云く、「是れ什麼人《なにびと》ぞ？」　対《こた》えて云く、「鬼使なり。来りて寺主を取る」。寺主云く、「鬼使に啓《もう》す、某甲《それがし》、今年、六十七歳を得たり。四十年、経を講じ論を講じ、衆《しゅ》の為に成持《じょうじ》するも、只観《ひたす》ら諍論《じょうろん》を貪《むさぼ》りて、未《いま》だ修行するを得ず。且《しば》らく一日一夜を乞う、還《は》た得《よ》き也無《や》？」鬼使云く、「四十年来、経論を講ずるを貪りて、修行するを得ざるに、如今《いま》、更に修行して什麼《なに》をか作《な》す？渇《かわき》に臨みて井《いど》を掘る、什麼《なに》の交渉《かかわり》か有らん？……」

このあと「鬼使」は、経典（『華厳経』）の言葉を次々に引きながら、容赦なく寺主を責め立てます。経典にいわく、「自ら度《ど》する（彼岸《ひがん》に度《わた》る）を得、他《た》をして度するを得せしむ。自ら解脱《げだつ》して他をして解脱せしむ。……」。お前は自分でそれをできずにおりながら、なんで僧の育成ができるのか？いわく、「我れ当《まさ》に自ら正行《しょうぎょう》を修め、亦《ま》た他にも勧め、正行を修めしむ」。お前は自ら正行を修めずして、人にそれを教えるとはどういうことか？いわく、「言詞所説《ごんじしょせつ》の法は、小智《しょうち》の妄分別《もうふんべつ》なるのみ。……自らの心を了《さと》ぜずんば、云何《いかん》が正道《しょうどう》を知らん。……」。四十年間「口業《くごう》」ばかりを作ってきたお前に、地獄行き以外のどんな道がある？いわく、「言語《ごんご》もて諸法《しょほう》を説かば、実相《じっそう》を現わす能《あた》わず」。お前は妄心によりながら、口さきだけでむやみに法を説いてきた。罪報を受けることは必定だ。

こんな調子で次から次へと経典の文を列挙しながら、「鬼使」は長々と寺主を咎めつづけ、こう言いました。「怨むなら己れを怨め。人を怨むな。さあ、今すぐ行くぞ！遅れたら、あの世の王からわしが叱られる」。

すると、もう一人の「鬼使」がとりなしました。「いやいや、王も事の次第はご存知じゃ。修行させてやっても、よいではないか」。そこで一人目の「鬼使」は言いました。「よし、それなら、一日だけ修行を許してやろう。あちらにもどって、この事を王に申し上げる。お許しが出たら、明日、出直してまいる。だが、王がダメだと言われたら、すぐにもどってまいるからな！」

かくして、どうにか、この場だけは逃れたものの、寺主はどうしてよいか解りません。
〔2〕鬼使が去った後、寺主は思案にくれた。「この一件、鬼使は許したが、わたし自身、この一日で如何《いか》に修行したものか？」
どうにもなすすべなく、寺主は、夜が明けるのも待ちかねて、馬祖《ばそ》のいる開元寺《かいげんじ》に行って門を叩いた。

門番、「何者か？」

「大安寺主が馬大師《ばだいし》にご挨拶に参上いたしました」

門番が門を開けると、寺主はまっしぐらに馬祖のもとに向かった。そして、事の経緯《ゆくたて》を申し上げ、五体投地《ごたいとうち》して礼拝したのち、起ち上がって訴えた。

「生死《しょうじ》が迫り来たった今、どうすればよろしいのでしょう？　和尚さま、どうかお慈悲で、この粗末な余命をお救い下さいませ」

馬祖は、では、自分のそばに立っておれと命じた。

夜が明けると、鬼使が大安寺にやって来た。だが、寺主を探しても見当たらない。そこで開元寺にやって来た。それでも、やはり見つからない。鬼使はそのまま引き上げて行った。

馬祖と寺主には、鬼使の姿が見えていた。しかし、鬼使には、馬祖と寺主の姿が見えていなかったのであった。

其鬼使去後、寺主商量、「這箇事鬼使則許了也。某甲一日作摩生修行?」無可計、不待天明、便去開元寺搥門。門士云、「是什摩人?」対云、「太〔大〕安寺主来起居大師」。門士便開門。寺主便去和尚処、具陳前事後、五体投地礼拝、起云、「生死到来、作摩生即是? 乞和尚慈悲、救某甲残命」。師教他身辺立地。天明了、其鬼使来太〔大〕安寺討主不見。又来開元寺、覓不得、転去也。
師与寺主即見鬼使、鬼使即不見師与寺主也。

其の鬼使《きし》去りし後、寺主商量《しょうりょう》すらく、「這箇《こ》の事、鬼使は則ち許《ゆる》し了也《おわれり》。某甲《それがし》、一日、作摩生《いかに》か修行《しゅぎょう》せん?」計《はか》る可《べ》き無く、天《てん》の明《あ》くるを待たずして、便ち開元寺《かいげんじ》に去《ゆ》きて門を搥《たた》く。門士《もんし》云く、「是れ什摩人《なにびと》ぞ?」対《こた》えて云く、「大安寺主《だいあんじす》、来《きた》りて大師《だいし》〔馬祖〕に起居《ききょ》す」。門士便ち門を開く。寺主《じす》便ち和尚《おしょう》〔馬祖〕の処に去き、具《つぶ》さに前事を陳《の》べし後、五体投地《ごたいとうち》して礼拝《らいはい》し、起《た》ちて云く、「生死《しょうじ》到来す、作摩生《いかに》せば即ち是《よ》き? 乞《こ》う和尚、慈悲《じひ》もて某甲《それがし》が残命《ざんみょう》を救わんことを」。師、他《かれ》〔寺主〕をして身辺《しんぺん》に立地《たた》しむ。天明け了《おわ》るや、其の鬼使、大安寺に来りて主〔寺主〕を討《もと》むるも見えず。又た開元寺に来るも、覓《もと》め不得《えず》、転じ去れり。師と寺主には即ち鬼使見《み》ゆるも、鬼使には即ち師と寺主見えざるなり。

この話のあとには、後年、龍華《りゅうげ》和尚が僧と交わした、次のような問答が書きつけられています。

僧拈《と》りて龍華《りゅうげ》に問う、「寺主の只如《ごと》きは、当時、什麼処《いずく》に去《ゆ》きてか、鬼使覓《もと》め不得《えざ》る？」

花〔龍華〕云く、「牛頭《ごず》和尚」。

僧云く、「与摩《かく》なれば則ち国師《こくし》も当時也《ま》た太《はなは》だ奇なり」。

龍花〔龍華〕曰く、「南泉《なんせん》和尚」。

（僧拈問龍華、「只如寺主当時向什麼処去、鬼使覓不得？」 花云、「牛頭和尚」。僧云、「与摩則国師当時也太奇」。龍花曰、「南泉和尚」。）


僧、「鬼使《きし》が見つけられなかった時、寺主はドコに行っていたのでしょうか？」 龍華、「うむ、牛頭《ご》和尚のようなものだ」。僧、「それなら、昔の南陽慧忠《なんようえちゅう》国師もたいしたものにございますな」。龍華、「いや、南泉《なんせん》和尚のようなものだ」。

寺主は馬祖の側にいることで、四祖に出逢った後の牛頭のようになれたと言うのでしょう。また、六祖《ろくそ》の法嗣《はっす》の南陽慧忠国師が三昧《さんまい》に入ると、他心通《たしんつう》に秀でた「西天《さいてん》」（インド）の「大耳三蔵《だいじさんぞう》」さえ、その心を読み取ることができなかったという故事があります（『祖堂集』巻18仰山章。『景徳伝灯録』巻5慧忠国師章）。読み取られるべき心の内というものが、そもそも存在しなかったからです。僧は、鬼使から見えなくなった寺主もそれと同じことだったのですねと頷きました。しかし、龍華は、いや、それは南泉のようでなければならぬのだ、とたしなめました。慧忠国師のような無心の境地がいくらすばらしくとも、それを究極とし、そこに安住してしまってはいけないのだと言いたかったのでしょう。

土地神さま（二）――南泉普願

しかし、その南泉にも、実は大きな失敗がありました。『景徳伝灯録《けいとくでんとうろく》』巻8の南泉章に見える次の話です（禅文化研究所『景徳伝灯録三』頁一一四参照）。


南泉禅師は、心の中で、明日は荘園の見回りにでも出かけるか、と思った。

すると、その夜、土地神が荘主《しょうしゅ》（荘園の管理の僧）にその旨のお告げを与えた。

翌日、荘主は前もって仕度を整えて待っていた。

そこへ到着した南泉は、いぶかった。

「なぜわしの来ることが解った？　このような仕度などして……」

荘主、「昨晩、土地神から、和尚さまが今日お見えだとお告げがございました」

南泉、「ああ、わしの修行はまったく無力だ。鬼神に心の内をうかがい見られようとは！」

そこで一人の僧がたずねた、「和尚さまはれっきとした善知識であられますのに、なにゆえ、鬼神などに心をうかがい見られるのです？」

南泉、「ええい、土地神の前に、お供えの飯をもう一膳足してやれ！」


師擬取明日遊荘舎。其夜、土地神先報荘主。荘主乃預為備。師到、問荘主、「争知老僧来、排辦如此？」 荘主云、「昨夜土地報道和尚今日来」。師云、「王老師修行無力、被鬼神覰見！」 有僧便問、「和尚既是善知識、為什摩被鬼神覰見？」 師云、「土地前更下一分飯」。

師、明くる日、荘舎《しょうしゃ》に遊ばんと擬取《ほっ》す。其の夜、土地神《とちしん》、先に荘主《しょうしゅ》に報《しら》す。荘主乃ち預《あらかじ》め為に備う。師到りて、荘主に問う、「争《いか》でか老僧《われ》の来るを知りて、排辦《したく》すること如此《かくのごと》し？」 荘主云く、「昨夜、土地、和尚の今日来《きた》らんことを報道《しら》せり」。師云く、「王老師《われ》修行無力、鬼神に覰見《うかがいみ》らるとは！」 僧有りて便ち問う、「和尚既《すで》に是れ善知識なるに、為什摩《なにゆえ》にか鬼神に覰見《うかがいみ》らる？」 師云く、「土地の前に更に一分の飯を下せ」。

最後に質問した僧は、無邪気にきいているのか、それとも小面憎い皮肉できいているのか？ いずれにしても、南泉は面白くありません。「ええい、いまいましいが、しかたない。土地神にもう一人前、供え物を追加してやれ！」 腹立ちまぎれの捨てゼリフですが、南泉は、結局、自分自身に腹を立てているのでしょう。ここではさすがの南泉も「直饒《たと》い来らざるも、猶《な》お王老師《われ》に較《おと》ること一線道在《なり》」とはいかなかったのでした。

牛頭に関する盤山宝積《ばんざんほうしゃく》——やはり馬祖の法嗣——の次の問答は、今回のいくつかの話の恰好のまとめになっているようです（『祖堂集』巻15盤山章）。

問う、「牛頭《ごず》の未《いま》だ四祖《しそ》に見《まみ》えざる時は如何《いかん》？」

師云く、「有量《うりょう》の事《こと》〔枠組みの有るもの〕は、龍鬼《りゅうき》〔龍神・鬼神〕も尋《たず》ぬ可《べ》し」。

進《かさ》ねて曰く、「四祖に見えし後は如何?」

師云く、「脱量《だつりょう》の機《き》〔枠組みの無いはたらき〕は、龍鬼も尋《たず》ね難《がた》し」。

進ねて曰く、「見えし後、為什麼《なにゆえ》にか百鳥《ひゃくちょう》来《き》たらざる?」

師答えて曰く、「絲《いと》〔楽器の弦〕在《あ》らば能《よ》く歌舞《かぶ》す、線《いと》〔弦〕断《た》たば一時に休す」。

（問、「牛頭未見四祖時如何?」師云、「有量之事、龍鬼可尋」。進曰、「見四祖後如何?」師云、「脱量之機、龍鬼難尋」。進曰、「見後、為什麼百鳥不来?」師答曰、「絲在能歌舞、線断一時休」。）


枠組み・仕組みの有る心のはたらきは、龍神や鬼神も探りあてることができるだろう。それが無いものは、龍神や鬼神にも、また鳥や獣たちにも、探りあてようがない。楽器に弦が張られておれば、歌いも舞いもできようが、弦が断ち切られれば、もはやそれまで。

第19章　士大夫と禅僧――白居易

禅宗と唐代の士大夫

禅宗は発生の当初から、一貫して知識人の宗教でした。禅の古典には、無学な民衆に対する布教・救済といった主題はほとんど見られません。出てくるのは、知性の頂点に達した人が如何に知性の限界をのりこえるか、或いは、正しい考え方を極めた人がその「正しさ」の呪縛から如何に逃れうるか、そんなきわめて尖鋭的な高次の問題意識ばかりです。乱暴に言ってしまえば、とびきりの秀才に向かって「バカになれ」と叱る、それが禅という宗教だったのでした。

そのような問題意識をもつ禅宗は、一方で厳しい脱俗の姿勢を貫きながら、一方で最初期から、中国の上層の文人官僚――士大夫《したいふ》――たちとの密接な交渉の上に成り立っていました。禅の思想や精神は、如何なる外在の秩序や権威にも依拠しないことによってこそ成立するものでしょう。しかし、その一方で、禅宗という集団は、歴史上、士大夫層の支持なしに中国社会の上に存続したことのないものでした。

初期禅宗の例でいえば、敦煌《とんこう》出土の荷沢神会《かたくじんね》の語録には、詩人王維《おうい》はじめ、盛唐《せいとう》の時代の著名な士大夫たちとの問答が多数収録されています。つづく中唐の時代には、白楽天《はくらくてん》こと白居易《はくきょい》が興善惟寛《こうぜんいかん》・帰宗智常《きすちじょう》・仏光如満《ぶっこうにょまん》（いずれも嗣馬祖）ら多くの禅僧と交流をもったほか、『祖堂集《そどうしゅう》』や『景徳伝灯録《けいとくでんとうろく》』には、陸亘《りくこう》と南泉《なんせん》（嗣馬祖）、李翺《りこう》と薬山《やくさん》（嗣石頭）、于頔《うてき》と紫玉《しぎょく》（嗣馬祖）など、中唐期の士人と禅僧との問答がいくつも記録されています。なかには裴休《はいきゅう》のように、黄檗《おうばく》（嗣百丈）・宗密《しゅうみつ》（嗣遂州道円）・潙山《いさん》（嗣百丈）ら、当時の錚々たる禅僧たちと交わって、自ら禅に関する一級の編著（黄檗『伝《でん》心法要《しんほうよう》』『宛陵録《えんりょうろく》』）をのこしている人さえあるほどです。このような趨勢は、次の宋の時代になると、さらに飛躍的に伸長し拡大します。

この章と次の章で、そうした数ある中唐期の事例の一端として、白居易・李翺・韓愈《かんゆ》の三人の問答を『祖堂集』からご紹介してみます。いずれも中国の文学史や思想史に必ず出てくる著名な士大夫です。ただし、禅籍に見えるそれら禅僧と士大夫との交流の記録には、当の士大夫側の文献に対応する事実が確かめられないことが多く、史実として疑わしい話や後世の創作であることが明らかな話も少なくありません。ここでは『祖堂集』の記述をそのまま史実と看るのではなく、禅宗の側が士大夫との交渉の「物語」を如何に編み上げていったかという観点から、いくつかの話を読んでみたいと思います。

諸悪莫作　諸善奉行――鳥窠道林と白居易

『景徳伝灯録』は、その巻10に、馬祖の弟子の仏光如満《ぶっこうにょまん》の法嗣《はっす》として白居易の章を立てています。しかし、如満の法嗣とされているのは、最晩年に師事した相手が如満だったからで、白居易の参禅の実際については、「凡《およ》そ任処《にんしょ》に守《しゅ》〔長官〕たるごとに、多く祖道《そどう》を訪《と》い、学に常《つね》の師《し》無し」と記されています。地方官として各地に赴任するごとにその任地で禅者を訪ね、学道において決まった一人の師というものをもたなかった、というのです。白居易に限らず、唐代の士大夫の禅僧との出逢いかたは、往々、そのようなものでした。

『景徳伝灯録』同章は、白居易の経歴に沿いながら禅者たちとの交流を記述してゆきますが、その中に「十五年〔元和一五・八二〇〕、杭州《こうしゅう》に牧《ぼく》〔長官〕たり、鳥窠《ちょうか》和尚を訪《と》う。問答《もんどう》・偈頌《げじゅ》有り〔鳥窠章に叙《の》べ訖《おわ》る〕」という一文が見えます。白居易が杭州刺史《しし》（長官）となるのは長慶《ちょうけい》二年（八二二）からのことで、ここに元和十五年とするのは『景徳伝灯録』の誤りです。

「鳥窠和尚」は牛頭《ごず》宗の法系に属する国一《こくいつ》禅師こと径山道欽《きんざんどうきん》の法嗣、鳥窠道林《ちょうかどうりん》。その名の由来について『景徳伝灯録』巻4鳥窠章はこう記しています。「のち、秦望山《しんぼうさん》で大きな松の樹を見つけた。枝葉《えだは》がさかんに生い茂り、それが蟠《わだかま》って蓋《おお》いのようになっていた。そこでその上に棲《す》まうようになり、世の人々から〝鳥窠《ちょうか》〔鳥《とり》の窠《す》〕禅師〟と呼ばれるようになった。また鵲《かささぎ》がそのかたわらに巣を作ってすっかりなついたので〝鵲巣《じゃくそう》〔鵲《かささぎ》の巣《す》〕和尚〟とも呼ばれるようになった」と〔後見秦望山有長松、枝

葉繁茂、盤屈如蓋、遂棲止其上。故時人謂之「鳥窠禅師」。復有鵲巣于其側、自然馴狎人、亦目為「鵲巣和尚」)。

ここでは、白居易とこの人との「問答・偈頌」を、『景徳伝灯録』でなく、最も古い記録である『祖堂集』巻3鳥窠章で読んでみます。『景徳伝灯録』鳥窠章には、実際には問答だけ録されていて、偈頌は載っていません。


白居易、「一日、十二時間、どのように修行すれば道とかなうことができましょうか?」

鳥窠、「もろもろの悪はなすなかれ、もろもろの善はつつしみ行え」

「それなら、三歳の子供にも申せましょう」

「三歳の子供にも申せるが、百歳の老人にもまるで行い得まい」

白居易はこれを聞くや、鳥窠を礼拝して師と仰ぎ、次の一首を詠んで讃えた——

身も骨も痩せこけながら　長らく修行し
一枚の麻の納衣をまとうて　道《みち》の情《こころ》とともにある
緑ふかき松の木にもたせて　草庵をむすぶ
そんな鳥窠の名は　天の涯《はて》まで聞こえている

白舍人問、「一日十二時中、如何修行便得与道相応?」師云、「諸悪莫作、諸善奉行」。舍人曰、

「三歳孩児也解道得」。師曰、「三歳孩児也解道得、百歳老人略行不得」。舎人因此礼拝為師、讃曰、「形羸骨痩久修行　一納麻衣称道情　曽結草庵倚碧樹　天涯知有鳥窠名」。

白舎人《はくしゃじん》〔白居易〕問う、「一日十二時中《じゅうにじちゅう》、如何《いか》に修行せば便ち道《みち》と相応《そうおう》するを得《う》？」師〔鳥窠〕云く、「諸《もろもろ》の悪《あく》は作《な》す莫《なか》れ、諸《もろもろ》の善《ぜん》は奉行《ぶぎょう》せよ」。舎人曰く、「三歳の孩児《わらべ》も也《ま》た解《よ》く道《い》い得《え》ん」。師曰く、「三歳の孩児も也た解く道い得るも、百歳の老人も略《まった》く行《おこな》い不得《えじ》」。舎人、此れに因りて礼《らい》拝《はい》して師と為し、讃じて曰く、「形《み》は羸《や》せ骨《ほね》も痩《や》せて久しく修行し　一の納麻衣《のうまえ》にして道情《どうじょう》に称《かな》う　曽《かつ》て草庵《そうあん》を結びて碧樹《へきじゅ》に倚《よ》り　天涯《てんがい》にも知る鳥窠《ちょうか》の名《な》有るを」。

白居易は長慶二年（八二二）十月から同四年（八二四）五月まで杭州刺史。その前は長安の朝廷で中書舎人《ちゅうしょしゃじん》という職にありました。その「白舎人」こと白居易が問いました。「一日十二時中《じゅうにじちゅう》、如何《いか》に修行せば便ち道《みち》と相応《そうおう》するを得《う》？」

昔の中国では一日を十二時間に区切っていましたので、「十二時中」は一日中のこと。「二六時中」ともいいます。今ふうに言えば、一日二十四時間、どのように修行すれば自己と道とが常に合致し得るか、という問いです。それに対して鳥窠はあっさり答えました。

——諸《もろもろ》の悪《あく》は作《な》す莫《なか》れ、諸《もろもろ》の善《ぜん》は奉行《ぶぎょう》せよ。

言うまでもなく、『増一阿含経《ぞういつあごんぎょう》』『涅槃経《ねはんぎょう》』『大智度論《だいちどろん》』等に見える、有名な「七仏通誡偈《しちぶつつうかいげ》」の初め二句をそのまま唱えたものです。

諸悪莫作　諸《もろもろ》の悪《あく》は作《な》す莫《なか》れ
諸善奉行　諸《もろもろ》の善《ぜん》は奉行《ぶぎょう》せよ
自浄其意　自《みずか》ら其《そ》の意《い》を浄《きよ》む
是諸仏教　是《こ》れ諸仏《しょぶつ》の教《おしえ》なり

悪いことをするな、良いことをせよ。ただ、それだけです。むろん白居易は、いぶかります。「それしきのことなら三歳の子供にも申せましょう」。鳥窠は答えました。「三歳の孩児《わらべ》も也《ま》た解《よ》く道《い》い得《う》るも、百歳の老人も略《まった》く行《おこな》い不得《えじ》」。三歳の子供にも申せようが、百歳の老人にもいっこう行い得ない、と（「略～」は否定の強め）。

この話は、道元《どうげん》の『正法眼蔵《しょうぼうげんぞう》』諸悪莫作《しょあくまくさ》の巻、無住道暁《むじゅうどうぎょう》の『沙石集《しゃせきしゅう》』、さらに茶道の古典『南方録《なんぼうろく》』等々、諸書に引かれてあまりにも有名です。割れた筆でこの二句を大書した一休《いっきゅう》の墨蹟《ぼくせき》もよく知られていますし、『狂雲集《きょううんしゅう》』にもこの話を典故とした詩が見えます。しかし、鳥窠との接点を示す作品は、実は白居易の作品のなかに一つも見出されません。しかも、この話の内容は、古くは『高僧伝《こうそうでん》』巻9神異《しんい》・上の耆域《ぎいき》伝に見える故事の焼き直しであり、近くは鳥窠の師の径山道欽《きんざんどうきん》と劉晏《りゅうあん》という士大夫との間にも同様の問答があったことが『酉陽雑俎《ゆうようざつそ》』続集巻4貶誤《へんご》に記されています。右の話は、実はそうした先行の故事の登場人物を鳥窠と白居易に差し替えて創られたものなのでした（柳田聖山『語録の歴史』注515、『禅文献の研究』上・柳田聖山集、法蔵館、二〇〇一年、頁四七三、参照）。

また『祖堂集』には「鳥窠」の名の由来も見えません。ただ、右の偈に「曽《かつ》て草庵《そうあん》を結びて碧樹《へきじゅ》に倚《よ》り」とあるだけです。あくまでも推測に過ぎませんが、（1）松の樹に凭《もた》せかけるように草案を結んで暮らしていたさまから人々が「鳥《とり》の窠《す》」和尚と綽名するようになり、（2）次にこの綽名のほうから逆に樹上で暮らしたという伝説が創作され、（3）結果、『景徳伝灯録』巻4鳥窠章では、その伝説と矛盾するもとの偈が斥けられて、かわりに右の話の前に次のような問答が加えられた。――そんな経緯だったのかも知れません。樹上に坐する鳥窠と地上に立つ白居易との問答です。


元和《げんな》中、白居易出《いで》て茲《こ》の郡〔杭州〕に守《しゅ》たり。因《ちな》みに山に入りて礼謁《らいえつ》し、乃ち師〔鳥窠〕に問うて曰く、「禅師《ぜんじ》の住処《じゅうしょ》、甚《はなは》だ危険《きけん》なり」。

師曰く、「太守《たいしゅ》の危険こそ尤《とりわ》け甚し」。

曰く、「弟子、位《くらい》、江山《ごうざん》を鎮《しず》む。何の険《けん》か之《こ》れ有《あ》らん？」

師曰く、「薪火《しんか》相い交《まじわ》り、識性《しきしょう》停《とど》まらず。険に非《あら》ざるを得《え》ん乎《や》？」

（元和中、白居易出守茲郡。因入山礼謁、乃問師曰、「禅師住処甚危険」。師曰、「太守危険尤甚」。曰、「弟子位鎮江山、何険之有？」　師曰、「薪火相交、識性不停。得非険乎？」）


唐の元和《げんな》年間（八〇六―八二〇）のこと、白居易が杭州の知事に着任し、ある時、山に入って鳥窠禅師にお会いした。「禅師のお住まいは、甚だ危《あぶ》のうございますな」。「知事どのの危《あや》うさこそ、とりわけ甚だしい」。「わたくしは天下の統治に与《あずか》る身、何の危うきことがありましょう？」「薪《まき》と火《ひ》とが交わるように、分別意識の連鎖がとどまることがない。それが危うさでなくて何であろう?」『景徳伝灯録』鳥窠章はこの問答の続きとして件《くだん》の「諸悪莫作」の問答を録しています。これは鳥窠が樹上に住んでいたという伝承なしには成立し得ない問答です。その伝承を記さない『祖堂集』にこの問答が見えないのは、当然のことだったと言えるでしょう。

君子の儒か? 小人の儒か?――帰宗智常と白居易

『祖堂集』には白居易が登場する章が二つあります。一つはさきほどの巻3鳥窠《ちょうか》和尚章、もう一つは巻15帰宗《きす》和尚章です。そこには馬祖の弟子の帰宗智常《きすちじょう》と白居易の問答が記されていますが、しかし『景徳伝灯録』白居易章は、なぜか、帰宗との交流には一切ふれていません。

さきに看た杭州時代より前のこと、白居易は政変のまきぞえで元和十年(八一五)、江州司馬《しば》(次官)という職に左降され、この地で三年間を過ごしました。この時期、彼はこの地の廬山《ろざん》東林寺の近くで草堂を営んで、浄土への憧れを深めてゆきました。また、同じ廬山の帰宗寺にいた帰宗智常とも会ったことがあり、「晩春登大雲寺南楼贈常禅師――晩春、大雲寺の南楼に登りて常(智常)禅師に贈る」という詩をのこしています。しかし、心中の悲嘆・憂愁を訴えたら、ただ『楞伽経《りょうがきょう》』を読むよう勧められた、というだけで、馬祖禅の意義や特色を意識した趣はまったく見られません。それに対し、『祖堂集』帰宗章では、両者の間に次のような問答があったと記されています。

白居易が江州刺史《こうしゅうしし》だった時、帰宗和尚をたいへん敬っていた。

ある時、白居易が参じに来た時、帰宗はちょうど壁塗《かべぬ》りをしているところだった。

帰宗は振り返って言った。

「君子《くんし》としての儒者か？　小人《しょうじん》としての儒者か？」

白居易、「むろん、君子としての儒者にございます」。

そこで帰宗は持っていたコテで、もう一方の手のコテ板をコツコツと敲《たた》いた。

白居易はクワで泥をすくって、帰宗に差し出した。

帰宗はそのまま泥を受けとめると、こう言った。

「俊敏の機の白居易どのというわけじゃな？」

「おそれいります」

「ふん、泥を渡すだけの能しか無い」


　白舍人為江州刺史、頗甚殷敬。舍人参師、師泥壁次、師廻首云、「君子儒？　小人儒？」　白舍人云、「君子儒」。師以泥鋯敲泥板。侍郎以泥挑挑泥送与師、師便接了、云、「莫是俊機白侍郎以不？」　対云、「不敢」。師云、「只有送泥之分」。

　白舍人《はくしゃじん》〔白居易〕江州刺史《こうしゅうしし》為るや、頗甚《すこぶ》る殷敬《いんけい》す。舍人、師〔智常〕に参ずるに、師、壁《かべ》を泥《ぬ》る次《おり》たり、師廻首《ふりむき》て云く、「君子《くんし》の儒《じゅ》か？　小人《しょうじん》の儒《じゅ》か？」　白舍人云く、「君子の儒なり」。師、泥鋯《コテ》を以て泥板《コテイタ》を敲《たた》く。侍郎〔白居易〕、泥挑《ネリグワ》を以て泥を挑《あ》げ師に送与《おく》る。師便《すなわ》ち接《う》け了《お》わるや、云く、「俊機《しゅんき》の白侍郎なるに莫《あ》是《ら》ず以《や》不？」対《こた》えて云く、「不敢《ふかん》」。師云く、「只だ泥《どろ》を送《おく》るの分《ぶん》有るのみ」。

原文では白居易の官職名がひどく混乱していますが、今、そのことにはふれません。ここで白居易が道を問いに訪ねて行った時、帰宗はちょうど左官のように「泥壁《かべぬり》」をしているところでした（「泥」はここでは壁に泥土を塗るという意の動詞）。畑しごとや台所しごと、水運びに薪《たきぎ》ひろい……、禅僧たちが実にさまざまの労働を身をもって行っていたことは、前に看たとおりです（第11章）。

そこで帰宗は振り向くと、だしぬけに白居易に問いました。「君子《くんし》の儒《じゅ》か？ 小人《しょうじん》の儒《じゅ》か？」言うまでもなく、『論語《ろんご》』雍也《ようや》篇の「女《なんじ》、君子の儒と為れ、小人の儒と為る無《なか》れ」を踏まえた問いです。士大夫が儒教を身上とするのは当然として、それは庸俗の儒ではなく、君子の儒でなければならない。さあ、貴公はどうか？

白居易は、むろん、自分は「君子の儒」だと答えます。すると、帰宗は、黙ったまま、片手でもった壁塗りのコテで、もう一方の手のコテ板をコツコツと敲《たた》きました。しからば、その「君子の儒」をここに出してみよ、とでも言うのでしょうか？ 無言の難題に、しかし、白居易は動ずることなく、クワで泥をすくい、黙って帰宗のもつコテ板にのせました。唐突な問いに、動揺も躊躇もなく、平常底《びょうじょうてい》の所作で自然に応じえた。自分としてもなかなかの禅機を示したつもりではなかったでしょうか。そこで帰宗は言いました、「俊敏の機の白居易どのというわけだな？」白居易、「おそれいります」。かしこまりながらもしたり顔の白居易に、帰宗は冷たく言い捨てました。「ふん、泥をわたす程度の能しかない」。

白居易の何がいけなかったというのでしょうか？　まさか、泥の渡しかたが悪かった、というのではないでしょう。この時、彼の念頭にあったのは、帰宗の要求に応ずることだけで、コツコツという音がありありと聞こえている当の自己、泥をすくって板にのせる自身の活きたはたらき、そちらにはまったく気づいていなかったのでした。帰宗の最後の語は、一見、非情に突き放しているようでいて、実は、泥をわたす時、その渡している当の自身を自覚せねばならぬという示唆を与えるものだったのでした。

問答としてはこのように解せますが、実はこの話も、先行の故事を白居易と帰宗の話に改変したものでした。『祖堂集』巻7巌頭章《がんとう》に引かれる、潙山《いさん》と李軍容《りぐんよう》という人の問答です（前掲、柳田『語録の歴史』注515、頁四七五、参照）。

そこでも「泥壁《かべぬり》」をしていた潙山が、正式の官服で威儀を正して道を問いに来た李軍容の方を振り向き、コテ板に泥をよこすよう、無言で促します。すると李軍容は、すぐさま持っていた笏《こつ》で泥をすくって潙山に渡すしぐさをして見せました（「笏」は皇帝や大臣が朝見の時に手にもつ細長い板。年配の方は昔の一万円札の聖徳太子の像を思い出してください）。それを見た潙山は、左官道具を放り投げ、李軍容の腕をつかんでいっしょに方丈に引きあげて行った、というお話です。

これはおそらく李軍容のとっさの応対を評価し、ともに道を語りあうべき相手として方丈に引っぱって行ったという趣旨でしょう。ただし、『祖堂集』巌頭章は、その話の後に巌頭の強烈な批判の語を載せています。「噫《ああ》！　仏法《ぶっぽう》、已後《いご》、澹薄《たんぱく》となり去也《さらん》！　多少《なん》たる天下《てんか》ぞ、潙山、泥壁《かべぬり》も也《ま》た未《いま》だ了《おわ》らざる在《なり》」（噫！　仏法已後澹薄去也！　多少天下、潙山泥壁也未了在）。これではやがて仏法は衰退だ。何という世の中。だいいち、潙山の壁ぬりもまだ終わっておらぬではないか！

＊今回の内容は、松原朗・衣川賢次・小川隆「『祖堂集』鳥窠和尚章と白居易――『祖堂集』研究会報告之二」（『東洋文化研究所紀要』第百四十冊、二〇〇〇年）に多く基づいています。

第20章　士大夫と禅僧（続）――李翺・韓愈

前回の白居易《はくきょい》につづき、唐代における禅僧と士大夫の交流の「物語」として、今回は、薬山《やくさん》禅師と李翺《りこう》、大顛《だいてん》禅師と韓愈《かんゆ》、の話を読んでみます。韓愈も李翺も中唐《ちゅうとう》期の有名な文人で、韓愈の「原道《げんどう》」、李翺の『復性書《ふくせいしょ》』、はいずれも宋《そう》代の新儒学《しんじゅがく》の源流として重視されています。

雲在青天水在瓶――薬山と李翺

まず『祖堂集《そどうしゅう》』巻4薬山章に見える、李翺との問答を読んでみます。

李翺が薬山和尚を訪ねて来た。
だが和尚は経典を読んでいて、そちらを振り向きもしなかった。
そこで李翺のほうも礼拝しようとせず、却ってこう軽口をたたいた。

「顔を見るより、千里のかなたで名声を聞いておるほうがよほどマシであった」

すると、薬山、「お役人どの！」

李翺、「ハイ！」

「耳《みみ》を貴《とうと》び目《め》を賤《いや》しんで、どうなさいます」

李翺はただちに礼拝し、それから起ち上がっておたずねした。

「道とは如何《いか》なるものにございましょう？」

薬山は天を指さし、次に瓶《もたい》を指さして言った。

「雲は青天に在り、水は瓶に在り」

李翺は黙って礼拝した。

李翺は後に偈《げ》を作り、薬山をこう讃えた——

鶴のように清きその姿
限りなき松の下には二函《ふたはこ》の経
道を問えば　ただ　ひとこと
雲は青天に在り　水は瓶に在りと

李翺相公来見和尚。和尚看経次、殊不采顧。相公不肯礼拝、乃発軽言、「見面不如千里聞名」。師召相公、相公応喏。師曰、「何得貴耳而賤目乎？」　相公便礼拝、起来申問、「如何是道？」　師指天又指瓶曰、「雲在青天水在瓶」。相公礼拝。後以偈讃曰、「練得身形似鶴形　千株松下両函経　我聞師道無余説　雲在青天水在瓶」。

李翺相公《りこうしょうこう》、来《きた》りて和尚〔薬山〕に見《まみ》ゆ。和尚、経《きょう》を看《よ》む次《おり》たりて、殊《まった》く采顧《かえりみ》ず。相公礼拝《らいはい》するを肯《がえん》ぜず、乃ち軽言《けいげん》を発す、「面《おもて》を見るは千里に名を聞くに如《し》かず」。師、相公と召《よ》ぶ。相公応諾《おうだく》す。師曰く、「何《なん》ぞ耳《みみ》を貴《とうと》びて目《め》を賤《いやし》むを得《え》ん乎《や》?」　相公便《すなわ》ち礼拝し、起来《たちあが》りて問いを申ぶ、「如何《いか》なるか是れ道《みち》?」　師、天《てん》を指《さ》し又た瓶《もたい》を指《さ》して曰く、「雲《くも》は青天《せいてん》に在り水《みず》は瓶《もたい》に在り」。相公礼拝す。後《のち》、偈《げ》を以て讃して曰く、「身《み》形を練り得て鶴《つる》の形《すがた》の似《ごと》く　千株《せんじゅ》の松《まつ》の下《もと》に両函《ふたはこ》の経《きょう》　我れ師《し》の道《みち》を聞くに余説《よせつ》無し　雲《くも》は青天《せいてん》に在り水《みず》は瓶《もたい》に在り」。

『景徳伝灯録《けいとくでんとうろく》』巻14薬山章にも同じ問答が載っています。そこでは「朗州刺史《ろうしゅうしし》」だった李翺がしばしば招請したにもかかわらず、薬山が出てこなかったので、やむなく李翺のほうから山中に訪ねて行ったと記されています。そうして李翺がわざわざ訪ねて来たというのに、薬山和尚は経文に目を向けたまま、振り向こうともしません。こんなことなら遠くで名声を聞いているだけのほうがよかった――いざ本人に会ってみれば、たいしたことはなかった――そう聞こえよがしに言う李翺に、薬山はいきなり呼びかけました。「相公《しょうこう》!」　李翺、「ハイ!」

そこで薬山はおもむろに言いました、「何《なん》ぞ耳《みみ》を貴《とうと》びて目《め》を賤《いやし》むを得《え》ん乎《や》?」　耳で聞いたものを信じて我が目で見た者を軽んずるとは何事ですか、と。

「貴耳賤目」は、伝聞のほうを重んじて自分自身の目で見たものを信じない愚をいう成語です。ここは、ふつうに読めば、あなたは、今、この場でご自分が見ている私の姿より、世間の評判のほうが大事ですか、そうたしなめた言葉のように、一見、見えます。しかし、そうではありません。このことばが「相公！」「ハイ！」、という、件の「応諾」のやりとりの後に言われていることが重要です。薬山はここで、世間の評判より目の前のわしの姿をしかと看よなどと胸を張っているのではありません。そうではなく、名を呼ばれれば思わず「ハイ」と応える自身の活きたはたらき、それを自らしかと看よと言っているのです。

薬山はこれにつづけてさらに一句を示しました。「雲《くも》は青天《せいてん》に在り水《みず》は瓶《もたい》に在り」。この一句は、有限・個別の自身に具わる現実態のはたらき（「瓶」の中の「水」）が、はてしなく広がる無限・普遍の本来性（「青天」とともにある「雲」）、それと互いに相即していることを示唆したもののように思われます。

仏の光とは——大顛と韓愈

『祖堂集』巻5大顛章には、大顛と韓愈との次のような物語が記されています。

〔1〕大顛《だいてん》和尚は石頭《せきとう》の法を嗣ぎ、潮州《ちょうしゅう》（広東省・潮州市）に住していた。元和《げんな》十三年、戊戌《つちのえいぬ》の歳、仏舎利《ぶっしゃり》が都に迎えられた。憲宗《けんそう》皇帝は安遠門まで出て、自ら香をたき、

礼拝してそれを迎えた。皇帝と文武百官はそこに五色の光が現れるのを目の当たりにし、みな仏光だと言った。百官はそれを皇帝の聖なる徳に感じた瑞応だとこぞって拝賀する。だが、韓愈一人だけは、これは仏光などではないと言って拝賀を拒んだ。そこで憲宗が問うた。

「仏光でないのなら、これはいったい何の光なのだ？」

韓愈は答えられず、潮州に流された。

> 大顛和尚嗣石頭、在潮州。元和十三年戊戌歳迎真身、元和皇帝於安遠門躬自焚香、迎候頂礼。皇帝及百寮倶見五色光現、皆云是仏光、百寮拝賀聖感。唯有侍郎韓愈一人独言不是仏光、不肯拝賀聖徳。帝問、「既不是仏光、当此何光？」侍郎当時失対、被貶潮州。
>
> 大顛《だいてん》和尚、石頭《せきとう》に嗣《つ》ぎ、潮州《ちょうしゅう》に在り。元和《げんな》十三年 戊戌《つちのえいぬ》の歳、真身《しんじん》を迎え、元和皇帝〔憲宗〕安遠門に於て躬《みずか》自ら香《こう》を焚《た》き、迎候《げいこう》し頂礼《ちょうらい》す。皇帝及び百寮《ひゃくりょう》、倶《とも》に五色《ごしき》の光の現わるるを見て、皆な是れ仏光《ぶっこう》なりと云い、百寮、聖感《せいかん》を拝賀《はいが》す。唯《た》有だ侍郎韓愈《じろうかんゆ》一人《ひと》のみ独り仏光に不是《あら》ずと言い、聖徳《せいとく》を拝賀するを肯《が》んぜず。帝問う、「既《すで》に仏光に不是ざれば、当《は》た此れは何の光ぞ？」侍郎、当時対《こた》えを失い、潮州に貶《おと》さる。

中唐の元和十三年（八一八）、憲宗《けんそう》皇帝が長安の西にある「鳳翔法門寺《ほうしょうほうもんじ》」の「護国真身塔《ごこくしんじんとう》」内の「釈迦文仏指骨一節《しゃかもんぶつ》」を都に迎えて供養することを決め、その計画が、翌十四年正月、盛大に実施されました（『旧唐書』巻一六〇・韓愈伝）。古文《こぶん》復興運動の主導者であり、儒教を正統とする立場から仏教・道教を批判していた韓愈は、これに猛烈に反対し、決死の覚悟で「論仏骨表――仏骨を論ずるの表」を奉りました（筧文生『韓愈・柳宗元』筑摩書房・中国詩文選16に精読があります）。仏教信仰が皇帝の治世にいかに有害であるかを論じたてたこの文章は、憲宗の怒りに触れ、韓愈はただちに都を逐われ、辺陬《へんすう》の地、潮州《ちょうしゅう》に貶謫《へんたく》されました。その地にいたのが、石頭の法嗣の大顛禅師でした。

〔2〕韓愈は潮州に着くと、部下に問うた。
「当地に、徳高く修行のすぐれた禅僧はあるか？」

部下、「大顛和尚という方がおられます」。

そこで韓愈は使者をやって三たび招請した。だが、大顛は応じなかった。

大顛和尚はその後、仏光の一件を聞き、今度は自分のほうからわざわざ訪ねて来た。

韓愈は会おうとせず、人にこう問わせた。

「三度《みたび》招いても来なかったものが、此度《こたび》はなにゆえ、乞われずして自ら来た？」

大顛、「三たび招かれても来なかったのは、貴殿のせいではござらぬ。乞われずして自らまいったのは、ひとえに仏光の為にござる」。

韓愈はこの言葉を聞いて喜び、さきの経緯《ゆくたて》を述べたうえで問うた。

「わたくしが、あの時、仏光でないと申したのは、道理に契《かの》うておりましょうか？」

大顛、「いかにも」

「では、仏光でないなら、あれは何の光だったのでしょうか？」
「仏法を守護する、諸神・諸天のご加護の光だったに相違ございませぬ」
「ああ、あの時、都に一人でも師のような方がおいでくださったら、わたくしもここまで来てはおりませんでしたでしょうに」

侍郎便到潮州、問左右、「此間有何道徳高行禅流？」左右対曰、「有大顛和尚」。侍郎令使往彼三請、皆不赴。後和尚方聞仏光、故乃自来。侍郎不許相見、令人問、「三請不赴、如今為什麼不屈自来？」師云、「三請不赴、不為侍郎。不屈自来、只為仏光」。侍郎聞已喜悦、則申前旨、「弟子其時云不是仏光、当道理不？」師答曰、「然」。侍郎云、「既不是仏光、当時何光？」師曰、「当是天龍八部・釈梵助化之光」。侍郎云、「其時京城若有一人似於師者、弟子今日終不来此」。

侍郎は便ち潮州に到り、左右《さゆう》に問う、「此間《ここ》に何の道徳高行《どうとくこうぎょう》の禅流《ぜんる》か有る？」左右対《こた》えて曰く、「大顛和尚なる有り」。侍郎、使《つかい》をして彼《かしこ》に往きて三たび請《しょう》ぜしむるも、皆な赴《おもむ》かず。後《のち》、和尚方《はじ》めて仏光を聞き、故に乃ち自ら来《きた》る。侍郎、相見《しょうけん》するを許さず、人をして問わしむ、「三たび請ずるも赴かざるに、如今《いま》、為什麼《なにゆえ》にか屈せずして自ら来る？」師〔大顛〕云く、「三たび請じて赴かざるは、侍郎の為にあらず。屈せずして自ら来るは、只だ仏光の為なるのみ」。侍郎聞《き》き已《おわ》るや喜悦し、則ち前旨を伸《の》ぶ、「弟子《でし》、其の時、仏光に不是《あら》ずと云えるは、道理に当《あた》れる不《や》？」師答えて曰く、「然《しか》り」。侍郎云く、「既《すで》に仏光に不是ざれば、当時は何《なん》の光《ひかり》ぞ？」師曰く、「当《まさ》に是れ天龍八《てんりゅうはち》部《ぶ》・釈梵助化《しゃくぼんじょけ》の光なるべし」。侍郎云く、「其の時、京城《みやこ》に若《も》し一人の師《し》の似《ごと》き者《もの》有らば、弟子、今日終《つい》に此《ここ》には来らざらん」。

唐代の士大夫は地方官としてある地に赴任すると、その地のすぐれた人物を発掘して交流することを務めの一つとしていました。「凡《およ》そ任処《にんしょ》に守《しゅ》〔長官〕たるごとに、多く祖道《そどう》を訪《と》い、学に常《つね》の師《し》無し」――『景徳伝灯録《けいとくでんとうろく》』巻10白居易章《はっきょい》のこの記述は、白居易一人に限らず、多くの士大夫と禅僧との交渉にあてはまります。

そこで韓愈も大顛を三顧の礼で招請しようとしましたが、大顛は応じませんでした。しかし「仏光」の一件を伝え聞いた大顛は、今度は逆に自分のほうから韓愈を訪ねて来て右のような問答を交わしました。長安の仏舎利上に現れた光は、仏の光ではなく、天神《てんじん》・龍神《りゅうじん》らの諸神や帝釈天《たいしゃくてん》・梵天《ぼんてん》ら諸天の与える、仏法守護の光だったに違いない――大顛のこの言葉に韓愈は意を強くしました。となると、次に問題となるのは、では、真の「仏光」とは何かということです。

〔3〕韓愈はさらに問うた。

「謹んでおたずね申します。仏には光が有るのでしょうか?」

大顛、「有る」

「では仏の光とは、如何なるものにございましょう?」

「韓愈どの!」

「ハイ!」

「さあ、見えましたか?」

「いや、ここへ来て逆に解らなくなってしまいました」

「ここが解れば、それこそ真の仏光。その一すじの仏光は、如何なる色にも属さず、須弥山《しゅみせん》も鉄《てっ》囲山《ちせん》も貫き、山河大地《せんがだいち》をくまなく照らしわたり、眼にも見えず、耳にも聞こえませぬ。それゆえ〝五目《ごもく》も其の容《すがた》を睹《み》ず、二聴《にちょう》も其の響《ひびき》を聞かず〟〔『肇論』涅槃無名論〕と言われるのです。この仏光が見て取れれば、凡《ぼん》も聖《しょう》も、あらゆる夢マボロシも、何ら己れを惑わすものはございませぬ」。

そして、大顛は山に帰るといって、一首の偈をのこした——

君に別れを告げる　早い帰りと責めたもうな
月と向きあう　かの松林が想われてならぬのだ
月の宮殿の門は　金の鎖で閉ざされてなどいない
だが　そこへ来る時　その道は　白雲に封じ込められているだろう

侍郎又問曰、「未審仏還有光也無?」師曰、「有」。進曰、「如何是仏光?」師喚云、「侍郎!」侍郎応喏。師曰、「看! 還見麼?」侍郎曰、「弟子到這裏却不会」。師云、「這裏若会得、是真仏光。故仏道〔仏光〕一道、非青黄赤白色、透過須弥盧囲〔鉄囲〕、遍照山河大地、非眼見、非耳聞、故五目不睹其容、二聴不聞其響。若識得這箇仏光、一切聖凡虚幻無能惑也」。師欲帰山、留一偈曰、

「辞君莫怪帰山早　為憶松蘿対月宮　台殿不将金鎖閉　来時自有白雲封」。

侍郎《じろう》又た問うて曰く、「未審《しら》ず仏には還《は》た光《ひかり》有り也無《や》？」 師曰く、「有り」。進《かさ》ねて曰く、「如何《いか》なるか是れ仏光？」 師喚《よ》びて云く、「侍郎《じろう》！」 侍郎応諾《おうだく》す。師曰く、「看よ！ 還《は》た見《み》ゆる摩《や》？」 侍郎曰く、「弟子、這裏《ここ》に到って却って会《え》せず」。師云く、「這裏、若《も》し会得《えとく》せば、是れ真の仏光なり。故に仏光の一道《ひとすじ》は、青黄赤白《しょうおうしゃくびゃく》の色に非ず、須弥《しゅみ》・鉄囲《てっち》を透過《とうか》し、山河大地《せんがだいち》を遍照《へんじょう》し、眼《まなこ》もて見ゆるに非ず、耳《みみ》もて聞《きこ》ゆるに非ず、故に五目《ごもく》も其の容《すがた》を睹《み》ず、二聴《にちょう》も其の響《ひびき》を聞かざるなり。若《も》し這箇《こ》の仏光を識得《しら》ば、一切の聖凡《しょうぼん》も虚幻《こげん》も能《よ》く惑《まど》わす無し」。師、山に帰らんと欲して、一偈《いちげ》を留《とど》めて曰く、「君《きみ》に辞《じ》す、山に帰るの早きを怪《とが》むる莫《なか》れ　松蘿《しょうら》の月宮《げっきゅう》に対するを憶《おも》うが為なり　台《だい》殿《でん》、金鎖《きんさ》を将《もっ》て閉《と》ざされざるも　来時には自《おのずか》ら白雲《はくうん》有りて封《ふう》ぜん」

唐代の禅僧にとって、「仏」とは己れの心のことであり、「仏光」とはその心から発せられる活きたはたらきのことにほかなりません。ですから、ここでも「韓愈どの！」「ハイ！」――この「応諾」のやりとりこそが、「仏光」とは何かという問いへの最も端的な回答となるのでした。大顛がその後に述べた「光」の説明は、この「ハイ」に添えられた注釈にすぎません。同じことを福州西院《ふくしゅうさいいん》和尚も次のように説いています。

汝ら諸人、各自《おのおの》の身中に無価《むげ》の大宝《たいほう》有り、眼《まなこ》の門従《よ》り光を放ちて山河大地《せんがたいち》を照らし、耳《みみ》の門より光を放ちて一切善悪の音響を領覧《りょうらん》し、六門より昼夜常《つね》に光明を放ち、亦《ま》た放光三昧《ほうこうざんまい》とも名づく。……（『祖堂集』巻17、「汝諸人、各自身中有無価大宝、従眼門放光、照山河大地、耳門放光、領覧一切善悪音響、六門昼夜常放光明、亦名放光三昧。……」）

「六門」から昼夜を分かたず放たれる「光」、それは六根《ろっこん》（眼・耳・鼻・舌・身・意）を通して常にはたらく身心の活きた感覚作用の譬えにほかなりません。臨済は同じものを「六道《むすじ》の神光、未だ曽て間《かん》歇《けつ》せず」と称しています（入矢義高『臨済録』岩波文庫、一九八九年、頁三四）。

かかる真の「仏光」を、「応諾」の問答によって韓愈自身の身の上に直指した大顚は、一偈をのこして山中にひきあげます。白雲に閉ざされた道ではあるが、その深奥の門に鍵はかけられていない。そう詠ったこの一首は、世俗から隔てられたところではあるが、貴公が訪ねてくることを決して拒んではいないという暗示になっているようです。そこで後日、今度は韓愈のほうが大顚を訪ねて行きました。

〔4〕その後、韓愈は返礼として、わざわざ山中に師を訪ねていった。
「わたくしは政務が多忙でございます。どうか、仏法の勘所《かんどころ》をご教示願います」

大顚和尚は、しばしの沈黙――「良久《りょうきゅう》」――を示した。

韓愈はなすすべを知らず、茫然とした。

その時、侍者《じしゃ》を務めていた三平義忠《さんぺいぎちゅう》が、師の背後で禅牀《ぜんしょう》をコツコツと敲《たた》いた。

大顛和尚はふりむいた。

「何のつもりだ?」

三平、「〝先に定《じょう》を以て動かし、然《しか》る後《のち》、智《ち》もて抜く〟〔『涅槃経』〕というやつです」。

韓愈は三平の方にむかっていった。

「和尚のお教えは格調が高すぎて、わたくしはなすすべを知りませんでした。此度《こたび》は侍者どのの側で道の端緒を得させていただきました」

三平にそう礼を言うと、韓愈は街へ帰って行った。

> 自後侍郎特到山復礼、乃問、「弟子軍州事多、仏法中省要処、乞師指示」。師良久。侍郎罔措。登時三平造侍者、在背後敲禅牀。師乃廻視云、「作麼?」 対曰、「先以定動、然後智抜」。侍郎向三平云、「和尚格調高峻、弟子罔措、今於侍者辺却有入処」。礼謝三平、却帰州。
>
> 自後《そののち》、侍郎《じろう》特に山に到りて復礼《ふくれい》し、乃ち問う、「弟子、軍州、事《こと》多し。仏法中、省要《せいよう》の処、乞《こ》う師《し》指示せよ」。師、良久《りょうきゅう》す。侍郎措《お》く罔《な》し。登時《そのとき》、三平《さんぺい》〔三平義忠〕侍者《じしゃ》と造《な》り、背後《はいご》に在りて禅《ぜん》牀《しょう》を敲《たた》く。師乃ち廻視《かえりみ》て云く、「作麼《なにをかな》す?」 対《こた》えて曰く、「〝先に定《じょう》を以て動かし、然《しか》る後《のち》、智《ち》もて抜く〟」。侍郎、三平に向いて云く、「和尚、格調高峻《こうしゅん》にして、弟子措《お》く罔《な》し。今、侍者辺《じしゃへん》に於て却って入処《にっしょ》有り」。三平に礼謝《らいしゃ》し、州に却帰《かえ》る。

三平の「コツコツ」は、前回読んだ帰宗と白居易の「泥壁《かべぬり》」の話の「コツコツ」と同じものを指しています（原文の「敲」は、音をたてたたくという動詞）。いずれも、その音が聞こえている自身の活きたはたらきを自覚させようという手法です。見える、聞こえる等の感覚作用もまた、「応諾」や「廻首」と同じく、自身の「仏」としての本質の現れだからです。馬祖は言います。「今、見聞覚知《けんもんかくち》するは、元より是れ汝が本性《ほんしょう》にして、亦た本心《ほんしん》とも名づく。更に此の心を離れて別に仏《ほとけ》有るにはあらず」（『宗鏡録』巻14、「今見聞覚知、元是汝本性、亦名本心。更不離此心別有仏」。『馬祖の語録』頁一九八）。

この一段は、大顛が「良久《りょうきゅう》」（沈黙）によって示した本来性の深淵（「定」「体」石頭禅）は高次に過ぎ、弟子の三平による「見聞覚知」の示唆――コツコツという音を聞く自身の発見（「慧」「用」馬祖ふうの禅）――のほうが、韓愈には身のたけ相応だったという話になっています。三平の対処は、一つ前の段で大顛が韓愈を、また前の話で薬山が李翺を、それぞれ「応諾」の問答で導いたのと同じ趣旨です。馬祖の弟子である帰宗はもとより、石頭の法系に属する薬山や大顛・三平らも、こと在俗の士大夫に対しては、第一義の「真金」よりも、方便の「雑貨」による接化のほうを適切と考えていたようです。

前に「招慶《しょうけい》」こと長慶慧稜《ちょうけいえりょう》が「游山」の折に師弟《すてい》（おとうと弟子）の保福《ほふく》と交わした問答を読みました（第16章、「お山の老師の教えや、いかに」）。そこでも「良久」が「宗脈《しゅうみゃく》中の事《じ》」（第一義）、眼の動きによる示唆が「方便」と位置づけられていました。馬祖的な禅と石頭的な禅とが、二者択一でなく、相手の水準やその場の状況によって使い分けたり組み合わされたりするものとされていたことが、今回の話からもうかがわれます。

＊士大夫と仏教の関係全般については、中嶋隆藏「士大夫の仏教受容」参照（新アジア仏教史7中国Ⅱ隋唐『興隆・発展する仏教』佼成出版社、二〇一〇年）。また、大顚と韓愈の交渉に関する史実と伝説については、吉川忠夫「韓愈と大顚」に詳しい考察があります。『六朝隋唐文史哲論集Ⅰ――人・家・学術』第Ⅱ部・第十章（法蔵館、二〇二〇年）。

第21章　会昌の破仏

僧侶の淘汰　仏寺の破壊――新羅の通暁大師

前回、『祖堂集《そどうしゅう》』に見える、韓愈《かんゆ》と大顛《だいてん》の話を読みました。その内容は多分に禅門で創出された物語というべきものでしたが、しかし、韓愈と大顛の間に交流があったこと自体は事実です。韓愈は孟《もう》簡《かん》という友人への手紙の中で、最近、自分が仏教信仰に転じたという噂が有るようだが事実ではない、とことわりつつ、大顛との交際について次のように書いています。

潮州《ちょうしゅう》の時、一老僧《ろうそう》有り大顛《だいてん》と号す。頗《すこぶ》る聡明《そうめい》にして、道理《どうり》を識《し》る。遠地《えんち》にして与《とも》に語《かた》る可《べ》き者《もの》無く、故に山より召して州郭《しゅうかく》に至らしめ、留《とど》むること十数日、実に能く形骸《けいがい》を外《そと》にし、理《り》を以て自らに勝ち、事物《じぶつ》の為に侵乱《しんらん》されず。之《これ》と与《とも》に語るに、尽《ことごと》くは解せずと雖《いえど》も、要自《かなら》ず胸《きょう》

中《ちゅう》に凝滞《ぎょうたい》無く、得難《えがた》しと以為《おも》い、因《よ》りて与《とも》に来往《らいおう》せり。……（「与孟尚書書」、「潮州時、有一老僧号大顛、頗聡明、識道理、遠地無可与語者、故自山召至州郭、留十数日、実能外形骸以理自勝、不為事物侵乱。与之語、雖不尽解、要自胸中無滞礙、以為難得、因与来往」。馬其昶校注・馬茂元整理『韓昌黎文集校注』巻3、上海古籍出版社・中国古典文学叢書、一九八六年、頁二一二）

潮州にいた時、大顛という名の老僧がいた。なかなか聡明で、よく道理をわきまえていた。僻遠の地とて話し相手になるような者もおらず、これを山中から呼び出して街に十数日とどめたが、実に己れの身を忘れ、理によって自らを抑制し、外在の事物の干渉に乱されることの無い人物であった。語りあっていると、彼の言う事のすべてが解るわけではないのだが、それでも決まって、心中の結ぼれや滞りが無くなった。得難きことと思い、それで彼と往き来するようになったのである。――韓愈も大顛の人格には傾倒するところがあったようです。

しかし、儒教《じゅきょう》を正統とし、仏教《ぶっきょう》・道教《どうきょう》を異端として排撃する韓愈の立場は終生変わりませんでした。その代表作の一つ『原道《げんどう》』の結びの一段には、次のような激烈な一文が見えます。「其の人を人とし、其の書を火《や》き、其の居を廬《きょろ》とせよ」――仏教・道教の出家者を人の世に返せ！　仏教・道教の書物を焼きはらえ！　仏教・道教の寺廟《じびょう》を人の住まいに改めよ！　と（『韓昌黎文集校注』巻1、頁一九）。

この主張は、韓愈の死後約二十年の時、仏教に対してのみ、容赦なく実行に移されました。武宗皇《ぶそう》帝によって発動された、いわゆる「会昌《かいしょう》の破仏《はぶつ》」です（「会昌」は武宗の年号、八四一―八四六）。これによって、四千六百あまりの寺が壊され、二十六万五百人の僧尼《そうに》が還俗《げんぞく》させられ、さらに、四万余りの小院の破壊、数千万頃《けい》の田畑の没収、十五万人の奴婢《ぬひ》の一般戸籍への移動が強行されました（『旧唐書』武宗本紀）。この「法難」で仏教界が潰滅的な打撃を蒙ったことは言うまでもありません。ちょうどその当時、求法の為に唐《とう》の地にいた日本の天台僧円仁《えんにん》が書き記した『入唐求法巡礼行記《にっとうぐほうじゅんれいこうき》』には、過酷な破仏のようすを伝える記述が多数見られます。今、一例として、会昌四年（八四四）七月十五日の条の一部を引いてみます。

又た勅《ちょく》下り、天下の山房《さんぼう》・蘭若《らんにゃ》・普通《ふつう》・仏堂《ぶつどう》・義井《ぎせい》・村邑《そんゆう》の斎堂《さいどう》等の二百間に満たずして寺額《じがく》〔公認の寺院〕に入らざるものを毀坼《きたく》〔こわす〕せしむ。其の僧尼《そうに》等は尽《ことごと》く勒《ろく》〔強制〕して還俗《げんぞく》せしめ、邑役《ゆうえき》に宛《あ》て入れ、具《つぶ》さに分析《ぶんしゃく》〔解明弁明〕して聞奏《ぶんそう》せしむ。且《か》つ長安城《ちょうあんじょう》裏〔内〕の坊内《ぼうない》の仏堂《ぶつどう》三百余所の仏像《ぶつぞう》・経楼《きょうろう》等は荘校《しょうこう》〔荘厳校飾〕にして法の如し〔仏法にかなう〕。尽く是れ名《めい》工《こう》の作る所、一箇の仏堂院《ぶつどういん》も外州の大寺に〔匹〕敵す。勅に准じ併《あわ》せて除く。諸道は天下の仏堂院等を〔破壊し〕罄尽《つく》すこと其の数を知らず。天下の尊勝石幢《せきどう》、僧の墓塔《ぼとう》等は勅有って皆な毀坼せしむ。……（足立喜六訳注・塩入良道補注『入唐求法巡礼行記2』平凡社・東洋文庫、一九八五年、頁二一九／引用に当たってふりがなと送りがなを追加。〔 〕内は原著の補注）

ここでは一々の語釈は省きますが、寺院・仏像等に対する破壊と僧尼への迫害の酷さをうかがうには足るでしょう。しかも、これは弾圧が頂点に達する会昌五年の前年の記録で、これでもまだ迫害のごく一端を伝えたものに過ぎないのです（円仁が体験した破仏の状況については、エドウィン・O・ライシャワー『円仁　唐代中国への旅――『入唐求法巡礼行記』の研究』第七章「仏教弾圧」をご参照ください。田村完誓訳、講談社学術文庫、一九九九年）。

右の記録と同じ会昌四年の長安の都で、通暁《つうぎょう》大師こと梵日《ぼんにち》という新羅《しらぎ》出身の僧も、この弾圧に遭遇していました。『祖堂集』は、彼が長安から山中に逃れた時のようすを、次のように記しています。

　会昌四年、僧侶の淘汰と仏寺の破壊に遭遇した。東へ西へと懸命に逃れたが、身をひそめるところも無く、河の神や山の神に導かれながら、やがて商山（陝西省）の山中に隠棲し、独り禅定に入った。地に墜ちた木の実を食べ、流れる湧水を手ですくって飲み、身はやつれはて、気力も尽きはてて、とても山中から出ては行けぬまま、半年あまりが過ぎた。……

> 値会昌四年沙汰僧流、毀坼仏宇。東奔西走、竄身無所。感河伯之引道、遇山神之送迎。遂隠商山、独居禅定。拾墜菓以充斎、掬流泉而止渇。形容枯槁、気力疲羸、未敢出行、直踰半載。……（巻17溟州巐山通暁大師章）
>
> 会昌四年、僧流《そうる》を沙汰《さた》し、仏宇《ぶつう》を毀坼《きたく》するに値《あ》う。東奔西走するも、身《み》を竄《かく》すに所《ところ》無し。河伯《かはく》の引道《みちびき》を感じ、山神《さんしん》の送迎《そうげい》に遇い、遂《かく》て商山《しょうざん》に隠れ、独居《どっきょ》して禅定《ぜんじょう》す。墜菓《ついか》を拾《ひろ》いて以て斎《とき》に充《あ》て、流泉《るせん》を掬《すく》いて渇《かわ》きを止《や》む。形容枯槁《ここう》し、気力疲羸《ひるい》して、未《いま》だ敢《あえ》て出《い》で行かざること、直《じき》に半載《はんさい》を踰《こ》ゆ。……

唐代の中国には新羅の人々がたくさん住んでいて、各地にそのネットワークがひろがっていました。円仁も苦難の旅のなかで、たびたびその人々に助けられています（『円仁　唐代中国への旅』第八章「中国における朝鮮人」）。ここで「河伯《かはく》の引道《みちびき》」「山神《さんしん》の送迎《そうげい》」と言っているのは、あるいは、そうした新羅の人々の地下ネットワークの譬喩かも知れません。

この後、梵日は神人のお告げを受けてはるばる曹渓《そうけい》（広東省）に旅し、六祖《ろくそ》の墓塔を礼拝して奇瑞を感じ、仏法弘通の志を新たにして帰国することになるのですが、それはともかく、右の一文からは、命からがら、食うや食わずの逃亡のようすが目に浮かぶようです。

髪や鬚を仏法と思うてか？——潙山霊祐

破仏によって受けた仏教界の被害の大きさ、苦難の深刻さ、それを示す史料を挙げていけばキリがありません。しかし、その一方で、既存の仏教教団の衰退とは裏腹に、禅宗だけはこの破仏を機にいっそう存在感を増していったとしばしば説かれます。たとえば二十世紀の中国の有名な歴史学者、胡《こ》適《てき》は次のように言っています。

だが破滅的で荒々しいこの迫害は、かえって禅僧たちの威信を高からしめる効果を生んだ如くである。彼らは巨大な富にも壮麗な建築にも、また大寺院・大僧院の奢侈にも、いっさい頼る必要がなかったからである。彼らは実は、仏典にさえ依存する必要がなく、そして少なくとも一部の禅僧たちは、理論的に、さらには実行においてさえ、偶像破壊的であったのである。（"Ch'an (Zen) Buddhism in China—It's History and Method" 一九五三年／小川訳「胡適『中国の禅——その歴史と方法論』」、『駒澤大学禅研究所年報』第11号、二〇〇〇年、頁九六上）

実際には、有力者の別荘に匿《かくま》われた禅僧もいましたし、唐朝の求心力の低下のために破仏令が貫徹されなかった地方もありました。ですから、右のような説明には、いささか美化しすぎの嫌いがあるかも知れません。しかし、禅僧にとって、還俗を強いられることが、少なくとも思想的な打撃にはならなかったことは認めてよいでしょう。禅宗において拠りどころとなるものは、あくまでも活き身の己れ一箇であって、伽藍や仏像、経典や戒律、僧衣や法具、そうした外在的な条件はすべて二次的なものに過ぎなかったからです。右の一文の後、胡適はさらに次のように述べています。

大々的な破仏の後に書かれた、一篇の並はずれて率直な碑文がある。馬祖《ばそ》の法孫であり潙仰《いぎょう》宗の祖とされる潙山霊祐《いさんれいゆう》（八五三没）の碑文である。それによれば、潙山は破仏で還俗を迫られると、事もなげに俗人の帽子と衣服を身に着け、「人々といささかも異なろうとしなかった」という。破仏が終わり復仏が認められるようになってから、湖南《こなん》の節度使《せつどし》〔裴休〕——彼自身も仏教者であり、また宗密《しゅうみつ》をふくむ多くの指導的な禅者たちの友人でもあった——が、霊祐を請じて隠退生活より出でしめ、髭《ひげ》と髪《かみ》を剃るように勧めた。だが霊祐は笑みをうかべつつこう断わったという。

「爾《なんじ》は須髪《しゅはつ》を以て仏と為す邪《や》――仏法が私の髪や髭と何か関係があるとお考えか？」だが、なおも再三の懇請を受けると、今度はまた笑みをうかべつつそれを受けいれたのであった。これが大いなる禅者の大いなる迫害への看方であった。彼らには、破仏に悩まされた様子がさして見えないのである。

碑文（鄭愚「潭州大潙山同慶寺大円禅師碑銘並序」、『唐文粋』巻63）は、破仏で寺を破壊された時の潙山のようすを、こう記しています。「師はすぐさま布で頭を包んでふつうの民となり、ただ門下から不心得者を出さぬことにだけ用心した。識者はこれによってますます師を尊んだ。――武宗、寺を毀《こぼ》ち僧を逐《お》い、遂《かく》て其の所を空しくす。師は遽《にわ》かに首《こうべ》を裹《つつ》んで民と為り、惟《た》だ蚩蚩《しし》の輩を出《いだ》さんことをのみ恐る。有識者は益《ますま》す之れを貴重す」（武宗毀寺逐僧、遂空其所。師遽裹首為民、惟恐出蚩蚩之輩、有職者益貴重之矣）。

弾圧を平然と受けとめ、ただ粛々となすべきことのみをなす、そのような姿が看て取れます。その頃、潙山の門下にあった徑山洪諲《きんざんこういん》は、破仏で僧たちが悲しんだり怨んだりしているさまを見てこう言いきったそうです。「大の男がこの災難に巡り合わせたのは、天命でなくて何であろう。女子供のようなマネをしてどうするか！――大丈夫《だいじょうふ》、此の厄会《やくえ》に鍾《あ》う、豈《あ》に命《めい》に非《あら》ざる也《や》？何《なん》ぞ乃《すなわ》ち児女子《じじょし》に效《なら》わん乎《や》！」（『景徳伝灯録』巻11徑山洪諲章、「大丈夫鍾此厄会、豈非命也？何乃效児女子乎！」）。

武宗の死後即位した宣宗《せんそう》皇帝によって仏教の復興が行われると、先の宰相でもあった裴休《はいきゅう》が、民間に潜んでいた潙山に強く懇請して再び寺に迎えました。その際、裴休は自分の輿《こし》に潙山を乗せ、自らは弟子の列に加わったと碑文は記しています。
その時、潙山はきっと、髪も鬚も伸び放題だったのでしょう。そこで、さあ、この髪と鬚を剃ってきちんとした僧形にもどさねば、そんな議論がもちあがりました。あらためての剃髪を望まなかった潙山は、弟子たちをからかって言いました。「なんだ、お前たち、髪や鬚が仏法だと思うておるのか？」しかし、弟子たちが、いや、それでもと、ますます強く迫ったので、禅師はやむなく笑ってそれに従った、というわけです。

又た重ねて其の須髪《しゅはつ》を削《そ》らんことを議す〔「須」は「鬚」に同じ〕。師は始め欲せず、其の徒に戯《たわむ》れて曰く、「爾《なんじ》らは須髪を以て仏と為すや」。其の徒愈《いよい》よ之を強う。已《や》むを得《え》ずして又た笑って之に従う。（又議重削其須髪。師始不欲、戯其徒曰、「爾以須髪為仏耶？」其徒愈強之、不得已又笑而従之）

潙山はかくして「已《や》むを得《え》ず」僧形に復し、門下の洪諲も宣宗の復仏後に「沙門《しゃもん》の相《すがた》に復した」と伝えられています（『景徳伝灯録』洪諲章）。しかし、なかには石室善道《せきしつぜんどう》のように、破仏の時に還俗して「行者《あんじゃ》」（寺男）となり、復仏後もそのまま僧にもどらず、「毎日、碓《うす》を踏み師僧《しそう》〔修行僧〕に供養《くよう》」しつづけたという人もありました（『祖堂集』巻5石室和尚章）。あらゆる外在の相を認めず、いかなる外在の事物にも依拠しない、そのような禅の精神が、破仏を機に、極度に尖鋭化していったのかも知れません（潙山の碑文については、齋藤智寛「鄭愚「大潙山大円禅師碑銘」考――士大夫と晩唐禅仏教」参

照。『集刊東洋学』第一二〇号、二〇一九年)。

誰だ？——巌頭全奯

巌頭全奯《がんとうぜんかつ》も、この破仏にまきこまれた禅者の一人でした。『祖堂集』巻7巌頭章に、次の逸話が見えます。

破仏の時のこと、巌頭はボロボロのシャツに草で編んだ帽子という姿で尼寺を訪ねた。ちょうど昼飯時だったので、巌頭はズカズカと台所に入り、勝手に飯をよそって食い始めた。尼の弟子がそれを見て尼に知らせた。尼は杖をつかんで飛んできた。尼が敷居をまたいだその刹那、巌頭は帽子のあごひもをほどいて顔を見せた。
尼、「おやまあ、全奯どのではありませぬか！」
そこで尼は巌頭に一喝され、台所から追い出されてしまったのだった。

師沙汰時、著襴衫、戴席帽、去師姑院裏。遇師姑喫飯次、便堂堂入厨下、便自討飯喫。小師来見、報師姑。師姑把拄杖来。纔跨門、師便以手抜席帽帯起。師姑云、「元来是奯上座」、被師喝出去。

師〔巌頭〕沙汰《さた》の時、襴衫《らんさん》を著《き》、席帽《せきぼう》を戴《いただ》き、師姑《しこ》院裏に去《ゆ》く。師姑の飯《はん》を喫《きっ》する次《おり》に遇い、便ち堂堂と厨下《ちゅうか》に入り、便ち自ら飯を討《もと》めて喫《くら》う。小師《しょうし》来りて見、師姑に報ず。師姑、拄杖《しゅじょう》を把《と》りて来る。纔《わず》かに門を跨《また》ぐや、師便ち手を以て席帽の帯を抜きて起《あ》ぐ。師姑云く、「元来《がんらい》是れ䶱《かつ》上座なるか」、師に喝《かっ》し出去《いだ》さる。

還俗させられ、貧しい農夫の姿に身をやつして旧知の尼寺を訪ねた巌頭。もしかすると、もう何日もロクに食べていなかったのかも知れません。ことわりもなく台所に入りこみ、ガツガツと飯を食い始めました。尼の弟子は不審者の侵入かと思い、あわてて師の尼僧に報告します。尼僧はすわ一大事と杖をつかんで台所に乗りこみました。一歩踏み込んだところで、巌頭は帽子のヒモを解いて顔を見せました。「なんと、誰かと思えば、全䶱どのではありませぬか!」ほっとしたのも束の間、そこで尼僧は巌頭から一喝され、逆にその場から追い出されてしまったのでした。

この話の趣旨は、正直、よく解りません。人そのものでなく外在の相しか看ておらぬのか、という禅的な意味の一喝だったかも知れません。或いは、このたいへんな時に自分たちだけはちゃんと食って、食うや食わずの者には理由も聞かずに杖で叩き出そうというのか、そんな現実的な叱責も含まれていたかも知れません。いずれにしても、いかにも、破仏のさなかなればこその一場面でした。

『祖堂集』巌頭章には、もうひとつ、次のような故事も記されています。前に読んだ雪峰《せっぽう》の「鵝山《がさん》成道《じょうどう》」の話(第7章「已れの胸よりほとばしり出るもの」)につづく話です。

雪峰と別れたあと、巌頭は鄂州《がくしゅう》で破仏に遭い、湖で一介の渡《わた》し守《もり》となった。

湖の両岸にそれぞれ一枚の板を具え、渡りたい者はそれをコーンと打つのである。
すると巌頭は舟の櫂《かい》をもちあげて、こう問うのだった。

「誰だ?」

「あちら(那辺)へ渡りたいのだが」

すると、師はそのまま舟をこいでゆくのであった。

二人分襟後、師在鄂州遇沙汰、只在湖辺作渡船人。湖両辺各有一片板、忽有人過、打板一下。師便提起楫子、云、「是阿誰?」対云、「要過那辺去」。師便劃船過。

二人襟《えり》を分《わか》ちて後、師鄂州《がくしゅう》に在りて沙汰《さた》に遇い、只だ湖辺に在りて渡船人《とせんにん》と作《な》る。湖の両辺に各一片の板有り、忽《も》し人《ひと》有りて過《わた》らんとせば、板を打つこと一下す。師便ち楫子《かい》を提起《あげ》て、云く、「是れ阿誰《たれ》ぞ?」対《こた》えて云く、「那辺《あちら》に過《わた》り去《ゆ》かんと要《ほっ》す」。師便ち船《ふね》を劃《こ》ぎて過す。

板を叩く者に、「是れ阿誰《たれ》ぞ」と問いかける。そこには、あちら側——「那辺《なへん》」——へ渡ろうとする汝その人、それはいったい何者か、という禅的な問いが含まれていたでしょう。「那辺」は、あちら側という意の口語ですが、禅籍では現実を越えた「彼岸」の意でも使われるのです。しかし、その含意に気づくものはありません。巌頭は黙って舟をこぎ、向こう岸へと客を運びます。彼は破仏の嵐の中、こうして此岸と彼岸の間を、独り黙々と往復しつづけていたのでした。

＊今回の内容については、吉川忠夫「裴休伝――唐代の一士大夫と仏教」より多大の学恩に与りました。裴休個人にとどまらず、破仏を含む中晩唐の歴史と禅について、広範かつ詳細な考察があります（『六朝隋唐文史哲論集Ⅱ――宗教の諸相』第十六章、法蔵館、二〇二〇年）。

第22章　償　債

宣宗の復仏

『祖堂集《そどうしゅう》』巻15塩官斎安《えんかんさいあん》章の結びのところに、次のような一文が見えます。

大中皇帝《だいちゅうこうてい》〔宣宗〕、潜龍《せんりょう》の日、曽て〔塩官を〕礼《らい》して師と為す。甚だ対答《たいとう》言論有り、具《つぶ》さに「別《べつ》録《ろく》」に彰《あらわ》る。（大中皇帝潜龍之日、曽礼為師。甚有対答言論、具彰別録）

「潜龍」は、水中に潜んでいて未だ天に昇っていない龍。即位前の皇帝や世に埋もれている逸材の喩えです。甥にあたる武宗《ぶそう》から虐待を受けていた宣宗は、民間に逃れ、会昌六年（八四六）に武宗が没した後、即位して仏教の復興を行いました。その年号が「大中《だいちゅう》」（八四七年―八五九年）です。その宣宗皇帝がまだ野に在った時、塩官に師事して、大いに問答し、その記録が「別録」（塩官の語録）に詳しく見えると右の文は言っています。

そこからやがて、身分を隠し沙弥《しゃみ》となって寺に隠れていた宣宗が、塩官あるいは黄檗希運《おうばくきうん》と問答したという逸話が禅籍に見えるようになります。『祖堂集』にはただ右の一文が見えるだけで、「別録」なるものも現存しませんが、『宋高僧伝《そうこうそうでん》』巻11塩官伝にはおそらくそれを踏まえつつ宣宗と塩官の問答が詳述されています。また北宋《ほくそう》の『天聖広灯録《てんしょうこうとうろく》』巻8黄檗章には、宣宗と黄檗の問答が録されています。その話は『碧巌録《へきがんろく》』第11則の頌《じゅ》・評唱《ひょうしょう》にうけつがれ、それをさらに道元《どうげん》がひきついで『正法《しょうぼう》眼蔵《げんぞう》』行持《ぎょうじ》の巻に和文で再説しています（詳しくは前掲、吉川忠夫「裴休伝」第二章「七、潜龍時代の宣宗異聞」、および、石井修道『道元禅師・正法眼蔵行持に学ぶ』第23話、禅文化研究所、二〇〇七年、参照）。

いずれも、とうてい史実とは思われませんが、宣宗に対する仏教側からの好感から生まれた伝説ではあるでしょう。確かに、宣宗の仏教復興は、伽藍《がらん》の再建だけでなく、破仏で還俗《げんぞく》させられたり、受《じゅ》戒《かい》の機会を得られぬまま野に在った人々に、あらためて具足戒《ぐそくかい》を受けて正規の僧となる機会をもたらすものでした。前回、潙山霊祐《いさんれいゆう》やその門下の徑山洪諲《きんざんこういん》が復仏後に僧形《そうぎょう》にもどったことに触れましたが、他にもたとえば『祖堂集』巻7雪峰義存《せっぽうぎそん》章に次のような記述が見えます。

> 武宗《ぶそう》の澄汰《とうた》に値《あ》い、服を変えて芙蓉山《ふようざん》に造《いた》る。冥契《めいけい》するが有若《ごと》く、円照大師《えんしょうだいし》〔芙蓉霊訓〕の詢《と》いて摂受《しょうじゅ》するを蒙る。大中《だいちゅう》の即位するに至り、仏宇《ぶつう》重ねて興り、即ち四年庚午《かのえうま》の年、幽州宝刹寺《ゆうしゅうほうせつじ》に詣《いた》りて具戒《ぐかい》す。是《こ》れ自《よ》り講肆《こうし》を尋ねず、唯だ宗師《そうし》をのみ訪ね、法筵《ほうえん》を遍歴《へんりゃく》す。（値武宗澄汰、変

服而造芙蓉山、有若冥契、蒙円照大師詢而摂受。至大中即位、仏宇重興、即四年庚午年、詣幽州宝刹寺具戒。自是不尋講肆、唯訪宗師、遍歴法筵。）

武宗による僧の淘汰に巡りあわせてしまった雪峰は、俗服に姿を変えて芙蓉山におもむきました。そこで芙蓉霊訓《ふようれいくん》禅師と黙して心通い（俗身のまま）弟子として受け入れられました（右の「円照大師」は「弘照大師」の誤り。『祖堂集』巻17芙蓉和尚に「入滅の後、勅して〝弘照大師円相之塔〟と諡《おくりな》す」と見えます）。宣宗皇帝が即位すると仏寺の再興が始まり、雪峰も大中四年（八五〇）に受戒することができました。以後、彼は教理学の講座には行かず、ひたすら禅僧ばかりを訪ねて諸方をめぐり、やがて、徳山《とくさん》禅師と出逢ってその法を継ぐことになるのでした。

護法の神はいずこに？――明招徳謙

このように、宣宗の復仏が仏教界にとっての輝かしい救いであり、仏教者一人ひとりにとっての出直しの好機であったことは間違いありません。しかし、それでまた破仏の前の時代がもどって来たのでしょうか？

『景徳伝灯録《けいとくでんとうろく》』巻23明招徳謙《みょうしょうとくけん》章に、次のような話が載っています。徳謙は羅山道閑《らざんどうかん》の法嗣で、羅山は前回も出て来たかの巌頭全豁《がんとうぜんかつ》の法嗣です。

泉州招慶《せんしゅうしょうけい》院の仏殿で、徳謙老師が壁画を指さしながら僧に問うた。

「これは何の神か？」

僧、「仏法を守護する善神にございます」

徳謙、「なら破仏の時は、ドコへ行っておったのだ？」

僧は答えられなかった。

徳謙は、では、演《えん》侍者にきいてみよと言った。僧が演侍者にたずねると、演侍者いわく、

「いったいイツの世に、そんな災難に遭ったというのだ！」

僧がもどってその答えを報告すると、徳謙は言った。

「演侍者が、将来、一千人の門下を集めたとしても、何の役にも立つまい」

僧は礼拝し、あらためておたずねした。では、何と答えればよろしかったのでしょう？　すると師は、ただ、ひとこと、

「ドコへ行ってしまったのだ？」


師在泉州招慶大殿上、以手指壁画問僧曰、「那箇是什麼神？」　曰、「護法善神」。師曰、「沙汰時、向什麼処去来？」　僧無対。師却令僧去問演侍者。演曰、「汝什麼劫中、遭此難来？」　其僧廻挙似師。師曰、「直饒演上座他後聚一千衆有什麼用処？」　僧乃礼拝請別語。師曰、「什麼処去也？」

師〔徳謙〕泉州招慶《せんしゅうしょうけい》の大殿《だいでん》上に在りて、手を以て壁画を指《さ》して僧に問うて曰く、「那箇《あれ》は是れ什《な》

麽《ん》の神ぞ?」 曰く、「護法善神《ごほうぜんじん》なり」。師曰く、「沙汰《さた》の時、什麽処《いずく》に向いてか去《ゆ》き来《きた》れる?」 僧無対《むたい》。師却って僧をして去きて演《えん》侍者に問わしむ。演曰く、「汝、什麽《なん》の劫中《ごうちゅう》にか、此の難に遭《あ》い来れる?」 其の僧、廻《かえ》りて師に挙似《はな》す。師曰く、「直饒《たと》い演上座、他後《のち》、一千衆《しゅ》を聚《あつ》むるも什麽《なん》の用処《ゆうじょ》か有らん?」 僧乃ち礼拝《らいはい》して別語《べつご》を請《こ》う。師曰く、「什麽処《いずく》にか去也《ゆける》?」

「護法神がいるなら、あの破仏の時、いったいドコでナニをやっておったのか?」 言っても詮無いことながら、半ばは冗談、半ばは本音だったかも知れません。しかし、そう言われても、僧も困ります。答えに窮して黙り込んでいる僧を見て徳謙は、では、演侍者なら何と答えるかたずねてみよと言いました。演侍者はみなから一目置かれる、際だった存在だったのでしょう。そこで僧が同じ問いをなげかけると、演侍者はきっぱりこう言ってのけました。「いったい、いつの劫《ごう》において、そんな法難があったというのか!」

「劫」は、宇宙規模の悠久なる時間の単位。辞典をひくと、一劫は人間の時間の四十三億二千万年に当たる、などと、気の遠くなるような説明が書かれています。それがまた無限に繰り返されてゆくわけですが、演侍者は、これまでの無限の劫のなかのドノ劫においてそんな災難があったのか、と言うのでした。むろん、過去の無限の劫のなかで、そんな事は一度として起こったことはない、という強い口調の反語です。

しかし、演侍者だって、破仏の苦難を知らないはずはありません。また、この度の会昌の破仏のみならず、過去の時代にも大きな破仏があったことは仏教者の常識だったでしょう。にもかかわらず、演侍者は、なぜ、無限の過去劫のうちに法難など一度としてあったことは無いと断言するのでしょうか？

演侍者はおそらく、一切を空と徹見すれば、いかなる現実も実は存在していないのだと言っているのでしょう。この境地に至るのも、なかなか容易なことではありません。しかし、有るものを無いことにするのが「空」なのでしょうか？『祖堂集』巻17岑《しん》和尚（長沙《ちょうさ》景岑《けいしん》、嗣南泉）章に次のような問答が見えます。

〔皓月《こうげつ》供奉〕問う、「古人《こじん》言うこと有り〝了《さと》らば即ち業障《ごっしょう》も本来空《ほんらいくう》、未《いま》だ了《さと》らざれば応須《まさ》に宿債《しゅくさい》を償《つぐな》うべし〟と。師子尊者《ししそんじゃ》と二祖大師《にそだいし》、為甚麼《なにゆえ》にか却って償債《しょうさい》せる？」

師〔岑和尚〕云く、「大徳《だいとく》、本来空を識らず」。

皓月云く、「如何《いか》なるか是れ本来空？」

師云く、「業障是《こ》れなり」。

「如何なるか是れ業障？」

師云く、「本来空是《こ》れなり」。

皓月礼謝《らいしゃ》す。師偈《げ》して曰く――

仮有《けう》は元より有《う》に非ず　仮滅《けめつ》も亦《ま》た無《む》に非ず
涅槃《ねはん》と償債《しょうさい》の義　一性《いっしょう》にして更に殊《ことな》り無し

（問、「古人有言〝了即業障本来空、未了応須償宿債〟師子尊者与二祖大師、為甚麼却償債？」　師云、「大徳不識本来空」。皓月云、「如何是本来空?」　師云、「業障是」。「如何是業障?」　師云、「本来空是」。皓月礼謝。師偈曰、「仮有元非有　仮滅亦非無　涅槃償債義　一性更無殊」)

「悟れば前世の業の報いも、もともと空。だが悟っていなければ、前世の業の債《かり》を償わねばならぬ(了即業障本来空、未了応須償宿債)」。永嘉玄覚《ようかげんかく》禅師の『証道歌《しょうどうか》』のなかにそう説かれているのに、西天第二十四祖の師子尊者も、東土の第二祖恵可《えか》大師も、なぜ「償債」することになったのか?

禅を否定しようとする立場からの論難です。「償債」は死によって前世の業の負債を償却すること。「還債」ともいいます。そのように呼ばれるのは、必ず、他者からの殺害による不条理で無残な死です。師子尊者も二祖恵可もそのような死に方だった。『証道歌』が正しいなら、二人の祖師は悟っていなかったことになる。二人の祖師が悟っていたのなら、『証道歌』が偽りを説いていることになる。さあ、どうだ!

岑《しん》和尚は言います。「貴公は〝本来空〟というものをご存知ない」。「では、〝本来空〟とは如何なるものか?」「前世の業の報いのことである」。「では、前世の業の報いとは如何なるものか?」「〝本来空〟のことにほかならぬ」。

論難者は納得し、礼拝して謝意を表しました。そこで岑和尚は一首の偈をよみました——

現象している事物は　もともと実在ではない
現象としての滅亡も　また実無ではない
涅槃と償債　その両者は

徳謙と演侍者の話にもどります。「本来空」に徹すれば破仏の苦難も実は実在していなかったのだ、演侍者はそう喝破しているのでしょう。或いは、この人自身、そのような空観に徹することで過酷な破仏の現実を生き抜いたのかも知れません。しかし、徳謙からすれば、それはほんとうの「空」ではない。そんな見解では、将来、一千の門下を集めるほどの大善知識となったとしても、何の意味もない。徳謙の立場は右の岑和尚と同じです。苦難が無くなるのが「空」ではない。苦難をまざまざと受け止め、身をもって苦にさいなまれながら、しかもそれを非実在と徹見する、それが「空」だというのでしょう。つとに僧肇《そうじょう》も説いています、「事物がそのまま空なのだ。事物が消滅して、その上ではじめて空となるのではない。――色即《しき》ち是れ空なり。色の滅するを待ちて然《しか》る後《のち》に空と為るにあらず」（『注維摩経』巻8「色即是空。不待色滅然後為空」）。右の岑和尚の偈を借りて言えば、演侍者は「現象している事物は、もともと実在ではない（仮有《けう》は元より有《う》に非ず）」という一面だけを看て、「現象としての滅亡も、また実無ではない（仮滅《けめつ》も亦《ま》た無《む》に非ず）」という反面を看ていないのでした。

しかし、「破仏の時、ドコへ行っていたのか？」――護法神の絵を見ながらそうもらした時、徳謙の胸中にあったのは、そのような空の哲理の話ではなかったでしょう。「演侍者のお答えでだめなのなら、どう答えればよろしかったのでしょうか？」僧はあらためて問いました。徳謙は、その問いに答えたのか、それとも自分自身へのつぶやきだったのか……。ポツリと、一言いいました。

――ドコへ行ってしまったのだ？

はじめの問いの原文は「向什麼処去来?」こんどの答えは「什麼処去也?」です。わずか一字の違いですが、意味は決定的に異なります。はじめの問いは「ドコへ行っていたのだ?」その時は不在だったが今は戻って来ているという前提の問いです。一方、後の句は「ドコへ行ってしまったのだ?」こちらは、すでにどこかに行ってしまって、もはやここにはいない、と言っているのです。

寺塔が立派に再建され、多くの僧ももどってきた。しかし、眼の前の景色は、もはや破仏の前の風光と同じではない。そこには、永遠に失われてしまって、もう二度と帰って来ない何かがある。徳謙はそう深く感じ、その事に気づいていなければならぬと言いたかったのではないでしょうか。

黄巣の乱——巌頭全奯

復仏で胸を撫でおろしたのも束の間。平和な時代は、いつまでもは続きませんでした。やがて「黄《こう》巣《そう》の乱」(八七五―八八四)が勃発します。十余年にわたる各地での戦乱のすえ、ついには唐朝を崩壊に導いた反乱です。この戦乱にまきこまれて命を落とした禅僧も、むろん少なくありません。たとえば『祖堂集』巻19観和尚《かん》(烏石霊観《うせきれいかん》、嗣黄檗)章の末尾には、その最期のようすが次のように記されています。

乾府《けんぷ》五年〔八七八〕、黄巣《こうそう》の兵馬《へいば》に遇い、償債《しょうさい》して終る。臨刃《りんじん》の時、白乳《はくにゅう》涌くこと高さ数尺、蓋《けだ》し大いなる権化《ごんげ》にして、跡《あと》測る可き莫《な》し。〔乾府五年、遇黄巣兵馬償債而終。臨刃之時、白乳涌高数尺、蓋大権化、跡莫可測。）

「償債」については、さきほど看ました。こう称される死は、決まってこのように理不尽で凄惨な、他者からの殺害です。その死を前世の業の清算と呼んで納得するのでなく、どうにも納得しようのない非業の死をこそ「償債」というのです。頸《くび》を斬られて白乳が数丈の高さまで涌きあがったというのは、まさに師子尊者の「償債」の描写そのままです。「王即ち刃《やいば》を揮《ふる》いて尊者の首を断つ。白乳涌《わ》くこと高さ数尺。王の右臂《みぎうで》、旋《すなわ》ち亦《ま》た地に墮ち、七日にして終る」（『景徳伝灯録』巻2第二十四祖師子比丘章、「王即揮刃断尊者首。涌白乳高数尺。王之右臂旋亦墮地、七日而終」）。

この一事から観和尚が聖なる存在の化身であったことがうかがわれ、だからこそ、師の事跡は常人には推し測り難いものだったのだろう——「蓋《けだ》し大いなる権化《ごんげ》にして、跡《あと》測る可き莫《な》し」——そう、この伝は結ばれているのです。

破仏の時、渡し守となって過ごしたと伝えられるかの巌頭全豁《がんとうぜんかつ》も、この時期に「償債」して亡くなった人の一人でした。黄巣の死の翌年のことです。おそらく、その残党か、あるいは混乱に乗じて現れた群盗の手にかかってのことだったのでしょう。『祖堂集』巻7巌頭和尚章は、その状況を次のように記録しています。

師〔巌頭〕は日ごろ、自らこう予言していた。
「この老いぼれは、世を去る時、一声、大いに吼えて行くことになろうて」

中和《ちゅうわ》五年乙巳《きのとみ》の歳〔八八五〕、天下は戦乱にみまわれ、凶徒が猖獗をきわめた。師は、四月四日、償債《しょうさい》して終られた。刀で斬られた時、激しい絶叫が響きわたった。周囲の山々に逃れていた人々は、のこらずその声を耳にした。齢《よわい》六十、法臘《ほうろう》四十四年であった。

> 師平生預有一言、「者老漢去時、大吼一声了去」。以中和五年乙巳歳、天下罹乱、凶徒熾盛、師於四月四日償債而終。臨刃之時、大叫一声、四山廻避之人悉聞其声。春秋六十、僧夏四十四。
>
> 師、平生《へいぜい》、預め一言有り、「者《こ》の老漢去《ゆ》く時、大いに吼《ほ》ゆること一声し了《おわ》りて去かん」。中和五年乙巳《きのとみ》の歳を以て、天下乱《らん》に罹《かか》り、凶徒熾盛《さかん》、師四月四日に於いて償債《しょうさい》して終る。臨刃の時、大いに叫ぶこと一声、四山に廻避せる人、悉く其の声を聞く。春秋《よわい》六十、僧夏《そうげ》四十四。

説明も解釈も不要でしょう。いや、説明も解釈も不可能でしょう。四方の山々を貫きとおす壮絶な末後の絶叫、それは如何なる意味づけも寄せつけぬまま、永遠に聞く者の心をひき裂きつづけているようです。

唐末五代、兵戈極乱の際……

はるかに時代の下った南宋《なんそう》の時代、著名な文人であり蔵書家でもあった晁公武《ちょうこうぶ》（生没不詳）という人が、この時代のことを次のように書いています。

かつてその年代を考証してみたところ、禅者たちはみな唐末五代の、戦乱きわめて激しき時期に現れている。おそらく、乱世のため、聡明賢豪の士たちはその能を発揮するすべもなく、世情に憤り、邪悪を憎み、永く世を捨て去って帰らなかったのであろう。だが、その勝れた言行は珠玉の連なる如くであり、深山幽谷にあってもその輝きは覆い隠せず、外に滲み出ずにはおかなかったのに違いない。そこで、それを手に入れた人々が遺漏・散逸なきよう、それを竹帛《ちくはく》に著《あらわ》した（書物にまとめた）という次第である。

> 嘗考其世、皆出唐末五代兵戈極乱之際、意者、乱世聡明賢豪之士、無所施其能、故憤世嫉邪、長往不返、而其名言至行、譬猶聯珠畳璧、雖山淵之高深、終不能掩覆其光彩、而必輝潤於外也。故人得而著之竹帛、罔有遺軼焉。（『郡斎読書志』巻十六／孫猛校証『郡斎読書志校証』上海古籍出版社、一九九〇年、頁七八四）
>
> 嘗《かつ》て其の世を考うるに、皆な唐末五代《とうまつごだい》の兵戈《へいか》極乱の際に出《い》づ。意者《あるい》は、乱世、聡明賢豪《そうめいけんごう》の士、其の能を施す所無く、故に世に憤り邪を嫉《にく》み、長く往きて返らず、而れど其の名言至行《めいげんしこう》は、譬《たと》えば猶《な》お聯珠畳璧《れんじゅじょうへき》のごとく、山淵《さんえん》の高深なると雖《いえど》も、終《つい》に其の光彩《こうさい》を掩覆《おお》う能《あた》わず、而《しこう》して必ずや潤《うるお》いを外に輝かすべし。故に人《ひと》得て之を竹帛《ちくはく》に著《あらわ》し、遺軼《いいつ》有ること罔《な》からしむるならん。

『景徳伝灯録』成立の時代背景を、後代から想像した一節です。しかし、『伝灯録』一書に限らず、禅宗一般についての記述として読んでもよいでしょう。禅はこのような時代を生き抜きながら、五代の乱世を経、宋の時代にいたってさらに大きな発展を遂げてゆくのでした。

＊「償債」については、吉川忠夫『中国人の宗教意識』Ⅲ「償債と謫仙」参照（創文社・中国学芸叢書、一九九八年）。

むすび――生まれ方は一つ、死に方はさまざま

以上、出家・受戒から始まって、行脚の旅や寺内での労働、説法や問答、山中での隠遁生活、在俗の士大夫との交渉、そして、政治からの迫害や戦乱のなかでの非業の死……、唐代の禅僧たちが生きたさまざまな場面と、そこでのそれぞれの言動を看てきました。むろん、禅僧たちが経験する場面は、ほかにもいろいろありますし、面白い話や考えさせられる話も、まだまだたくさんあります。しかし、すべてを挙げることはもとより不可能ですし、逆に、ここまで看て来た事例だけでも、唐代禅の全体的な雰囲気と、そこに通底する禅僧たちの思想と心情は、かなりの程度まで、感じ取っていただけたのではないかと思います。

本文は凄惨な横死の話で終ってしまいましたが、言うまでもなく、禅僧がみなそのような死にかたをしたわけではありません。禅僧の死を「遷化《せんげ》」（教化の場を他に遷す）、「順世《じゅんせ》」（世俗の習いに順う）、「示滅《じめつ》」「示寂《じじゃく》」（寂滅なる涅槃の姿を示す）などと言いますが、その実際の様相もまた、人それぞれで

した。

入矢先生は、次のように書いておられます。

ユーゴスラヴィアの諺《ことわざ》に「我々の生まれ方は一つ、死に方はさまざま」というのがある。禅は人の死にかた（決着のつけ方）に何か究極絶対の型を規定することは絶対しない。人さまざまな受けとめ方・決着のつけ方があっていいのである。禅語というものの持つ独特のふくらみは、まさにそのことを示唆している。（入矢義高監修・古賀英彦編著『禅語辞典』思文閣出版、一九九一年、「序」頁七）

ただ、人それぞれではありながら、共通していたこともありました。それは、彼らが、往々、自らの死を、身をもって示す最後の教えとしようとしていたということです。

前に、辟支仏《びゃくしぶつ》の化身であった一人の僧をめぐる、馬祖《ばそ》と百丈《ひゃくじょう》の問答を読みました（第14章「典座」）。そこで馬祖は言っていました。「（辟支仏は）神通変化《じんづうへんげ》は確かにできよう。だが、一句でも〝仏法〟を説くとなれば、このわしに及ばぬのだ」と。禅僧は、悟境の高下においてではなく、それを一句なりとも他者に説き伝えるという一点において自己完結の聖者に勝るというのです。禅僧にとっては、自らの死もまた、誰かに何かを伝える一つの――そして最後の――機会だったのでした。

たとえば、百丈の弟子の古霊神讃《これいしんさん》禅師（第5章「お師匠さまへのご恩返し」）の最後は、次のようなものだったと伝えられています。

「遷化」に臨んで、師はきれいに頭を剃り、沐浴して身を清め、香を焚き、鐘をつかせ、門下の僧たちを集めて言った。

「汝らは、声なき三昧を知っておるか?」

一同、「存じませぬ。何とぞご教示を」

すると師は、「汝ら、思いを静め、考えを静め、明らかに聴け、明らかに聴け」

そう言い終わると、端坐して、そのまま亡くなられた。(『祖堂集』巻16古霊章)

寂静の深淵の声なき声を、弟子たちに身をもって体感させようとした一場面でした。

また、馬祖の言葉で悟った後、大梅山の奥深くで三十年を過ごした大梅法常禅師(第15章)の最後は、次のようなものでした。


師の「順世」のまぎわ、ムササビが鳴いた。師は門下の僧たちに説かれた。

「ただ此れあるのみ、他のものに非ず。汝ら、これをよく保て。今、わしは行く」

言い終わると、部屋を閉ざし、翌朝亡くなられた。(『祖堂集』巻15大梅章)

突如聞こえた、ムササビの鋭い一声。しかし、大梅は、それが唯一の真実だと説いたのではありません。今、その一声をまざまざと耳にした汝ら自身の「見聞覚知《けんもんかくち》」のはたらき、それこそが唯一の真実だと弟子たちに示して、大梅は世を去っていったのでした。

この二例などは、一般的に「禅僧らしい」と感じられるような末期かも知れません。しかし、このような話ばかりではありません。たとえば、薬山惟儼《やくさんいげん》禅師の最後は、看ようによっては可笑しい、しかし、考えようによっては哀しい、次のようなものでした。


太和八年甲寅《きのえとら》の歳（八三四）、十一月六日、師は門下の僧たちに告げられた。

「法堂《はっとう》が倒れるぞ！　法堂が倒れるぞ！」

みなは意味が解らぬまま、物をもってきて法堂を支えようとした。

師は手を叩いて、大笑いしながら言った。

「汝らは、我が意を解しておらぬ」

そして、そのまま亡くなられた。

春秋《よわい》八十四、僧夏《そうげ》六十五であった。（『祖堂集』巻4薬山章）

仏像を拝むのでなく、住持（「長老」）自身が「法堂」において、自ら活ける仏陀として活きた法を説く、それが禅宗の特徴でした（第9章「仏殿を立てず　法堂のみを立てる」）。ですから「法堂」が倒れると言うのは、日々、法堂で体現されてきた薬山その人の活きた法が、明日からはもう、この場に存在しなくなるという喩えなのでした。しかし、門下の僧たちは、その意を解さず、慌てふためきながら、手に手に物をもって建物を支えようとします。一見滑稽なその姿を看て、薬山はいかにも愉快そうに大笑いして世を去りました。しかし、その心中は、どのようなものだったでしょうか……（「春秋」と「僧夏」については第3章「僧夏」参照）。

修行を積むと、自分の死期を予知できたり、さらには自身の死を自らの意志で制御できるということもあったようです。三祖僧璨は人々に法を説いた後、法会《ほうえ》の大樹の下、合掌して立ったまま亡くなったと伝えられています（『景徳伝灯録』巻3三祖僧璨章）。さらに変わったところでは、逆立ちして亡くなった人もありました。馬祖の弟子のひとり、鄧隠峰《とういんぽう》という人です。彼は「倒立」したまま亡くなりました。みなが荼毘に付そうとしましたが、逆立ちのままピンと直立したその亡骸は、推しても引いても動きません。そこへ尼僧となっていた実の妹がやって来て、叱りつけます。「兄さんときたら、日ごろから決まりを守らなかったうえに、死んだ後までこうして世の習わしに逆らうなんて！――師兄《すひん》、平生《へいぜい》、人《ひと》と為《な》り、法律に依らず、死後も亦た世情に徇《したが》う能《あた》わず」。そう言って、彼女が手で一推しすると、なんと今度はバッタリ倒れ、みなはようやく火葬を取り行うことができたのでした（『祖堂集』巻15鄧隠峰章）。

老師だけでなく、門下の修行僧のなかにも、自身の生を自らの意志で締めくくることのできた人たちがありました。洞山良价《とうざんりょうかい》門下の僧に関する、次のような話が伝えられています。「涅槃堂《ねはんどう》」は重病の僧を収容し看護する施設で、しばしば僧が息を引き取る場でもありました（第14章）。

二人の僧が、ずっといっしょに修行していた。
だが、一人が病となって「涅槃堂」で休み、もう一人がそれを看病することとなった。

ある日、病気の僧が、もう一人に言った。

「それがしは、もう行こうと思う。ともに参ろうではないか」

「いや、それがしのほうは病も無い。どうして、いっしょに行くのだ？」

「そうはゆくまい。ずっといっしょに歩んで来たのだ。行く時もいっしょでなければ」

「わかった。ならば、和尚さまに別れのご挨拶をしてまいる」

僧は、この事をつぶさに洞山禅師に話した。

洞山、「うむ、すべては、お主しだいだ。道中、よく気をつけてまいるがよい」

僧は「涅槃堂」にもどると、二人で対坐した。語るべき事をすべて語りおわると、胸の前で合掌し、ひっそりと世を去った。

その頃、この寺で雪峰が「飯頭《はんじゅう》」を務めていた。

雪峰は、この次第を目にするや、洞山のもとに駆けつけた。

「さきほど和尚さまにいとまごいに参ったかの僧、涅槃堂にもどりますと、二人で対坐したまま遷化いたしました。まことに不思議なことでございます！」

すると、洞山は言った、

「この二人は、このように行くことができただけで、もどって来ることを知らなんだ。わしとでは、まだ三生を隔てるほどの差がある」（『祖堂集』巻6洞山章）

この時、洞山の門下で「飯頭」（第14章「十務」「飯頭・園頭」）を務めていた雪峰は、二人の遷化を見事な超俗的死去のさまと驚嘆しています。わが中世の禅僧夢窓疎石は、博学をもって鳴らしたある天台の学僧の死に際のあまりの見苦しさに衝撃を受け、それが禅宗に転向する契機となったといいます（『夢窓国師年譜』永仁元年癸巳）。そのような話と比べるならば、深い友情で結ばれつつ、自らの意志で人生にきれいにけじめをつけたこの二人の僧の遷化は、いかにも鮮やかなものだったと言えるでしょう。しかし、洞山から看れば、それではまだまだダメなのでした。「此の両人、只《た》だ解《よ》く与摩《かくのごと》く去るのみにして、転じ来る解《あた》わず」。彼らは自在に「空」なる彼岸の世界へ行くことはできた。しかし、そこから此岸に返ってくることを知らなかった、と。

洞山は、人から、師の雲巌は生前悟っていたのかと問われた際、こう言っていました。「悟っていなかったら、あのように言えたはずがない。しかし、もし悟っていたら、あのように言ってはくれなかっただろう」と。これは師の悟りを不徹底と言っているのではなく、師が悟りのうちに自足せず、悟りを損なうことを承知の上で敢えて言葉で説いてくれた、そのことへの深い感謝を語っていたのでした（第10章「わしの眉毛はまだのこっておるだろうか?」）。平等一如の「空」や「涅槃」の世界に至ることは重要である。しかし、そこに止まってはならない。そこからさらに、諸々の事象が錯雑する現実の世界、迷いもあれば悩みもある差別《しゃべつ》の世界、思慮分別と切り離せない言葉の世界、そこにちゃんともどって来られなければならない。それが、いにしえの禅僧たちの考えでした。人に道を伝えることなく、自分たちだけで向き合って——つまり、互いの顔だけを看て、他者が眼に入らぬ状態で——静かに遷化した二人の僧、彼らは百丈の供養を受けたかの「辟支仏」と同じところに自らを閉ざしていたのでした。

では、こう説いた洞山自身の遷化は、どのようなものだったでしょうか？

咸通《かんつう》十年己丑《つちのとうし》の歳（八六九）、三月一日、師はきれいに頭を剃り、衣をまとい、鐘をつかせておごそかに身まかられた。

門下の僧たちは号泣し慟哭した。

すると、師は再び目をさまされ、こう仰せられた。

「出家者たるもの、心が外物に依存せぬことこそがまことの修行。どうして未練がましく悲しむことが有ろう」

そして「主事」の僧に「愚痴斎《ぐちさい》」（愚かさのための斎会《さいえ》）の支度を命ぜられた。「主事」は師を慕うあまりその支度を少しずつしか進めず、七日目にようやく準備が整った。

その日、師も斎会の料理を少しだけ召し上がった。

一日が終ると、師は仰せられた。

「僧たるものが、何という粗忽ぶりか。臨終にあたって、かくもさわがしく泣き叫ぶとは」

八日目に至って、師は風呂の支度を命ぜられ、沐浴を終えると、端坐したまま永遠に身まかられた。

春秋《よわい》六十二、僧夏《そうげ》四十一であった。（『祖堂集』巻6洞山章）

洞山は、文字どおり、涅槃の世界から現世に引き返して来ました。そして弟子たちに、別れを惜しむ時間と今ひとたびの戒めを与え、そのうえで、あらためて長逝したのでした。洞山は弟子たちの恋着を叱りましたが、実は洞山の方も、死してなお門下の僧たちを捨てておくことができなかったのでしょう。良し悪しの問題でなく、唐代の禅僧のなかにはそういう人もいたのだと言うしかありません。

——我々の生まれ方は一つ、死に方はさまざま。

本書に登場する禅者たちの略系図

菩提達摩…六祖恵能

- 南岳—馬祖
  - 帰宗
  - 南泉
    - 趙州
    - 長沙（岑和尚）
  - 大梅
  - 塩官
  - 麻谷
  - 大珠
  - 百丈
    - 潙山
      - 仰山
      - 《潙仰宗》
      - 香厳
    - 古霊
    - 黄檗
      - 臨済
      - 《臨済宗》
      - 睦州（陳尊宿）
  - 五洩
  - 西堂
  - 石鞏
  - 鄧隠峰
  - 龐居士
- 青原—石頭
  - 丹霞
  - 薬山
    - 道吾
    - 雲巌
      - 神山（密師伯）
      - 洞山
        - 雲居
        - 《曹洞宗》
        - 曹山
    - 石室高沙弥
  - 大顛
  - 天皇—龍潭—徳山
    - 巌頭
    - 雪峰
      - 雲門
      - 《雲門宗》
      - 翠巌
      - 保福
      - 長慶（招慶）
      - 玄沙—羅漢—法眼
        - 《法眼宗》
  - 長髭—石室善道

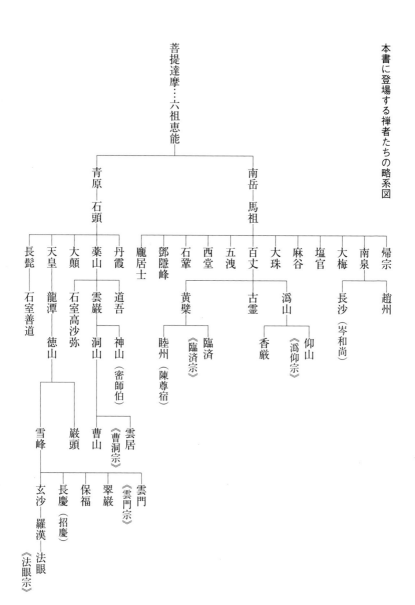

あとがき

本書のもとになったのは、月刊『大法輪』誌に掲載していただいた「中国禅入門――唐代禅僧たちの生涯」の原稿です。二〇一八年九月号から二〇二〇年七月号まで、計二十三回の連載でした。当初は二年・全二十四回の予定でしたが、『大法輪』誌自体の休刊が決まり、連載もそれとともに予定より一回早く終了となりました。一九三四（昭和九）年から八十七年もの長きにわたって仏教の啓蒙・普及に多大の貢献をなしてきたこの伝統ある雑誌の休刊は、時勢の然らしむる所とはいえ、あまりにも残念なことでした。

『大法輪』での連載の機会を設けて下さったのは、同誌のベテラン編集者、小山弘利さんでした。同誌二〇一八年六月号の「常識を超えた禅僧に生き方を学ぶ」という特集で書いた短篇「中国の禅僧①達摩から六祖、青原の系譜」に注目して、連載の企画を立てて下さったのでした。連載が始まると、小山さんは毎回の原稿に必ずていねいな感想と有益な助言を返信してくださり、小山さんのご引退後は、新人の中野智教くんがそれを引き継いでくれました。新人といっても、駒澤大学大学院の出身で、授業や研究会を通じてかねてより気心知れた間柄でしたので、中野くんとのやりとりも、毎月、楽しいものでした。

その後、連載の原稿を一つの書物にまとめてくださったのは、春秋社の佐藤清靖さんと柳澤友里亜さんでした。佐藤さんには、前にも『禅思想史講義』（春秋社、二〇一五年）という本を作っていただいています。その時は呻吟しながらの書き下ろしでしたが、佐藤さんのご指導とご助言を受けながら何度も書き直しをした結果、多くの方に読んでいただける本となり、おかげで今も着実に版を重ね、さらに中国語版と韓国語版も刊行していただくことができました。今回もまた、佐藤さんのご助力を得ながら、連載の原稿に大幅な修改と補足を加えました。連載の第1回をまったく新しく書き直して「はじめに」とし、それによって全体的な見通しを示した上で、連載の第2回を本書の第1章とし、以下、各回の番号を一つずつ繰り上げ、最後に書き下ろしの「むすび」を加えて締めくくりとしました。本文中にも説明を書き足したり資料を追加したりしたところがたくさんあり、各小節の見出しも平明なものに換えました。原稿の完成後は柳澤さんに編集の実務をご担当いただき、丹念な点検と修整の作業によって種々の誤脱や不統一を訂し、読みやすいきれいな本に仕上げていただきました。

連載の終り頃から、この書物の作成の間、世界はずっと未曾有のコロナ禍のなかにあり、それはこの「あとがき」を書いている今もつづいています。そのため、連載時にも、本書作成時にも、編集・制作・流通などに従事いただくみなさまに、通常よりも多くのご苦労をおかけすることとなりました。本書の為にご尽力くださったみなさま、そして、この多難な時代のなかでこの書物を手に取ってくださる読者のみなさまに、心よりふかく感謝申し上げます。

二〇二二年二月十五日

著者略歴
小川　隆（おがわ　たかし）
1961年生。岡山市出身。1983年、駒澤大学仏教学部禅学科卒業。1990年、同大学院仏教学専攻博士課程単位取得退学。現在、駒澤大学総合教育研究部教授。博士（文学）［東京大学、2009年］。
著書に、『神会――敦煌文献と初期の禅宗史』（臨川書店、2007年）、『語録のことば――唐代の禅』（禅文化研究所、2007年）、『臨済録――禅の語録のことばと思想』（岩波書店、2008年）、『続・語録のことば――《碧巌録》と宋代の禅』（禅文化研究所、2010年）、『語録の思想史――中国禅の研究』（岩波書店、2011年／何燕生訳『語録的思想史――解析中国禅』復旦大学出版社、2015年）、『禅思想史講義』（春秋社、2015年／彭丹訳・中国語版、復旦大学出版社、2017年／李承妍訳・韓国語版、藝文書館、2018年）、『「禅の語録」導読』（筑摩書房・禅の語録20、2016年）、『中国禅宗史――「禅の語録」導読』（ちくま学芸文庫、2020年）など。

禅僧たちの生涯――唐代の禅

二〇二二年四月八日　第一刷発行

著　者　小川　隆
発行者　神田　明
発行所　株式会社　春秋社
東京都千代田区外神田二―一八―六（〒一〇一―〇〇二一）
電話（〇三）三二五五―九六一一　振替〇〇一八〇―六―二四八六一
https://www.shunjusha.co.jp/
印刷所　萩原印刷株式会社
装　丁　伊藤滋章
定価はカバーに表示してあります。

 ISBN978-4-393-13806-9

小川　隆

禅思想史講義

禅の興起から20世紀の鈴木大拙まで、近年の新たな知見を踏まえて、「禅の思想史」を語る画期的論考。〈禅〉はどのように変貌したのか。目からウロコの必読書。

２４２０円

小川　隆

禅僧たちの生涯

唐代の禅

禅僧たちの生涯に照らして、生きられた〈禅〉を描き出す。出家の機、修行の日々、やがて遷化の時……個々の人生の物語から唐代禅全体の空気を魅力的に伝える。

２６４０円

▼価格は税込（10％）。